ALIEN-LEXIKON

ALIEN-LEXIKON

Von Marcel Feige
unter Mitarbeit von Bernhard Kübler

LEXIKON IMPRINT VERLAG

Sie sind da!

Vorwort

Sie sind da! Endlich! Oder waren sie das etwa schon immer? Oder, und das wäre betrüblich, sind sie (bislang) nur ein Produkt emsiger Phantasten? Schwirren sie etwa immer noch, man möchte in der uns Menschen typischen Überheblichkeit sagen: orientierungslos, oben in den dunklen Tiefen der Galaxis umher, auf daß sie irgendwann, irgendwo, irgendwie den Weg zu uns hinab auf die Erde finden?

Wie auch immer und was auch immer, eines ist ganz sicher: Eine Menge Menschen glaubt, daß es sie gibt. Die Außerirdischen. Die Wesen von anderen Planeten. Geschöpfe aus anderen Welten. Aliens, die seit vielen Jahrhunderten (man glaubt es kaum) bereits die Phantasie der Menschen beflügeln. Unsere Kultur und Gesellschaft befrieden, bevölkern, infiltrieren, stürzen, vernichten.

Selbst Cyrano de Bergerac, Protagonist vieler historischer Dramen, von dem ja – welch herrliche Parodie – im Grunde auch nur die wenigsten wissen, daß es ihn tatsächlich gab, hat Mitte des 17. Jahrhunderts (!) eine, manche meinen sogar, *die* Geschichte der utopischen Raumfahrt geschrieben. Eine Erzählung, in der die Begegnung mit unirdischen Wesen eindeutig im Mittelpunkt steht.

Natürlich sehen Cyranos Kreaturen menschlich aus, ging es dem Schriftsteller damals doch weniger um Schrecken oder Grusel, sondern schlicht um die *Vorstellung* des *Unvorstellbaren.*

»In der Geschichte des 17. und 18. Jahrhunderts traf der Mensch als Besucher auf anderen Welten eigentlich keine fremden Wesen, sondern Menschen und Tiere, zwar manchmal in seltsamen Formen verändert, aber immer erkennbar bekannte Rollenverhalten ausfüllend«, bringt es John Clute in seiner »Enzyklopädie der SF« auf den Punkt.

Das Lebensschema der Erde wurde damals von den utopischen Dichtern nur mit minimalen Veränderungen auf anderen Planeten, in aller Regel der Mond, reproduziert. Eigentlich war damals nur folgende, grundsätzliche Frage Inhalt aller Spekulationen, gewiß beflügelt durch die aufklärerischen Lehren des deutschen Astronomen Kopernikus: Wenn die Erde (und damit der Mensch) nicht der Mittelpunkt allen Daseins ist, die Planeten nämlich stattdessen um die Sonne kreisen – ist der Mensch also einzigartig oder gibt es dort draußen etwa noch andere Wesen?

Daß diese nicht unbedingt humanoid sein müssen, also von menschlichem Erscheinungsbild mit ebenso irdischen Gesellschaftsformen, das war seinerzeit – trotz aller Lehren – undenkbar.

Das Konzept einer anders definierten Lebensform und damit einer Lebensform, die für die menschliche Denkweise fremd war, tauchte nicht vor dem späten 19. Jahrhundert auf, als es dem Menschen erstmals gelang, einen vorsichtigen Blick ins Weltall zu werfen.

Ende des 19. Jahrhunderts entdeckte der Mailänder Astronom Giovanni Schiaparelli mit seinem kleinen Fernrohr auf dem Mars seltsame geographische Strukturen, die er Kanäle nannte. Da Kanäle (im irdischen Verständnis) jedoch nur künstlich entstehen, war die Schlußfolgerung schnell gezogen: Plötzlich war das Leben dort draußen nicht mehr nur der Phantasie überlassen, sondern fast greifbar, ja direkt um die Ecke.

Ab diesem Augenblick drängte sich den Schreibern weltweit eine neue Frage auf, die des Was-Wäre-Wenn. Oder detailliert: Was geschähe, wenn diese Wesen nun zur Erde kommen? Und was, wenn diese nicht menschlich, also humanoid sind, sondern ganz anders? Womöglich kriegerisch und gemein (also doch wieder menschlich!)?

Am erfolgreichsten hat dieses erschreckende Szenario H.G. Wells in dem vielzitierten »Krieg der Welten« demonstriert – und was ein realer Besuch auf der Welt damals hätte auslösen können, das hat das daraus entstandene und 1938 in New York aufgeführte Hörspiel von Orson Welles bewiesen.

Wells Roman und die Verfilmung (später sogar ein Musical, das aber nie zur Aufführung kam) gelten als Auslöser einer wahren Flut von Invasionen vom Mars, der Venus, ja aus dem ganzen Weltraum.

Eine wahre Blüte trieben diese Invasionen dann in den 60er und 70er Jahren unseres Jahrhunderts, in den Hochzeiten des Kalten Krieges, in der die Aliens für die westliche Erdhälfte analog zu einer roten Bedrohung aus dem Osten standen. Nicht nur die SF-Literatur (z.B. »Das Milliardengehirn«, »Angriff der Supermenschen« oder »Es geschah am Tag X«) setzte die fiktive Invasion als Mittel zur ideologischen Auseinandersetzung ein.

Zu einem der wichtigen Filme dieser Zeit, »Die Dämonischen« von Don Siegel, schrieb die Science Fiction Times: »Zumindest ist die düstere Fiktion Siegels das psychologisch Beklemmendste, was das SF-Kino des Kalten Krieges hervorgebracht hat. Wie *The Thing* entwirft auch dieser Film eine außerirdische Bedrohung pflanzlichen Ursprungs, aber er projiziert sie nicht in ein häßliches Monstrum, das per fliegender Untertasse auf der Erde landet – vielmehr ist es ein gestaltloser Aggressor, eine gesichtslose Macht, die vom Menschen Besitz ergreift, ihn umformt, ihn verändert, ihn seiner Individualität beraubt.« Viele der Bücher und Filme der 50er und 60er spiegeln wider, was in den Köpfen der ohnehin hysterischen Bevölkerung herumspukte, nämlich die panische Angst vor dem Fremden, dem man nicht trauen darf. Wie formulierte die Phantastik-Zeitschrift DOOM im März 1999 in ihrer Titel-Headline, als sie die Geschichte der frühen Invasionsfilms rekapitulierte: »Communists from outer Space«.

Letztlich hat sich die Sache mit den Invasionen bis heute gehalten. Die alten Feinde wurden Freunde, jetzt wurden Freunde (der Staat, der plötzlich *zu* mächtig wurde) ins metaphorische Alien-Kostüm gezwängt, siehe »Sie leben!«, in der John Carpenter die Macht des Staates kritisiert.

In »Die Ankunft« mit Charlie Sheen sind es Aliens in Menschengestalt, die als sogenannte Beschmutzer verantwortlich sind für Ozonloch und andere Klimakatastrophen, weil sie die Erde ihren Lebensverhältnissen anpassen wollen. Und wir Deppen helfen ihnen in unserem PKW- und CO-2-Wahn auch noch dabei.

Viel Neues kam in den letzten Jahren gerade im cineastischen Bereich auf den Markt – »Alien«, »Independence Day« oder »Men In Black« – am Ende aber basieren alle Filme und Bücher (und zunehmend auch PC-Games) auf Wells blutrünstigen Klassiker. Sie variieren in der Darstellung der Wesen, aber in der Intention bringt die Mehrzahl (leider) nicht viel Neues. Man könnte fast meinen, daß die Regisseure der 90er Jahre aus den Fehlern und Erfolgen ihrer Vorgänger nichts gelernt haben. Es sind noch immer die alten Themen und Geschichten, die man uns in neuem, Millionen-Dollar-trächtigem Gewand präsentiert.

Aber zu sagen, alle Bücher und Filme wären krude imperialistische Machwerke, wäre ein pauschales Urteil. Natürlich gab (und gibt) es auch andere, emsige Autoren oder fleißige Filmemacher, die es friedlicher mögen. Bücher wie der Homanx-Commonwealth-Zyklus von Alan Dean Foster oder »Ein Mann in der fremden Welt« von Robert A. Heinlein und Filme wie »Die unheimliche Begegnung der dritten Art« oder »ET« (beide von Steven Spielberg) mögen da nur ein kleines Beispiel für viele sein.

Im Prinzip entwickelten sich über die Jahre hinweg hauptsächlich zwei generelle Strömungen innerhalb der phantastischen Kultur:

1) Wesen, die in Frieden kommen und die Idealwelt zur menschlichen repräsentieren.

2) Wesen, die nicht in Frieden kommen und dem Menschen genau das antun, was der Mensch als invasorischer Eindringling in der Vergangenheit getan hat: Zerstörung und Vernichtung.

Gerade Punkt 2 gewinnt an Relevanz, wenn wir das Schema der Invasionen umkehren. Denn, wir erinnern uns, ab den 60ern startete der Mensch ins Weltall, und daß das natürlich die Phantasie gewaltig anheizte, blieb nicht aus. Schlimmer noch: Welten wurden gegründet, Integrationen vorgenommen, Kolonisationen geschaffen. Und der Mensch fiel zurück ins Zeitalter des tiefsten Imperialismus. Die Leidtragenden, ob gut oder böse ist egal, waren und sind die Außerirdischen, denen wir auf unserem (fiktiven) Kreuzzug durchs All begegnen. Da mag das freundliche Entgegenkommen unserer Besucher schnell ernüchtern – und wir dürfen uns nicht wundern, wenn man uns mit mächtigen Laserkanonen zurück auf die Erde schießt. Sollen wir doch bleiben, wo wir sind, wenn wir uns nicht zu benehmen wissen. Sind wir doch am Ende wirklich nicht besser als all die Invasoren, die uns seit H.G. Wells das Leben auf der Erde schwer machen.

Seit dem ersten Alien in unserer menschlichen Kultur sind also viele Jahre ins Land gezogen. Seitdem tummeln sich Aliens, die Ideen von Aliens, beständig und überall auf diesem Planeten. Kein kultureller Lebensbereich, der nicht von ihnen erobert wurde.

Ergo: Sie sind tatsächlich da! Zwar nicht wirklich, aber in unseren Köpfen mehr denn je. Das verdanken wir nicht zuletzt so Serien wie »Akte X«, die von einer großen Ufo-Verschwörung der amerikanischen Regierung ausgeht und damit den Nerv der Zeit trifft. Viele Feindbilder sind verschwunden, alle Wunder der Natur entdeckt und entschlüsselt – was bleibt sind die Geheimnisse, die die Staatsoberen schaffen, um ihre Macht zu stärken. Angeblich soll die US-Regierung, so die These der TV-Serie, bereits über Jahre Kontakt zu Wesen aus dem All hegen, zumindest aber eine (oder mehrere) Alien-Leiche(n) in den Regierungsbunkern horten.

Die Menschen des technisch-aufgeklärten Jahrhunderts greifen diese phantastischen Thesen willig auf. Denn es befriedigt das seit der Aufklärung nicht mehr erfüllte Bedürfnis nach Unerklärlichkeit in einer Welt, die ihnen als erklärlich dargelegt wird, die sie aber trotzdem nicht verstehen.

Wenn dann auch noch Privatleute ihre Ufo-Erfahrungen zum besten geben, phantastisch, unglaublich, unerklärlich allesamt, sind den Spekulationen keine Grenzen mehr gesetzt.

Sogar ein großer, wenn auch nicht offiziell anerkannter Wissenschaftszweig ist um den Alien-Kult entstanden, der der Prä-Astronautik, der hinter (fast) jeder historischen Überlieferung gleichzeitig auch ein Zeugnis außerirdischer Besucher vermutet. Da werden aus den Pyramiden Ägyptens Flugzeuge monumentaler Aliens, die die Menschen der Frühzeit infolge ihrer Unkenntnis als Götter verehrten. Hinzukommen in unseren modernen Zeiten die Sichtungen dreieckiger Ufos am abendlichen Sommerhimmel von »Lieschen Müller« und »Hermann Meier«, die dann summa summarum für »Forscher« ein rundes Bild ergeben.

Aber eines haben sie alle gemein – ob Prä-Astronautik, Musik, Kunst, Literatur, Film oder Computerspiel. Sie gehen davon aus, daß sie da sind. Die Aliens.

Herzlich willkommen!

Im März 1999 *Marcel Feige*

Zum Gebrauch des Lexikons

Das Lexikon gibt einen Überblick über die bedeutendsten Aliens und außerirdischen Geschöpfe unserer Gesellschaft und Kultur. Es listet Kreaturen und Wesen auf aus den Bereichen Literatur, Musik, Computer, Kunst, Film, Gesellschaft.

Zusätzlich sind an vielen Stellen Querverweise zu renommierten Autoren, Regisseuren, Sängern, Bands oder Komponisten hergestellt, soweit sie für die SF bzw. die Schöpfung außerirdischer Wesen relevant waren/sind.

In vielen Romanen oder Filmen (vor allem aber populären Computerspielen) tragen Aliens keine Namen. Sie existieren einfach, bringen Gutes oder Böses über die Menschheit. In diesen Fällen sind jeweils nur die Buchtitel oder Filmtitel oder PC-Titel als Stichwort angegeben. Dort werden die Aliens und ihre Beweggründe entsprechend geschildert, sofern das gerechtfertigt ist. Vor allem in vielen Action-PC-Spielen hat der Spieler nicht mehr zu tun als sinnlos Horden von Aliens in ihren Raumgleitern abzuballern. Das Lexikon wird in diesen Fällen nur einen kurzen Vermerk auf das Spielgeschehen anführen.

Existieren aber bedeutende Verfilmungen (oft auch Hörspiele) zu Büchern, so werden diese jeweils getrennt von Autor und Buch behandelt, sofern es auffällige Unterschiede zwischen Buch und Film und Hörspiel festzustellen gibt. Das sieht dann folgendermaßen aus:

<u>Beispiel:</u>
Die Mars-Chroniken (Literatur)
Die Mars-Chroniken (Film).
Zusätzlich gibt es noch einen Link zum Schöpfer der Mars-Chroniken, Ray Bradbury, der mit diesem Roman ein vieldiskutiertes Werk innerhalb der SF schuf.

<u>Weiteres Beispiel:</u>
Krieg der Welten (Literatur)
Krieg der Welten (Film)
Krieg der Welten (Hörspiel)
Krieg der Welten (Computer)
Krieg der Welten (Musical)
Zusätzlich gibt es einen Link zum Autor H.G. Wells, da dessen Stellung in der SF mit dem Roman »Krieg der Welten« unbestritten wegweisend war und viele sogenannte Rip-Offs zur Folge hatte.

Gerade im Bereich der Prä-Astronautik sind viele Forscher weltweit tätig. Deren Thesen, die die Außerirdischen oft nicht näher benennen, werden jeweils unter dem Namen des einzelnen Forschers wiedergegeben, sofern sie sich nicht unter einem plakativen Namen zusammenfassen lassen.

Beispiel:
Fiebag, Johannes
Däniken, Erich von

Thesen indes, die sich auf eine spezielle Richtung der Prä-Astronautik beziehen, somit also plakativ für den Forschungszweig stehen, erhalten verständlicherweise ein eigenes Stichwort.

Beispiel:
Götter
Jesus
Abraham

In der Musik-Branche gibt es eine Reihe von erfolgreichen Song-Titeln, die sich an die Außerirdischen richten. Oft sind es versteckte Titel innerhalb eines Albums. In diesem Fall findet sich der Titel als Stichwort mit Querverweis auf die Band für den Leser, der gezielt danach Ausschau hält. Für den Leser, der das Lexikon als herkömmliche Lektüre von Anfang an studiert, findet sich gesondert ein Stichwort zur Band mit Querverweis auf den Titel.

Beispiel:
Die Ärzte
Aliens haben meine Freundin entführt

Außerdem:
Querverweise auf Namen lesen sich im Fließtext wie folgt: George Lucas. Im Verzeichnis findet der Leser den Regisseur aber unter: Lucas, George.

Nobody is perfect: Anregungen und Verbesserungsvorschläge für die zweite Auflage werden sehr gern entgegengenommen! Bitte schreiben Sie an:
Lexikon Imprint Verlag / Stichwort Alien Lexikon, z.Hd. Marcel Feige
Kastanienallee 32, 10435 Berlin. Oder per Fax: 030 – 44 11 783.

A

Aann

Raumfahrende Rasse im → »Homanx-Commonwealth-Zyklus« vom Schriftsteller → Alan Dean Foster. Die Aann liefern sich mit den → Thranx immer wieder blutige Scharmützel, bis zu dem Tag, an dem die Entdeckung einer weiteren Rasse gemeldet wird: Die Menschen. Die sind, wenn sie in Massen auftreten, bekanntlich ein übles Problem, das nur mit vereinten Kräften aus der Welt geschafft werden kann (und muß).

AAS

→ Ancient Astronaut Society

Abe

In dem Computerspiel → »Oddworld: Abes Odysee« arbeitet Abe auf einem fernen Planeten, der Oddworld heißt. Abe ist Angehöriger der Mudokons, die sich in Ermangelung weiterer Ressourcen selbst zum Fleischgrundstoff verarbeitet. Das gefällt dem Helden natürlich gar nicht, droht ihm doch in wenigen Tagen die Wurstpresse, deshalb muß der Spieler mit ihm den beschwerlichen Weg aus der Fleischfabrik suchen.

Abraham

»Und Gott fuhr auf von Abraham« heißt es in der Bibel unter Genesis 17 (1. Buch Mose). Für die Forscher der → Prä-Astronautik ist diese Wendung bildlich zu verstehen. Einem personifizierten Gott würde man ein »Entschwinden« zubilligen, nicht aber einen Start in eine bestimmte Richtung, nach oben, in die Atmosphäre, zum Kosmos. Zieht man die Thesen der Prä-Astronautik zu Rate, die → Erich von Däniken in seinem Buch → »Götterschock« richtungsweisend formulierte, könnte man also annehmen, daß an dieser Stelle der Bibel die Begegnung mit einem außerirdischen Astronauten geschildert wird, der in seinem Raumgleiter davonfliegt, und den Abraham für göttlich hält. Die Bibel enthält eine Reihe von Überlieferungen, die derartige → Erscheinungen schildern.

Abraxas

Titel des 1988 in den USA von Damian Lee gedrehten Videofilms. Abraxas ist der Held dieses Streifens, ein humanoider Weltraumpolizist vom Planeten Sagacila, der den Bösewicht → Secundus jagt, der auf der Erde allerlei Unheil anrichtet.

Abschied vom Herrn

Story (dt.: Köln 1982) von → Harry Bates, die die Vorlage zum Film → »Der Tag, an dem die Erde stillstand« lieferte. Darin kommt der humanoide → Klaatu als Abgesandter einer vereinigten, kosmischen Allianz zur Erde, um die Menschen vor ihrem Untergang durch atomares Wettrüsten zu warnen. Natürlich hören die Menschen nicht auf die weisen Worte aus dem All, schlimmer noch, sie töten den friedliebenden Klaatu. Und das ist natürlich das dümmste, was man machen kann, denn jetzt heißt es tatsächlich: Abschied nehmen vom gelobten Herrn!

Abyss – Der Abgrund

1989 gedrehter, packender US-Spielfilm von James Cameron, der folgendes Szenario schildert: Am Meeresgrund, in einer unmenschlichen Tiefe von 6.000 Metern, haben sich Außerirdische ihr persönliches Heim eingerichtet. Die Aliens wirken auf den Betrachter wie illuminierte Neonröhren-Engel, die zu kräftiger Kirchenmusik durchs Wasser treiben, und trotzdem knuffig aussehen. Die beschwingte Szenerie schwindet, als ein U-Boot mit Atomsprengköpfen in der Nähe der Alien-Unterwasserstadt versinkt. Die Mitglieder einer Tauchstation versuchen, die Sprengköpfe zu bergen. Aufgrund böser Machenschaften der Militärs geraten sie in einen mörderischen Kampf untereinander. Die Station hängt schließlich nur noch mit einigen Kabeln am Abgrund und droht, in die Tiefe zu stürzen. Die Unterwasser-Aliens, die eine betörende Aura aus Licht umgibt, können mit Hilfe ihrer wundersamen Kräfte und Mittel die Welt vor einer großen Katastrophe bewahren. Den Tauchern wird nach 136 spannenden Minuten schließlich geholfen.

Acheron

Heimatplanet des gefährlichen → »Alien« im gleichnamigen Spielfilm.

Achtzigtausend Meilen durch den Weltraum

Titel eines achtzigminütigen Zusammenschnitts (GB 1974) aus drei Episoden der TV-Serie → »UFO« von Regisseur Summers Tomblin, in der eine Horde blauhäutiger Lebewesen aus dem All auf der Erde einfällt. Sie leiden an einer unbekannten Krankheit und brauchen zur Rettung die Organe der Menschen.

Adams, Douglas

Britischer SF-Autor, geboren 1952. Adams wurde durch die humoristische SF-Klamotte »Per Anhalter durch die Galaxis« (dt.: München 1999, Neuauflage) auf Anhieb zum Bestsellerautor. In dem Roman, der die Spielarten des Genres auf erfrischende Weise persifliert, wird die Erde zerstört, weil sie der galaktischen Schnellstraße der → Vogonen, Aliens mit wunderbar menschlich-bürokratischen Zügen, im Wege steht. Das außerirdische Bulldozerkommando bügelt jeden Protest der Erdlinge ab: »Die Pläne hätten«, so heißt es salopp, »doch lange genug öffentlich ausgelegen, und zwar auf einem nur ein paar Lichtjahre entfernten Planeten.«

Adamski, George

Der in Kalifornien lebende, gebürtige Pole ist der erste Mensch, der 1952 Kontakt zu Außerirdischen aufgenommen und sich durch Telepathie und Zeichensprache mit ihnen verständigt haben will. Adamski gilt seitdem als einer der Väter der Ufo-Bewegung, seit er in seinem Buch »Fliegende Untertassen sind gelandet« von seinen Weltraumreisen mit Außerirdischen zur → Venus und den dort lebenden → Venusianern erzählte. Die Venusianer sollen ihn auf diesem Weltraumtrip vor den Gefahren der Atombombe gewarnt haben. Selbst der Papst war schwer beeindruckt und gewährte Adamski daraufhin eine Audienz. Als Adamski 1965 starb, war sein Kult, die »Adamski Foundation« bereits fest etabliert. Ihr Sitz ist heute in Kalifornien und man schätzt die Zahl der weltweiten Anhänger immerhin auf mehrere tausend Alien-Fans.

Addy

Alien Addy ist eine Lernhilfe für kleinere und größere Kinder. Bereits für die Vorschule können sich die Kinder mit der Hilfe des gescheiten Außerirdischen auf Deutsch und Mathematik vorbereiten. Die Addy-CD-ROMS gehören zu den erfolgreichsten Edutainment-Titeln: Sie wurden bisher weltweit 2 Millionen mal verkauft. In Deutschland wanderten 200.000 Addys über den Ladentisch. Addy bietet für lernende Kinder ein virtuelles Klassenzimmer, und das wissbegierige Kind kann mit Addy ins Internet. Addy wurde von Coctel entwickelt und wird von der Firma Sierra vertrieben.

Aelita – Der Flug zum Mars

Russischer Stummfilm aus dem Jahr 1924 nach dem gleichnamigen Roman von → Alexej N. Tolstoi, Regie von Jakow Protasanow. Der Film hält sich an die literarische Vorlage: Aelita ist die Königstochter des Marsregenten → Tuskub. Ihr begegnet der Ingenieur Losj auf seinem Flug zum → Mars, den er – witzigerweise – in einem Fiebertraum anstellt. Am Ende entpuppt sich der Roman als gar nicht so sehr Science Fiction-lastig; denn alles, auch den Fiebertraum, hat Losj nur geträumt.

Aerie

Heimatplanet der → Aerienner in dem Roman → »Die Flüchtlinge« von Mata Randall.

Aerienner

Sagenumwobene Ureinwohner des Planeten → Aerie, auf dem die → Fre in dem Roman → »Die Flüchtlinge« von Mata Randall Asyl suchen.

Aggressive Alien Team

Keine Panik! Nicht so gefährlich wie der Name vermuten läßt. Hinter dem Aggressive Alien Team verbirgt sich ein Showteam von deutschen Skatern, die gelegentlich ihr Können auf den Brettern demonstrieren.

Agym

Zentralplanet des Reichs der → Draag in dem Zeichentrickfilm → »Der phantastische Planet«.

A'hi-nur, Die Terrasse von

In dieser SF-Geschichte (Meridian 12, Berlin Ost 1968) schließt → Karl-Heinz Tuschel aus mythologischen Quellen auf den Untergang von Atlantis. An der Terrasse von Baalbek erkenne man, daß die Ereignisse der Vergangenheit mit außerirdischen Kosmonauten zusammenhängen müssen.

Ahnenvolk

Ein in der SF-Literatur vielbenutztes Synonym für eine außerirdische Überrasse, die die Menschheit vor vielen Jahrtausenden im Rahmen eines Experiments ausgesetzt hat und seitdem deren Entwicklung in einer Art Experiment beobachtet. Meist kommt das Ahnenvolk am Ende zu einem positiven Ergebnis und überläßt die Menschen, nachdem man ihren Neigungen und Charakteren einen letzten Feinschliff gegeben hat, sich selbst, wie zum Beispiel in der → »Lensmen-Saga« mit den Überwesen der → Arisier, in dem → »Hainish-Zyklus« mit dem Volk der → Hain. In dem Ulk-Roman »Die Sirenen der Titanen« von → Kurt Vonnegut findet diese bewährte Grundstruktur der SF-Literatur mit den → Trafalmadorianern erstmals auf breiter Ebene eine gelungene Persiflage.

Akala

Titel eines DDR-Films aus dem Jahre 1976, bei dem Gottfried Kolditz die Regie führte. Inhalt: Auf dem Planeten Cynro leben humanoide Aliens in Frieden, bis mysteriöse Hilferufe aufgefangen werden. Eine Expedition wird ausgestattet, die vom Oberhumanoiden Akala (Jana Brejchova) geleitet wird. Die extraterrestrische Gruppe fliegt zum vierten Planeten der Sonne Tem. Dort herrscht eine andere außerirdische imperialistische Regierung. Ein gewaltsamer Aufstand unter Akalas Führung beseitigt das herrschende Regime. Es herrscht wieder Frieden.

Akonen

Vorfahren der → Arkoniden in der Heftroman-Reihe → »Perry Rhodan«.

Akte X

Die Kultserie »Akte X« startete Ende 1993 im amerikanischen Fernsehen. Der Rahmen der Serie ist schnell erzählt: Fox Mulder und Dana Scully, zwei FBI-Agenten, untersuchen eine Reihe gesperrter Fälle des FBI, die sich in den sog. »X-Akten« befinden. In den X-Akten werden diejenigen Vorkommnisse abgelegt, die mit »normalen« Mitteln nicht zu erklären sind. Die Serie bezieht ihren Reiz aber nicht nur aus den »paranormalen« und oftmals unerklärlichen Fällen, sondern auch aus dem Verhalten der beiden Hauptpersonen. Fox Mulder, der nicht umsonst den Spitznamen »Spooky« trägt, hat sich schon von klein auf mit dem Übernatürlichen beschäftigt. Er ist stets nur zu leicht bereit, eine »paranormale« Erklärung für scheinbar unerklärliche Vorfälle zu akzeptieren. Leider passiert es Mulder in der Serie nur allzu oft, daß er praktisch keine Beweise für seine Behauptungen hat bzw. die Beweise ihm zwischen den Fingern zerrinnen. Ihm gegenüber steht die rothaarige, kühle Skeptikerin Dana Scully, ausgebildete Physikerin und Medizinerin. Sie ist das absolute Gegenteil von Fox Mulder: eine übernatürliche Erklärung akzeptiert sie nur, wenn sie wirklich muß – und selbst dann nicht immer. Angesichts der Thematik ist eine Konfrontation mit dem → UFO-Phänomen fast unausweichlich.

Mehr noch: UFOs und Außerirdische bilden quasi eine Art durchgehende Rahmenhandlung, die sich über alle bisherigen sechs Staffeln der Serie erstreckt. Im Laufe dieser Rahmenhandlung kommen Mulder immer wieder andere Agenten der US-Regierung in die Quere, etwa der berüchtigte grauhaarige »Kettenraucher« (im Original: »Cigarette-smoking man«). Oftmals werden, gerade unter Mitwirkung des »Kettenrauchers«, Mulders Beweise für außerirdische Aktivitäten auf der Erde zerstört – oder sie verschwinden. Mulder kommt schließlich auf eine reichlich paranoide Erklärung: Die US-Regierung hat sich zusammen mit einer außerirdischen Macht gegen ihr eigenes Volk verschworen (→ Verschwörungstheorien), um heimlich unlautere militärische Experimente durchzuführen. Im Rahmen dieser Experimente werden auch Menschen entführt und von Aliens zusammen mit Vertretern der US-Regierung untersucht und begutachtet (→ Entführungen). Die Außerirdischen nehmen oftmals genetische Experimente an Menschen vor.

Auch anderweitig werden Mulder und Scully mit den Außerirdischen konfrontiert. So werden etwa sowohl Scully als auch Mulders Schwester Samantha zu Entführungsopfern. Scully bekommt als Folge ihrer Entführung Krebs und kann erst in letzter Minute davon geheilt werden. Aufgrund dieser Erfahrungen rückt Scully zunehmend von ihrer Skepsis in Sachen UFOs ab und nimmt sie als Realität an. Zu Beginn der fünften Staffel erkennt Fox Mulder, daß viele der »Beweise«, die er in den Händen zu haben glaubte, in Wahrheit von der Regierung gefälscht waren. Somit steigert sich seine paranoide Einstellung noch einen Tick weiter: er glaubt nun, daß alle Alien-Entführungen in Wahrheit von der US-Regierung vorgetäuscht waren, um in Ruhe Gen-Experimente an ahnungs- und hilflosen Bürgern durch-

Akte X:
Kult um Mulder und Scully

führen zu können. Man beachte die Umkehrung: nun glaubt Dana Scully an die Existenz von UFOs, im Gegensatz zu Fox Mulder! Trotz – oder gerade wegen? – des etwas bizarren Konzepts wurde »Akte X« eine der erfolgreichsten Fernsehserien der Neunziger Jahre. Inzwischen gibt es weltweit über ein Dutzend Nachahmer, die aber alle dem Original nicht das Wasser reichen können.

Alarm im Weltall
Film (USA 1956) von Red McLeod Wilcox. Der Film wird von den Kritikern als einer der ersten SF-Filme bezeichnet, der von denkenden Wesen gemacht wurde. Eine irdische Suchmannschaft muß auf dem vierten Planeten der Sonne Altair feststellen, daß die ausgelöschte Rasse der → Krell eine Maschinerie hinterlassen hat, die jeden Gedanken und alle unterbewußten Wünsche und Emotionen materialisieren kann, so daß die Crew, vor allem der Wissenschaftler Morbius, am Ende die abscheulichsten Monster hervorruft. Erst mit dem Tod von Morbius hat das Morden ein Ende.

Alderaan
Heimatplanet der überaus hübschen Prinzessin → Leia Organa in der → Star-Wars-Trilogie. Der Planet wird im Verlauf des ersten Teils der Weltraum-Saga vom gemeinen Bösewicht → Groß-Moff zerstört.

Alf
Richtiger Name: Gordon Shumway. (Alf ist nur die Abkürzung für »Alien Life Form«). Zotteliges, chaotisches, freches, egozentrisches, verfressenes (am liebsten Katzen!), andererseits hochintelligentes, witziges, ideenreiches Wesen, kaum einen Meter groß, 299 Jahre alt. Alf stammt vom Planeten Melmac und wurde Held der gleichnamigen TV-Serie, die erstmals zwischen 1988 und 1989 im Vorabendprogramm des ZDF lief. Alf mußte auf der Erde notlanden, als die Bewohner seines Heimatplaneten alle gleichzeitig die Föne einschalteten und damit Melmac in die Luft sprengten. Er landete auf dem Dach der Familie Tanner, einem Musterbeispiel amerikanischer Kleinbürgerlichkeit, und bringt deren sorgsam gehütetes Vorort-Leben ab sofort rigoros durcheinander. Denn ihm fehlt jeglicher Sinn für Anstand und bürgerliche Normen. Der ungeheure Erfolg der Serie hatte das Erscheinen von einem Foto-Comic und einer Comic-Heftserie (dt.: Bergisch-Gladbach, 1989 ff) zur Folge.

Alf: Chaos als Lebens-Mittel

ALF
DER FILM
UFA PRÄSENTIERT ALF MARTIN SHEEN MIGUEL FERRER WILLIAM O'LEARY JENSEN DAGETT
SOWIE ALS GASTSTAR RAY WALSTON IN „ALF DER FILM" MUSIK MARK SNOW KAMERA HENRY LEBO
DREHBUCH TOM PATCHETT UND PAUL FUSCO PRODUZIERT VON TOM PATCHETT
EXECUTIVE PRODUCER PAUL FUSCO UND KENNETH KAUFMAN REGIE DICK LOWRY
EINE PRODUKTION DER PATCHETT KAUFMAN ENTERTAINMENT IN ZUSAMMENARBEIT MIT PAUL FUSCO PRODUKTIONS
IN COPRODUKTION MIT UFA FILMPRODUKTION
PATCHETT KAUFMAN
ENTERTAINMENT
UFA
TOBIS
VCL

Algol

Ein verschlagenes, dämonisches Wesen im gleichnamigen, deutschen Stummfilm aus dem Jahre 1920, in dem das geheimnisvolle, am Ende doch sehr humanoide Wesen einem Bergarbeiter das Geheimnis der Algolwellen vom Algolstern offenbart und dieser dadurch steinreich, aber nicht glücklich wird. Die Moral von der Geschichte ist so einfach wie die Idee zum Film: Geld allein macht nicht glücklich!

Alien (Film)

Im Tiefschlaf reist die Crew eines rostigen Raumtransporters namens Nostromo, ein gigantisches Gefährt, das von einem Computer gelenkt wird, durchs All. Dank fremdartiger Signale von einem unbekannten Planeten wird die Besatzung geweckt. Der Planet wird erkundet und dabei ein versteinerter Raumschiffpilot gefunden. Viel interessanter ist aber sein verfallenes Schiff, das große Eier beherbergt. Aus einem dieser Eier springt ein außerirdisches Lebewesen einen Piloten an und klammert sich mit seinen Krallenarmen in dessen Gesicht unlösbar fest. Der angefallene Astronaut kommt an Bord der Nostromo mit einem Heißhunger wieder zu Bewußtsein. Damit beginnt der Alptraum: Aus dem blutig aufplatzenden Brustkorb des Astronauten springt ein entsetzliches Alien hervor, das der Mann in seinem Körper unfreiwillig ausgebrütet hat. Nach und nach macht sich das Alien mit einem gesegneten Appetit über die Crew her. Zu allem übel ist es verdammt schlau und läßt sich nicht fangen. Das gnadenlose Wesen wächst immer weiter, und mit ihr die Brutalität.

Durch den Künstler → H.R. Giger wurde erstmals ein Alien in einem Film geschaffen, das durch seine faszinierende Ekel-Ästhetik und seine aggressive Schönheit die Zuschauer zutiefst schockte. Diese angstmachende Brutalität war in keinem SF-Film vorher so eindringlich gezeigt worden. Jeder, der diesem Alien mit seinen spitzen Zahnreihen, die sich wie ein Teleskop aus den mehrfach hintereinander gelagtern Mäulern herausschieben können, gegenübersteht, glaubt kaum noch an ein Entkommen. So ergeht es auch der Mannschaft an Bord der unglückseligen Nostromo. Nur der weibliche Offizier Ellen Ripley kann das gefährliche Alien durch eine List in den luftleeren Weltraum hinauslocken. Als letzte der Raumfrachter-Besatzung kann sie im Beiboot flüchten. Das kreischende, geifernde und röhrende Alien verschwindet im dunklen Weltraum und ist vernichtet.

Aber weit gefehlt: In weiteren Alien-Streifen (»Aliens – Die Rückkehr«, »Alien 3« und »Alien – Die Wiedergeburt«) zeigt sich, daß dieses unberechenbare Wesen aus den unbekannten Tiefen der Galaxien schier unsterblich ist. Zur weiteren Handlung: Ellen Ripley wird Mitglied einer Forschungs-Expedition auf jenem Planeten (Acheron), auf dem sie die tödlichen Alien-Eier erstmals entdeckt hat. Acheron soll nun kolonialisiert werden. Auf Acheron haben die Aliens die Menschen aber massenweise als Brutkörper benutzt. Wahre Alien-Horden greifen Ripley und ihre Soldaten an. Ein massives Massaker á là »Zehn kleine Aliens« beginnt: das erste Alien stirbt im MG-Feuer, das zweite wird ebenfalls von MG-Kugeln zerfetzt, das dritte stirbt, weil ihm die Leiche des zweiten auf den Kopf fällt... Ripley wagt sich in die Höhle der Alien-Mutter und kann diese mit Hilfe eines riesigen Transport-Roboters zerquetschen.

Bei einem späteren Aufenthalt auf einem eisigen Gefängnis-Planeten begegnet Ripley nicht nur einer glatzköpfigen Anarcho-Sekte, sondern stößt abermals auf ihren Todfeind: das Alien. Diesmal wird sie sogar von einem Alien »geschwängert«. Aber genau damit kann Ripley das Alien besiegen. Sie tötet am Ende sich selbst und das Alien-Kind in ihrem Körper.

Im vierten Teil gelingt es einer Gruppe von Forschern, die verstorbene Ellen Ripley als Klon wiederzubeleben. Sie können so auch die Aliens züchten, die aber entkommen und richten großes Unheil an. Ripley und eine Bande Schmuggler nehmen den Kampf auf, wobei sich herausstellt, daß Ripley selbst durch das Klonen Alien-Anteile in sich trägt.

Eine Schwemme von Alien-Rip-Offs wurde durch diesen Alien-Erfolg ausgelöst: → Alien Outlaw, → Aliens des Grauens, Alien Attack, Das Alien aus der Tiefe, Alien – Die Saat des Grauens kehrt zurück, The Alien Factor, Das Alien in Dir, Alien-Invasion, Alien Nation, Alien Predators, Alien Seed, Alien Terror, Das Alien vom Highway, Alien Without Warning, Alienator – Der Vollstrecker aus dem All, Alienkiller, The Aliens are coming. (Zu den Filmen: »Alien – Das unheimliche Wesen aus einer fremden Welt«, Regisseur Ridley Scott, 1978 in England gedreht; »Aliens – Die Rückkehr«, Regisseur James Cameron, US-Produktion 1988; »Alien 3«, Regisseur David Fincher, USA 1990; »Alien – Die Wiedergeburt«, Regie Jean-Pierre Jeunet, USA 1997)

Alien-Burger

Gibt es in der Touristenkneipe → »The Little Ale'Inn« schräg gegenüber der mysteriösen → Area 51 in Nevada. Im Grunde ist es nichts anderes als der typisch amerikanische Hamburger, aber der Name ist halt Programm.

Alien Contact
Ist ein rühriges, dreimonatlich erscheinendes Zeitungsprojekt aus Berlin. Die SF-Zeitschrift begann ihr Leben noch hinter der Mauer, damals als professioneller Verlag in einer Auflage von 40.000 Exemplaren. Gegründet wurde Alien Contact von Krischan Schoeninger, Hardy Kettlitz, Gerd Frey und Ralf Jacob, Mitgliedern des Ostberliner SF-Clubs Andymon. Heute ist die Zeitschrift im DIN-A5-Format in Westdeutschland über Abonnement, in Ostdeutschland häufig noch am Kiosk zu erwerben. Bezug: Alien Contact, Ilsenhof 12, 12053 Berlin.

Alien, das Schmunzelmonster
CD der Anarcho-Rockband Donald Dark, deren Nachname genauen Aufschluß über weitere Hintergründe liefert: Degenerierte Anarchistische Rock Kacke. Deshalb ist dem aktuellen Album »Alien, das Schmunzelmonster« wohl auch wenig Bedeutung in Sachen Alien-Forschung beizumessen.

Alien.de
Ist ein Web-Verzeichnis vergleichbar Yahoo und Web.de. Da Alien.de zum größten deutschsprachigen UFO- und Mystery-Server geworden ist (über 2.700 HTML-Seiten!) und bisher weit über vier Millionen Zugriffe hatte, wurde eine Suchmaschine alleine für Alien.de notwendig. Durch verschiedenste UFO-Forschungsgruppen, wie z.B. DEGUFO, FIGU, VfgP, Gruppe Hamburg, CENAP usw., aber auch durch einzelne Personen (darunter sind viele Buchautoren), die Homepages hier haben, ist Alien.de zu dem interessanten und vielfältigen Informationsserver zum Thema Aliens geworden. Es gibt Beiträge, Artikel, Fotos, Berichte und alles, was zum Thema Aliens wissenswert wäre.

Alien Earth
PC-Game (PIE/Funsoft) aus dem Jahr 1998, in dem die Menschen als ehemalige Beherrscher des Planeten Erde von außerirdischen Aggressoren versklavt worden sind. Die Chance des Weltretters ist gekommen. Die Hauptfigur ist ein zur Jagd freigegebener Vogelfreier, der im folgenden jeder Menge ungemütlicher Kreaturen begegnet und sie von der Festplatte putzt, damit die Erdlinge wieder in Frieden leben können.

Alien Nation
Amerikanischer Kinofilm (dt. Titel: »Alien Nation – Space Cop L.A. 1991«) aus dem Jahre 1988 von Regisseur Graham Baker, der schließ-

lich noch zwei weitere Teile (nur auf Video: → »Alien Nation – Dark Horizon«, 1994; → »Alien Nation – Body and Soul«, 1995) und eine Mini-TV-Serie nach sich zog. Der Inhalt ist schnell erzählt: 1988 landen 300.000 humanoide, außerirdische Asylanten in einem riesigen Sklaventransporter-Ufo in der Mojave-Wüste. Die glatzköpfigen Ankömmlinge stellen für die verwöhnten Menschlinge erst einmal eine absonderliche Rasse dar, denn die Aliens werden von saurer Milch betrunken und Salzwasser wirkt auf sie wie Säure. Das ist natürlich für einige Lacher gut. Die Neulinge passen sich in der Folge aber ansonsten gut an den American Way of Life an, daß sie nicht nur als Ärzte, Arbeiter und Polizisten tätig sind, sondern auch als Verbrecher. Als wichtiger Held tritt → Sam Francisco auf, einer der ehemaligen Asylbewerber aus dem All, der sich in der Kripo einen bedeutenden Posten erarbeitet hat und jetzt mit den menschlichen Gesetzeshüter auf Verbrecherjagd geht. Der ursprüngliche SF-Film gerät dadurch zu einer normalen Cop-Klamotte mit Autojagden, Schießereien und den üblichen Klischees.

Alien Nation – Body and Soul

»Solide inszeniert und höchst allegorisch gemeint. Nicht nur der alltägliche Rassismus wird impliziert, auch das Verhalten von Neuankömmlingen auf einer fremden Welt«, schreibt der Filmdienst zur zweiten Video-Fortsetzung (USA 1995) von → »Alien Nation«. Diesmal findet die Polizei ein stummes Kind und glaubt, es ist eine Kreuzung zwischen Mensch und Aliens, die seit 1988 als Emigranten auf der Erde leben. Ermittlungen zeigen, daß es sich um eine genetische Züchtung böser Außerirdischer und böser Menschen handelt. Der dritte Teil der Alien-Nation-Filme wurde abermals von Regisseur Kenneth Johnson in Szene gesetzt.

Alien Nation – Dark Horizon

Mäßige Video-Fortsetzung (USA 1994) des ersten Teils von → »Alien Nation«. Außerirdische Flüchtlinge haben auf der Erde Asyl gefunden und in den USA Bürgerrechte erworben. Als ein Abgesandter ihrer alten Heimat auftaucht und noch mehr Besucher anschleppen will, wollen irdische Faschisten den Gästen den Garaus machen. Regie führte diesmal Kenneth Johnson.

Alien Outlaw

Film (USA 1987) von Phil Smooth, in dem eine Horde Schweißerbrillen tragender Aliens in einem Provinznest die Westernshow durcheinanderbringt und munter schlachtet, bis die Cowboys mit Colt und blauen Bohnen zur Gegenattacke rüsten.

Alien Sex Fiend

Name einer britischen Crossover-Band, die in den frühen 80ern als Underground-Band schlechthin galt. Die Musiker wähnten sich als Boten eines anderen Planeten, daher der Bandname. Letztes veröffentlichtes Album war »Nocturnal Emission« (13th Moon 1997), auf dem die Band wie in den 14 Jahren zuvor einen galaktischen Mix verschiedenster Musikrichtungen präsentiert. Von Ambient über Techno bis zu EBM und Industrial ist alles vertreten, was das Elektro-Herz begehrt.

Aliens haben meine Freundin entführt

Song-Titel von der deutschen Punkpop-Gruppe → »Die Ärzte«. Nicht sonderlich spektakulär.

Aliens und andere Fremde

Außerirdische in Hülle und Fülle präsentiert der Bastei-Lübbe Verlag in der gleichnamigen Anthologie. Zehn Stories und vier Vignetten über uns und die anderen, mit denen wir es einmal zu tun bekommen werden. Eine Auswahl der wichtigsten und interessantesten Geschichten zum Thema Aliens von elf Spitzenautoren, unter anderem → Gordon R. Dickson, → Frederik Tiptree jr., → Alan Pangborn, → Larry Niven, → Frederic Brown. Das Buch bietet außerdem einen ausführlichen weiterführenden Anhang, in dem über 100 Romane und mehr als 200 Stories empfohlen werden. Aliens satt!

Aliens und andere Fremde / Rechts: Aliens & UFOs: Fliegende Biester

Aliens und UFOs

Die Zeitschrift »Aliens und UFOs« kommt aus England und ist grafisch flott aufgemacht. Die Texte sind durchaus seriös gehalten, aber nicht immer bierernst, eher im typischen englischen Sophisticated-Humor. Die Zeitschrift »Aliens und UFOs« pflegt einen unterhaltsamen Infotainment-Stil, der es auch Leuten, die nicht unbedingt an Aliens und UFOs glauben, leicht macht, in der Zeitschrift zu blättern und zu lesen. Über ihre Eigen-Philosophie teilt die Redaktion in ihrer Ausgabe mit dem Bericht von → Sex von Menschen mit Aliens mit: »Die riesige Anzahl der Zeugenberichte über Entführungen durch seltsame Wesen haben meist eines gemeinsam: Die Verbindung zu sexueller Fortpflanzung. Dieser Zusammenhang macht das Thema für Menschen, die erst vor kurzem auf dieses Phänomen gestoßen sind, noch viel sonderbarer. Es gibt Meinungen, daß die Extraktion von Spermien und Eizellen Teil eines großen Plans sein könnte, die menschliche Art genetisch zu duplizieren – die Frage nach dem Sinn und Zweck schafft mehr Spekulationen über Spekulationen. Wenn das Phänomen rein psychologisch ist, kann sich eine Verbindung mit einer sexuellen Erfahrung vielleicht ebenso wichtig für die Aufdeckung des Rätsels herausstellen.«

Inhalt der Zeitschrift sind desweiteren Berichte über → Entführungen, Kunst und → Aliens, Spionageprojekte, → UFO-Forschung, Zukunft, → Prä-Astronautik, geflügelte Bestien, → »Akte X«, → Verschwörungstheorien und andere Themen aus dem Bereich Aliens und → UFOs. Die Zeitschrift ist ohne erkennbaren Werbungsinhalt, kostet 7,80 DM, erscheint monatlich und hat um die 80 Seiten. Die Redaktion bittet: »Wenn Sie je ein Erlebnis mit UFOs oder fremden Wesen hatten, oder wenn Sie einfach nur Ihren Kommentar zu diesem Magazin geben möchten, dann schreiben Sie an: Aliens & UFOs, Rapide Publishing, I Roman Court, 48 New North Road, GB – Exeter.

EX4 4EP, Großbritannien. Chefredakteur ist Richard Forsyth (e-mail: richard@ rapide. co.uk).«

Alois

Bei einem bayerischen Dorf landet ein kleiner Außerirdischer. Von dem Dorfdeppen Xaver erhält der Fremde den Namen Alois. Natürlich muß Alois die bayerischen Bier-Sitten kennenlernen. Weil die rauflustige Gang um Eberhard auftaucht, büchsen Alois, Xaver und Anni in der »ersten deutschen Science Fiction-Fantasy-Heimatfilm-Komödie« aus und starten in den Himmel. »Xaver und sein außerirdischer Freund« wurde von dem Regisseur Werner Possardt 1986 in der BRD gedreht. Der außerirdische Alois wurde von Carlos Pavlidis gepielt.

Alphaner

Humanoide Rasse in dem Film → »Invasion der Raumschiffe«, die auf die Erde flüchtet, weil die Sonne ihres Planeten zu verglühen droht. Auf Terra angekommen, wollen sie die Menschen rücksichtslos vernichten.

Altar

Heimatplanet vom üblen Frank Future, der in dem Film → »Galaxina« gegen das Robo-Alien Galaxina antreten muß.

Altor

Planet im Sonnensystem Demeter am Rande der Milchstraße, dessen Hauptstadt → Demeter City in der TV-Serie → »Space Cops« ein gefährliches Pflaster für irdische Cops darstellt: Hier bekämpfen sich die heimatlosen Alien-Völker der → Creons und der → Tarns.

Alura

Mutter von → Kara Zor-El, auch → Supergirl genannt, Humanoide vom Planeten → Krypton. Zu den eigentlichen Episoden der Comic-Serie trägt Alura jedoch wenig bei.

Ames Research Center

→ Astrobiologie

Amöben

1) Tourismus-Manager, die eine kleine Pazifik-Insel auf ihre Touristentauglichkeit untersuchen wollen, kommen in dem Film → »Monster des Grauens greifen an« in Kontakt mit Amöben-Aliens.

2) Schleimige Wesen vom Planeten Sirius, die dem Comic-Helden → Joe Galaxy das Leben schwermachen.

Anarres

Auf dem Planeten Anarres leben in dem Roman → »Planet der Habenichtse« die Rebellen der → Urras.

Ancient Astronaut Society

Am 14. September 1973 wurde durch den Chicagoer Rechtsanwalt → Dr. Gene M. Philips die Ancient Astronaut Society ASS gegründet. Die gemeinnützige, internationale Gesellschaft strebt eine Koordinierung und Systematisierung der globalen Aktivitäten auf dem Gebiet der → Prä-Astronautik an. Dazu werden Informationen und Literatur ausgetauscht, Arbeitsgruppen eingesetzt, Expeditionen organisiert und zweijährlich ein Weltkongreß abgehalten. Der nächste findet vom 26. bis 27. Juni 1999 in Köln statt. Die ASS hat auch in Deutschland eine Reihe prominenter Fürsprecher, z.B. → Erich von Däniken oder → Johannes Fiebag.

Die ASS gibt den Newsletter »Ancient Skies« und die Zeitschrift »Sagenhafte Zeiten« heraus. Kontaktadresse: A.A.S. – Forschungsgesellschaft für Archäologie, Astronautik und SETI, Postfach, Sekretariat, CH-3803 Beatenberg (Schweiz), Telefax: (0041) (0)33 / 841 20 81. Homepage: http://www.aas-fg.org.

Ancients

Durch und durch bösartige Aliens in dem Computerspiel → Zak McKracken. Die Ancients versuchen mittels Telepathie, die Menschheit unter ihre Kontrolle zu bekommen.

Andalit

Gutmütiger Außerirdischer der Jugendbuch-Reihe → »Animorphs«, der den Jugendlichen noch die Fähigkeit zum Morphen verleiht, bevor er von → Visser Drei, dem bösen Anführer der → Yirks getötet wird.

Andersson, Gerry

Britischer Regisseur, Produzent und Drehbuchautor, unter dessen Federführung erfolgreiche und weniger erfolgreiche SF-Serien wie »Supercar«, »Stingray«, »Thunderbirds« sowie die Alien- und Invasionsserien → »Space Cops«, → »Captain Scarlett and the Mysterons«, → »UFO« und → »Space 1999« entstanden. Gerry Anderson gilt in Fankreisen als der britische → Gene Roddenberry.

Andra

Aus dem Sternensystem Arkana stammt die außerirdische Roboterin Andra. Sie hat zwei freche Kinder: Ulu und Targo. Deren Spielzeug-Monster, Mu-Mu, hat nur schlimme Dinge im Sinn. Zum Beispiel einen Kurztrip auf die Erde. Dort bekommt Andra Kontakt mit dem Erdenmenschen Robert, der seine Freundin Bina heiraten will. Es gibt einen mörderischen Eifersuchtsskandal mit viel Gemetzel, als die beiden ungleichen Frauen um Robert kämpfen. Durch eine besondere Fähigkeit kann die Außerirdische die Zeit rückwärts laufen und somit das Geschehen doch noch eine andere Wendung nehmen lassen. Dusan Vukotic ist der Regisseur des Streifens »Gäste aus der Galaxis«, in dem Ljubisa Samardzic die Außerirdische darstellt.

Andromeda

Roman (dt.: München 1969) von → Michael Crichton. Das Buch wurde unter dem Titel »Andromeda – Tödlicher Staub aus dem All« 1970 von Robert Wise in den USA verfilmt. Inhalt: Über einem kleinen Dorf in New Mexico ist der Satellit Scoop VII abgestürzt, der einen außerirdischen Krankheitserreger an Bord hat, dem man schließlich den Namen »Andromeda« gibt. Die Zerstörung durch Andromeda breitet sich immer weiter aus. Menschen sterben, Einrichtungen gehen zu Bruch – und nur in letzter Sekunde gelingt es der Menschheit, dem Erreger Einhalt zu gebieten.

Andromus

Androide, der den → Zyklonen in der Fernseh-Serie → »Kampfstern Galactica« entstammt.

Animorph

Titel der gleichnamigen Jugendbuch-Reihe (Ravensburg 1998 ff) von → Katherine Applegate, in der eine Gruppe von Teenagern den Kampf gegen die bösen Aliens der → Yirks aufnehmen. Als die fünf Freunde Cassie, Rachel, Marco, Jake und Tobias auf ihrem Nachhauseweg über einen verlas-

Ansset

senen Bauplatz gehen, erleben sie ein schauerliches Spektakel: Ein gutmütiges Wesen, der → Andalit, verleiht ihnen die Gabe, sich in jedes beliebige Tier zu morphen, und wird dann von → Visser Drei, dem Anführer der → Yirks, auf furchtbare Weise umgebracht. Nur mit knapper Not können die fünf den Handlangern von Visser Drei entkommen. Mit der Morph-Fähigkeit ausgerüstet, beginnen die Kinder ihren Feldzug gegen das Böse und die Invasion der Yirks. Natürlich führt das bisweilen zu recht aberwitzigen Situationen, denn die Zeit, die die Jugendlichen im Tierkörper verbringen dürfen, ist auf zwei Stunden begrenzt – wer länger in seinem Morph bleibt, ist für immer in der Tiergestalt gefangen. Und wer will schon gerne als Ameise leben?

Bisher sind in der Reihe acht Bände erschienen: »Die Invasion«, »Der Besucher«, »Die Begegnung«, »Die Botschaft«, »Der Raub«, »Die Beute«, »Der Fremde«, »Der Alien«. In der Serie hat die Autorin versucht, den Lesern eine genaue Vorstellung davon zu vermitteln, wie es wohl sein würde, plötzlich einer ganz anderen Spezies anzugehören. Die Autorin zu der Serie: »Ich möchte in diesem Buch nicht sentimental werden in Bezug auf Tiere. Wenn Tobias ein Habicht wird, geht es darum, den Leser die Welt wie ein Habicht erleben zu lassen – sich in eine warme Brise hinaufzuschwingen und wieder auf die Erde hinabzustürzen zum Töten der Beute. Wenn Marco eine Ameise wird, möchte ich den Mangel der Ameise an Individualität vermitteln, ihre blinde Welt getragen aus Geruchs- und Tastsinn. Wenn Cassie ein Delphin wird, möchte ich den Leser das vorbeirauschende Wasser spüren lassen, er soll erfahren, wie es ist, vom kalten Ozean in den warmen Himmel zu springen.«

Ansset

Ansset ist in dem Roman »Meistersänger« (Bergisch-Gladbach 1997) von Orson Scott Gard der Meistersänger, dessen Stimme ihm Macht über die Völker der Galaxis gibt. Doch ohne es zu wollen, muß er sein übermenschliches Talent mißbrauchen, wird zum geliebten Adoptivsohn des gefürchteten Sternenkaisers und steigt schließlich selbst zum Imperator auf. Aber Anssets Seele kann diesen Verrat an der Macht des Liedes nicht ertragen, und so muß er eines Tages den langen Weg der Buße antreten – zurück in seine Kindheit und zum Sängerhaus von Tew, das ihm seine Macht verlieh. Orson Scott Gard, der geistige Vater von Ansset, gewann den John W. Campbell Memorial Award als bester neuer SF-Autor des Jahres. Der erste Teil dieser exotischen Saga um einen galaktischen Meistersänger wurde von den Lesern des amerikanischen Magazins »Analog« zur besten Erzählung des Jahres gewählt.

Antera

Heimatplanet von → Walter, einem Alien, der in dem Film → »Cocoon« auf die Erde kommt.

Anthony, Piers

Britischer SF-Autor, der mit dem Roman »Kirlian Querst« das unglaublich begabte Wesen → »Herald, der Heiler« erfand. Weitere Werke: »Chthon oder der Planet der Verdammten«, Düsseldorf 1971; »Der Ring«, Frankfurt 1973.

Applegate, Katherine

Amerikanische Kinderbuch-Autorin, geboren 1956. Von ihr stammt die SF-Reihe → »Animorphs«, die allein in den USA bereits 10 Millionen Leser gefunden hat. Auch in Deutschland erscheint seit geraumer Zeit die Reihe. Katherine A. Applegate hat mehr als 70 Bücher für Kinder und junge Erwachsene geschrieben. Ihre Bücher sind sowohl unter ihrem eigenen Namen als auch unter verschiedenen Pseudonymen erschienen.

Aquablue

Comic (Hamburg 1991) von Therry Cailleteau, Oliver Vatine und Isabelle Rabarto in der Reihe »Edition Phantastische Abenteuer« des Carlsen Verlages. Darin ist Aquablue ein Wasserplanet irgendwo im Universum. Durch eine Nova wurde der Planet jedoch in eine Eiswüste verwandelt, so daß nur ein Fischervolk überleben konnte. Nao, ein Waisenjunge von Terra, kann sich zusammen mit dem Fischervolk auf riesige Eisschollen retten. Unvermutet landet da ein riesiges Raumschiff auf Aquablue. Das Raumschiff ist eigentlich ein gigantisches Lebewesen, ein → Megophia. Ein größenwahnsinniger Piratenanführer hat das Megophia, dessen Panzer härter als jeder irdische und außerirdische Stahl

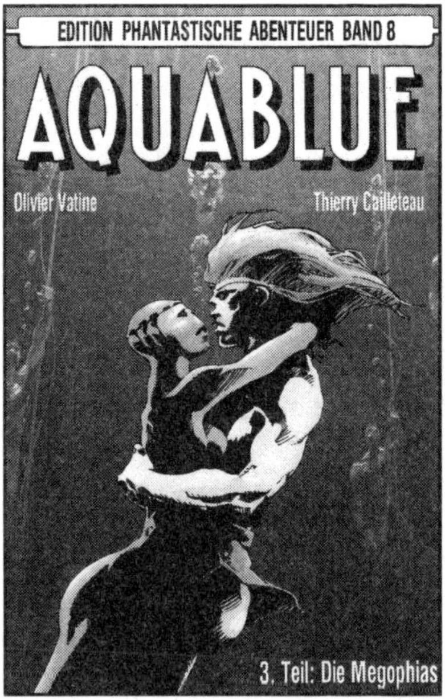

Aquablue

war, mit einer Neutronenbombe von innen getötet und zum gefürchteten Weltraum-Piratenschiff umgebaut.

Ardeen, Inra
→ Saturngirl

Area 51
Mysteriöses Versuchsgelände in der Wüste von Nevada/USA, auch »Dreamland« genannt (weniger bekannt sind Synonyme »Die Box«, »Watertown« oder »Die Ranch«). Die Area 51 liegt in dem 16.000 Quadratkilometer großen militärischen Sperrgebiet namens Groom-Lake-Basis. Die eigentliche Area 51 ist die wohl berühmteste Untergrundinstallation und umspannt eine Fläche von 40 Kilometern Länge und 35 Kilometern Breite. 1954 als geheimes Luftwaffentestgelände gegründet, tauchte sie zum erstenmal auf einer Karte der Kennedy-Administration als autonomes Gebiet auf, quasi ein damals 51. Bundesstaat der USA (daher der Name) mit eigener Verwaltung. Es entstand nicht nur ein abgekapseltes Riesengebiet, sondern eine internationale, von Touristen umlagerte Fremdenverkehrsattraktion, die ganz und gar auf das extraterrestrische Leben ausgerichtet ist: Der daran vorbeiführende, 150 Kilometer lange Highway 375 zwischen Alamo und Warm Springs wurde von der Landesregierung ganz offiziell »Extraterrestrial Highway« genannt. Es gibt eine Gaststätte für Alien-Freunde mit dem necki-

Area 51: Auch ohne Fakten immer ein Medienthema

schen Namen »The Little Ale'Inn« (ein Wortspiel, das sowohl »Der kleine Außerirdische« als auch »Kleine Bierkneipe« bedeuten kann), wo man Alien-Burger essen und jede Art von Informationen und Souvenirs erhalten kann. Area 51 wird auch in Verbindung gebracht mit einer Reihe von Ufo-Vorfällen; es gibt Menschen, die behaupten, in der gigantischen Untergrundanlage Alien-Leichen gesehen zu haben; die umstrittene Alien-Aufnahme des Fotografen → Jack Barnett, die zur Entstehung der → Roswell-Legende führte, soll angeblich ebenfalls in der Area 51 entstanden sein.

Arisier
Sind die wohlerzogenen Außerirdischen vom Planeten Arisia in der sechsbändigen → »Lensmen-Saga« von → E.E. Smith, die in ihrer ganz der traditionellen SF entsprechenden Rolle als das weise → Ahnenvolk den Menschen als starke Rasse gegen die tödliche Macht der → Eddorier züchten.

Arkon
Auch Kristallwelt I genannt. Heimatplanet von → Atlan in der Heftroman-Reihe → »Perry Rhodan«. Der Planet liegt im Kugelsternhaufen Thantur-Lok (terranische Bezeichnung M 13).

Arkoniden
Bewohner des Planeten → Arkon in der Heftroman-Reihe → »Perry Rhodan«. Bedeutendster Vertreter dieser Rasse ist der humanoide → Atlan, der über die Jahre hinweg zum besten Freund des Galaxis-Bummlers Perry aufsteigt.

Arnold
Humanoider Alien in dem Film → »Ufo-Café«.

Arous
Heimatplanet des hirnartigen Wesens → Gor in dem Film → »Die Augen des Satans«.

Arquillianer
Außerirdische Rasse im Film → »Men In Black«. Die Arquillianer, die dem üblichen Klischeebild der → Greys entsprechen, sind gerade mal so groß wie eine menschliche Hand. Um aber auf der Erde trotzdem nicht aufzufallen, verstecken sie sich mitsamt einer kompletten Steuereinheit im Kopf eines menschlichen Androiden.

Arrakis
Ist der eigentliche Name des Wüstenplaneten »Dune« im gleichnamigen Roman von → Frank Herbert. Arrakis ist Heimatplanet der → Shai Huluds, der monströsen Sandwürmer.

Astaron – Brut des Schreckens
Deutsch-italienischer Film (1979) von Luigi Cozzi, in dem ein Frachtschiff aus Südamerika ein gutes Dutzend schleimig grüner Eier in den Big Apple importiert. Natürlich sind das keine normalen Hühnereier, sondern Rückstände fremder Wesen aus dem All. Allein der Kontakt löst eine unangenehme, weil tödliche Vergiftung aus. Ein ehemaliger Astronaut kann dem Terror schließlich Einhalt gebieten.

Asteroidenjäger
Kinofilm (DDR/Polen 1970) von Gottfried Kolditz. Durch die Funksignale von Aliens gerät ein irdisches Forschungsschiff in einen Asteroidengürtel. Ein hartnäckiger Raumfahrer findet auf der nachfolgend eingesetzten Suche einen Teil des bereits aufgegebenen Raumfahrzeugs.

Astrobiologie
Per Internet hat sich das erste Forschungsinstitut auf der Erde gegründet, das immer mehr über außerirdisches Leben wissen will. Der NASA-Chef Daniel Goldin hält diese Alien-Recherchen für wichtig. Er hat zu dieser Angelegenheit einen neuen Wissenschaftszweig mit der Bezeichnung Astrobiologie ins Leben gerufen. Die Zentrale sitzt im kalifornischen Mountain View und ist das »Ames Research Center der Nasa«. Es sind elf verschiedene Institute angeschlossen, in denen nach erdähnlichen Planeten und außerirdischen Lebensformen gesucht wird. Zudem zerbricht man sich darüber den Kopf, welche Folgen es haben würde, wenn die Menschen intelligenten Aliens begegneten, und wie sich die Menschheit dabei verhalten sollte. Die Internet-Adresse für das astrobiologische Institut, an dem man auch seinen Doktor für Astrobiologie machen kann, ist www.astrobiology.arc.nasa.gov.

Atlan
Auch der Kristallprinz genannt; oder: Der Einsame der Zeit; oder: Hüter der Menschheit; oder: Imperator von Arkon; oder: Lordadmiral der USO. Abkömmling der → Arkoniden vom Planeten → Arkon in der Heftroman-Reihe → »Perry Rhodan«. Optisch gleicht er dem Erscheinungsbild der Menschen: groß, weißblond, breitschultrig und muskulös. Atlan wurde durch einen speziellen Zellaktivator relativ

unsterblich. Ein aktivierter Gehirnsektor beherbergt außerdem das »photographische Gedächtnis« und den Logiksektor/Extrasinn. Atlans Charakter ist durch einen starken Hang zum Zynismus geprägt. Er handelt kühl und überlegt, ist ein wohlmeinender Spötter, aber auch ein unerbittlicher Antreiber. Der Arkonide wurde im Jahr 10.479 von Arkon auf der Kristallwelt I im Kugelsternhaufen Thantur-Lok (terranische Bezeichnung M 13) geboren, als Kristallprinz (Gos'athor) Mascaren Gonozal designierter Nachfolger des über das Große Imperium der Arkoniden herrschenden Imperators Gonozal VII. Im Alter von 36,4 Arkon- bzw. ca. 43 Terra-Jahren erhielt Atlan wie seine terranischen Freunde und Begleiter an Bord eines Robotschiffes der Superintelligenz ES seinen kosmokratischen Zellaktivator.

Seit seinem ersten Auftritt im Perry-Rhodan-Roman Nr. 50, erschienen 1962, wurde der Arkonide zu einer der beliebtesten Figuren der größten Weltraumserie überhaupt. Es gibt seither zahlreiche Atlan-Fanclubs, eine erfolgreiche eigene Buchreihe, Taschenbücher, Comics und demnächst auch CD-Roms seiner legendären »Zeitabenteuer«, in deren Verlauf der Frauenheld u.a. auch Mona Lisa küßt – weshalb sie so geheimnisvoll lächelt! Am 13. Oktober 1999 startet der Atlan Traversan-Zyklus, der aus insgesamt zwölf wöchentlichen Romanheften besteht und in sich abgeschlossen ist. Profilierte Autoren aus dem Perry-Rhodan-Team wie Robert Feldhof und Hubert Haensel sowie die Atlan-Spezialisten Hans Kneifel und Rainer Castor schreiben mit an den Abenteuern, die im 49. Jahrhundert angesiedelt sind. Begleitet wird die Romanserie von einem Atlan-Sonderheft Extra, das zahlreiche Informationen über Atlan und die Welt der Arkoniden bietet.

Attreides, Leto II.

Heißt der Sohn von → Paul Attreides im Roman → »Dune« von → Frank Herbert. Leto II. erhält durch eine Symbiose mit einem Sandwurm die gigantischen Kräfte der → Shai-Huluds und metamorphiert zum interplanetarischen Wesen.

Attreides, Leto

Herzog auf → Dune im gleichnamigen Roman von → Frank Herbert. Leto Attreides erschafft mit Lady Jessica, einer Anhängerin des Frauenordens der → Bene Gesserit den langersehnten → Kwisatz Haderach, das galaktische Überwesen → Paul Attreides.

Attreides, Paul

Sohn von → Leto Attreides und Lady Jessica, einer Anhängerin des Frauenordens der mysteriösen → Bene Gesserit im Roman → »Dune« von → Frank Herbert. Paul Attreides trägt die Genkonstellation in sich, die ihn auf dem Wüstenplanet zum → Kwisatz Haderach macht, dem langersehnten Supermutanten des ganzen Universums, eine Art Heilsbringer. Paul hat aber andere Ziele als die durch den Orden gesetzten. Er gefährdet mit seinen Taten das gesamte Sternenreich, und nur sein Sohn → Leto II. Attreides, den er kurz vor seinem Tod zeugt, bringt schließlich die Rettung, die dem eigentlichen Heilsbringer zugedacht worden war.

Auf unbekanntem Stern

Der SF-Abenteuerroman (Frankfurt 1948) von Anton M. Kolnberger ist ein vergessenes Juwel deutschsprachiger SF und beeindruckt vor allem durch sein großes Phantasiereichtum und seine Menschlichkeit. Der erste bemannte Flug zum Mars steht in dem Roman unter einem unglücklichen Stern: Das Raumschiff wird von einem Kometen getroffen, und nur der Astronaut Peter Bergen kann sich retten. Auf einem unbekannten Planeten gestrandet, findet er sich in einer geheimnisvollen Umgebung wieder, in der noch Saurier und andere Fabelwesen leben. Nach einer spannenden Odyssee, die ihn durch Steppen und farbenprächtige Urwälder führt, stößt er auf ein seltsames Volk, das auf einer primitiven Kulturstufe lebt und von einem anderen befehdet wird. Bergen, der Wanderer zwischen zwei Welten, hat größte Mühe, sich mit den Einheimischen zu verständigen. Als er sich die offene Feindschaft eines Häuptlings zuzieht, droht ihm der Tod im Gehege einer Riesenschlange... Aber was wären die irdischen Helden, wenn sie sich nicht gegen diese außerirdischen Gefahren zu wehren wüßten?

Auf unbekanntem Stern

Auf zwei Planeten

Titel des Romans (Leipzig 1897) von → Kurd Laßwitz, in dem er eine Nordpolexpedition schildert, durch die herausgefunden wird, daß sich → Marsianer am Pol niedergelassen haben. Zwei der Forscher werden zum → Mars gebracht und erleben dort staunend die Wunder des fremden Planeten und müssen in der Folge ansehen, wie es zu Konflikten zwischen Marsianern und Terranern kommt. Anders als sein britischer Kollege und Zeitgenosse → H.G. Wells schildert Laßwitz die Marsianer als das Ebenbild der Menschen, moralisch wie technisch zwar überlegen, aber aus ethischer und philosophischer Sicht das menschliche Ideal.

Auraner

Körperlose Außerirdische, die in der italienisch-spanischen Koproduktion »Planet der Vampire« (1964) des Regisseurs Mario Vava ihren Planeten Aura verlassen wollen, können das zufällig vorbeifliegende, menschliche Raumschiff Argos zur Landung auf dem dichtnebligen Planeten Aura zwingen. Dort entdecken die Menschen zufällig die brutal ermordeten Besatzungsmitglieder des vermissten Raumschiffes Galliot. Aber das hilft der irdischen Crew wenig, denn Captain Mark Markary und seine Kollegin Sanya werden von den Auranern getötet und dann als Körper benutzt. Die beiden Auraner fliegen zur Erde und werden dort als Heimkehrer gefeiert. Sie bereiten in der Folgezeit alles notwendige für die Landung der nachfolgenden Auraner vor.

Aurora Encounter

Film (USA 1985) von Jim McCullough, in dem der kleinwüchsige → Auroraner sich mit einigen Menschen im Texas des 19. Jahrhunderts anfreundet. Doch die Freude währt nicht lange, denn Kopfgeldjäger machen dem kleinen Wichtel den Garaus.

Auroraner

Glatzköpfiges Marswichtelchen vom Planeten Aurora in dem Film → »Aurora Encounter«.

Ausgeburt der Hölle

Film (USA 1955) von David Kramarsky, in dem irgendwo in einem amerikanischen Wüstenkaff ein Alien landet, das nur aus → Gehirn und Augen besteht. Es schlüpft in den Körper der Farmer und erlangt die geistige Kontrolle der Tiere. Als die Menschen sich diesem Treiben entgegenstellen, flüchtet der Extraterrier in den Körper einer Ratte, die glücklicherweise von einem Adler verspeist wird. Dazu das Lexikon des SF-Films: »Warum allerdings der talentierte Eindringling aus dem All nicht auch ein Adlergehirn kontrollieren kann, hat sich der vortreffliche Drehbuchautor vorsichtshalber gar nicht erst gefragt.«

Autobot
Friedliebende Androiden in der Comic-Reihe → »Transformers«. Die Autobot haben sich auf ihrem Heimatplaneten Cybertron aus den millionenfach vorkommenden Elektronikteilen, Metallen, Getrieben, Zahnrädern, Computer- und Maschinenteilen ein elektronisch-mechanisches Paradies geschaffen, in dem jahrhundertelang Frieden herrschte, bis die Bösewichter der → Deceptions dieses zerstörten.

Aximil-Esgarrouth-Isthill
Auch Ax genannt, ist ein Bruder des → Andalit, der in der Jugendbuch-Reihe → »Animorphs« den jugendlichen Helden die Fähigkeit zum Morphen verliehen hat. Ax ist lange Zeit in einem abgestürzten Raumschiff am Meeresgrund gefangen, bevor ihn die fünf jungen Helden der Serie als Delphine daraus befreien. Fortan steht ihnen Ax, in den Körper eines Menschen gemorpht, im Kampf gegen die bösen → Yirks bei.

Azteke
Tony Farms wird in dem Film »Puma-Man« (Italien 1979) von Regisseur Alberto de Martino von einem Alien, das einem Azteken gleicht, mit einem besonderen Gürtel bedacht. Mit diesem kann der Geschichtswissenschaftler Farms fliegen. Nun kann Farms, der daraufhin Puma-Man genannt wird, gegen den Gangster Korbas, der eine Hypno-Maske besitzt, zum Duell antreten. Korbas will durch seine Hypnose-Kräfte die Menschheit unterjochen. Korbas setzt seine attraktive Verbündete Jane gegen den Puma-Man ein. Nachdem Puma-Man Farms Korbas besiegt hat, erhält der außerirdische Azteke die wirkungsvolle Hypno-Maske zurück, mit der er im Weltraum verschwindet.

Azurier
Außerirdisches Wesen in dem Band → »Die Legende vom Yggdrasil«.

B

Babylon 5 (Comic)

Die erfolgreiche TV-SF-Serie »Babylon 5« wird auch als Comic (Fest Comics 1996) vermarktet. Verantwortlich sind Texter Mark Moretti und Zeichner Michael Netzer. In Band 2 mit dem Titel »Der Preis des Friedens« wird der Erdbotschafter Jeffrey Sinclair auf dem Planeten Minbar festgenommen. Minbar wird von zwei Kasten beherrscht: Den Priestern und den Militärs. Sinclair wird vorgeworfen, einen Anschlag auf den Erwählten, das Oberhaupt von Minbar, ausgeübt zu haben. Ein Krieg zwischen Inbar und der Erde droht. Sinclair bietet sein Leben an, um den Krieg zu vermeiden. Beim Tribunal gegen Sinclair taucht der Erhabene persönlich auf und sagt: »Alle sollen schweigen! Der Angeklagte will den Krieg vermeiden um den Preis seines Lebens. Er ist hiermit freigesprochen, wie es mein Recht ist als Führer des Grauen Rats ist.«

Babylon 5 (Film)

Die Science Fiction-TV-Serie »Babylon 5« von J. Michael Straczynski darf wohl die Überraschung der neunziger Jahre genannt werden. Ganz unspektakulär und ohne Mega-Etat entwickelte der Amerikaner einen mythischen Epos um eine Raumstation im 23. Jahrhundert. Fünf große Zivilisationen kennt die Galaxis: die Menschen, die Centauri, die Narn, die Minbari und die Vorlonen. Scheinen die ersten Folgen der Serie, die in Deutschland zuerst als »Spacecenter Babylon 5« auf Video erschien und später dann ins Programm von PRO 7 kam, noch dem → Star Trek-üblichen Handlungsrahmen zu umfassen, merkt der interessierte Betrachter nach einigen Folgen, daß hier ein weitaus breiterer Spannungsbogen aufgebaut wird, der die gesamten fünf Staffeln der Serie umfaßt. So rätselt der Zuschauer zuerst um die Vergangenheit des Babylon 5-Kommandanten Sinclair, um dann den langen Vorbereitungen für den Krieg gegen die Schatten zu folgen. Man erlebt die Unabhängigkeitserklärung der Raumstation und den Befreiungskrieg gegen die Erde. Die Freiheitsbestrebungen der Telepathen und der Kampf gegen die verbliebenen Verbündeten der Schatten bilden den Schlußpunkt des Fernseherlebnisses.

Für die meisten SF-Fans bildete die Serie zwischen 1994 und 1999 den Kernpunkt des wöchentlichen Fernsehkonsums. Waren die Stimmen am Anfang noch skeptisch ob des etwas drögen Beginns, entwickelte sich bald eine regelrechte BAB 5-Euphorie. Die Serie arbeitete als erstes mit rein computergenerierten Effekten. Wirkten diese am Anfang etwas klobig, so boten sie doch auch die Möglichkeit, die Serie kostengünstig zu produzieren und damit ihr Überleben zu sichern. Dieses war immer wieder bedroht, da die Serie zwar die Fans, nicht aber die breite Masse erreichte. So stellen auch die Brüche der Serie (das Verschwinden Sinclairs nach der ersten Staffel, das frühe Ende des Schattenkrieges Mitte der 4. Staffel) ein Spiegelbild der Verwirrungen um die Fortsetzung der Serie dar. Dieses Verwirrspiel geht auch dieser Tage weiter.

Nach dem Ende von »Babylon 5« plante Produzent J. Michael Straczynski eine Fortsetzung »Crusade«. Auch über diese hängt (bei Redaktionsschluß) ein dickes Damoklesschwert – es ist unklar, ob die Serie überhaupt über den Äther (resp. durch das Kabel) strahlen wird. Einer der vielen Gründe für den Erfolg von »Babylon 5« dürfte im übrigen die Mitarbeit eines der renommiertesten Autoren der Science Fiction, Harlan Ellison, als »Executive Producer« sein.

Bad Taste

Film (1987) des australischen Horror-Regisseurs Peter Jackson, der nie in Deutschland erschienen ist. Wahrscheinlich, weil er seinen Titel zu Recht trägt. Außerirdische, die ihre eigene Kotze verschlingen und durch ein zusammengewürfeltes Killer-Kommando buchstäblich zersägt und in Stücke gerissen werden, gibt es ja auch nicht alle Tage.

Bajor

Heimatplanet der → Bajoraner.

Bajoraner

Die Bajoraner sind ein Volk aus dem → Star-Trek-Universum, das vom Planeten → Bajor stammt. Ihr Aussehen ist sehr menschenähnlich. Zu erkennen sind sie an der charakteristischen geriffelten Nase. Auffallend an den Bajoranern ist ihre tiefreligiöse Einstellung. Sie verehren mehrere Lebewesen, die in einem → Wurmloch in der Nähe von Bajor hausen, als »Propheten«; daher ist ihnen besagtes Wurmloch heilig. Bajor wurde 60 Jahre lang von den → Cardassianern besetzt, seine Bevölkerung unterdrückt und stellenweise versklavt. Als Instrument ihrer Unterdrückung errichteten die Cardassianer in der Nähe von Bajor die Raumstation → Terok Nor, die heute unter dem Namen → Deep Space Nine bekannt ist. Heute, nach der Befreiung Bajors, wird Deep Space Nine von den Bajoranern zusammen mit der → Föderation kontrolliert. Eine der Hauptpersonen der Serie Deep Space Nine, → Kira Nerys, ist Bajoranerin.

Ba'ku

Die Ba'ku, weitere Wesen aus dem → Star-Trek-Universum, sind ein kleines menschenähnliches Volk mit nur etwa 600 Mitgliedern. Sie leben auf einem idyllischen Planeten mit saturnesken Ringen, der innerhalb eines Sternennebels liegt und daher per Raumschiff nur schwer zu erreichen ist. Sie haben sich selbst zu einer einfachen, bäuerlichen Lebensweise ohne »High Tech« durchgerungen. Durch einen besonderen »metaphasischen Effekt« der Ringe ihres Heimatplaneten sind die Ba'ku unsterblich. Wer sich für kurze Zeit auf dem Planeten aufhält, spürt den Effekt bereits in Form einer Verjüngung. Das führt dazu, daß der Heimatplanet der Ba'ku von den → Son'a und der → Föderation begehrt wird. Die Ba'ku sollen zwangsumgesiedelt werden, was Captain Picard und die Mannschaft der → Enterprise jedoch verhindern können. Die Geschichte der Ba'ku und der Son'a wird im Kinofilm »Star Trek IX: Der Aufstand« ausführlich erzählt.

Banshies

Gefährliche, kleine Alien-Biester, die den → »Space Rangers« in der gleichnamigen TV-Serie den Dienst in → »Fort Hope« vermiesen.

Barbarella (Comic)

Erfolgreiches Comic-Buch von Jean-Claude Forest, der die Vorlage zu dem Kinofilm lieferte, siehe dazu auch → Barbarella (Film). Heldin Barbarella erlebt im Weltraum eine Reihe wunderbarer und weniger wunderbarer Erlebnisse mit fremden Rassen. Der Film gilt heute für einen erlesenen Kreis von Anhängern als Kultfilm der 60er, vor allem, weil er – für damalige Verhältnisse – viele sexuelle Freizügigkeiten enthält. So ist die → Schwarze Königin, Herrscherin des Planeten → Lytheon, auf dem die irdische Agentin Barbarella landet, lesbisch und im Besitz einer Lustorgel, die den Menschen permanente Orgasmen beschert. Der Rebellenhauptmann heißt → Dildano.

Barbarella (Film)
Italienisch-französischer Kinofilm aus dem Jahr 1967. Erster Science-Fiction-Film, der ein breites Publikum ansprach und damit die ersten Aliens, wenngleich allesamt doch humanoid, auch einer breiten Masse zugänglich machte. Barbarella selbst ist die irdische Agentin (gespielt von Jane Fona), die im Jahr 40.000 (in einem atemberaubenden Fummel) auf einen unbekannten Planeten geschickt wird. Absoluter Trash-Kult!

Barlenann
Gerissener, wurmartiger Geschäftsmann der Rasse der → Meskliner in dem Roman → »Unternehmen Schwerkraft« von → Hal Clement. Barlenann wird dank seiner fast absurden Körperform auch mit den widrigsten Umständen seines diskusförmigen Extremplaneten fertig und kann den notlandenden Menschen so aus der Patsche helfen.

Barnacles
Karnivorenartige Wesen aus den Untiefen des Weltalls im Computerspiel → Half Life. Barnacles hängen mit besonderer Vorliebe an der Decke, von wo aus sie eklige Fangfäden auf die Menschen herabfallen lassen, um sie in ihren Körpersack zu ziehen.

Barnett, Jack
Kameramann der US-Streitkräfte. Jack Barnett ist der Fotograf, der 1947 den Roswell-Film auf Bitten der amerikanischen Regierung gedreht haben soll und damit wesentlich zur Entstehung der → Roswell-Legende beitrug.

Basto
Angriffslustige, nicht näher definierte Viecher im bekannten → Venus-Zyklus von → E.R. Burroughs.

Bates, Harry
Amerikanischer SF-Autor, geboren 1900, der mit seiner Erzählung → »Abschied vom Herrn« die Vorlage zum vielgelobten Film → »Der Tag, an dem die Erde stillstand« schuf. Seine Romanproduktion war ansonsten sehr klein und erlebte in den USA keine Nachdrucke in Buchformat.

Battle-Bird
Fliegende, kosmische Kampfmaschine, die an der Seite von → He-Man in der gleichnamigen Comic-Serie gegen den Bösewicht → Skeletor kämpft.

Battle-Cat
Richtiger Name: Cringer. Battle-Cat ist eigentlich eine sanftmütige, zahme Katze und als solche die Gefährtin von → Prinz Adam alias → He-Man in der gleichnamigen Comic-Serie. Bei Gefahr verwandelt sich Cringer aber in eine reißende Bestie und wird zum entsprechenden Gegenstück des → Battle-Bird.

Baudelaire
Planet, auf dem Eddie Fetts mit seiner Mutter in der Story → »Mutter« von → José Phillip Farmer notlanden müssen und auf die → Sluggos stoßen.

Baxter, Stephen
Britischer Schriftsteller, geboren 1967. Baxter schuf mit dem vierbändigen, populären → »Xelee-Zyklus« (dt.: München 1991 ff) die Millionen Jahre währende Geschichte einer außerirdischen, humanoiden Rasse, die der Xelee, deren evolutionäre Nachfolger schließlich die Menschen sind. Weitere Werke: »Das Floß«, München 1994; »Flux«, München 1998.

Bedroom Visitor
Aliens, die Menschen des nachts in ihren Betten aufsuchen, dabei menschliche Gefühle steuern, Emotionen und Träume. Prominente Alien-Forscher, wie → Johannes Fiebag oder → Erich von Däniken, schildern in ihren Büchern derartige Phänomene. Es existieren auch mannigfaltige Parallelen zum → Vampir-Mythos.

Belebte Wesen
Allgemeine Bezeichnung für die → Insassen von Ufos, die Leute gesichtet haben, die eine Nah-Begegnung der dritten Art hatten, eine → NB 3 oder eine → CE 3.

BEM
→ Bug-Eyed-Monsters

Bene Gesserit
Einflußreicher, galaktischer Frauenorden im Roman → »Dune« von → Frank Herbert, der den → Kwisatz Haderach anstrebt, eine Art Heilsbringer als Symbiose vieler Völker und Rassen des Universums, ein galaktisches Überwesen sozusagen.

Bergerac, Cyrano de
Tatsächlicher Name Hector Savinien de Cyrano, französischer Autor, geboren 1619, gestorben 1655. Cyrano de Bergerac bildete mit seinem Doppel-Roman → »Mondstaaten und Sonnenreiche« den Höhepunkt utopischer Literatur im Barock; schuf neben dem Roman → »Der Mann im Mond« von → Francis Godwin einen Vorläufer klassischer Alien-Literatur.

Beschmutzer
Außerirdische, die in dem Film → »Die Ankunft« eine menschliche Tarnexistenz angenommen haben und für irdische Klimakatastrophen wie das Ozonloch verantwortlich sind.

Bestiarien des Weltalls
Untertitel des großformatigen Bildbandes »Galaktische Fremdwesen« (dt.: Stuttgart 1980), in dem verschiedene Comic-Zeichner die monströsen Alien-Visionen von Herausgeber Alan Frank grafisch ansprechend umgesetzt haben. Der Band ist inzwischen leider vergriffen.

Besucher
→ Die Besucher

Beta
Betas sind Klone der Eisfalken in dem Roman → »Die Stimme des Wirbelwindes« von Walter Jon Williams. Darin spielt der Beta → Steward die Hauptrolle.

Betazed
Heimatplanet der → Betazoiden.

Betazoiden
Humanoide Rasse vom Planeten Betazed, die der → Föderation im → Stark-Trek-Universum angehört. Die Betazoiden vom Planeten Betazed sind ein Volk, das den Menschen perfekt ähnelt. Von den Menschen unterscheiden sie sich im wesentlichen durch ihre Fähigkeiten:

fast alle Betazoiden sind telepathisch begabt. Daher kennt ihre Gesellschaft praktisch keine Lügen. Als symbolisches Zeichen der Offenheit ist es bei betazoidischen Hochzeiten üblich, daß sich alle Beteiligten – inklusive der Gäste – nackt ausziehen. Die betazoidische Gesellschaft ist sehr demokratisch ausgebaut. Auf dem Raumschiff → Enterprise dient die Betazoidin → Deanna Troi als »Counselor« (Schiffspsychologin).

Bienenstaat

Auf der Suche nach einem verschollenen Raumschiff landet in dem Roman »Das Orakel der Fremden« (München 1978) von Lyon Sprague de Camp eine Wissenschaftlergruppe auf einem erdähnlichen Planeten, auf dem sich humanoide Rassen entwickelt haben, die in kleinen bienenstaatähnlichen Gemeinschaften leben. Eine Königin herrscht über ihre Untertanen, hauptsächlich ungeschlechtliche Arbeiterinnen und Kriegerinnen. Die männlichen Nachkommen werden meist schon im zarten Säuglingsalter massakriert; nur ein paar Drohnenmännchen werden aufgezogen, damit sie die Königin befruchten. Die irdischen Wissenschaflter machen sich in einheimischer Begleitung auf, um das geheimnisvolle Orakel zu besuchen, weil sie vermuten, dort vielleicht Spuren der verschollenen Expedition zu entdecken. Und sie entdecken noch etwas anderes: In Not geraten und von Mordbrennern verfolgt, die es auf die modernen Waffen der Terraner abgesehen haben, ist es einer der einheimischen Arbeiterinnen nicht möglich, ihre strengen Diätvorschriften einzuhalten. Sie ist gezwungen, von der Fleischnahrung der Drohnen zu kosten. Und da geschieht plötzlich etwas, das die soziale Ordnung ihrer primitiven Gesellschaft zerbrechen läßt.

Bienenstaat: Das Orakel der Fremden

Der Roman ist ein spannender, farbiger SF-Roman, wie sie Lyon Sprague de Camp in den vierziger und fünfziger Jahren schrieb: herrliche Typen von Eingeborenen, blutiges Kampfgetümmel, eine bunte Welt voller Abenteuer, und alles gewürzt mit einer Prise des unnachahmlichen de Campschen Humors.

Big Mama

Spinnenartiges Wesen im Computerspiel → Half Life, das mit einem sackartigen Gebärbeutel zwischen den Beinen ständig kleine eklige Viecher auswirft, die dem Helden das Leben schwer machen.

Bigges, Lloyd

Amerikanischer SF-Autor, geboren 1923, der in seinen Werken oft seine Vorliebe zur Musik offenbarte. Zu seinen weiteren Lieblingsthemen gehören PSI-Fähigkeiten, die er sodann in seinem ersten SF-Werk → »Invasion der Supermenschen« behandelt. Mit dem Roman »Monument« wurde er für den Hugo-Award nominiert. Das Buch verdient in der SF besondere Aufmerksamkeit, weil er in ihm das Recht technisch unterentwickelter Kulturen auf Eigenständigkeit proklamiert. Weitere Werke: »Planet des Lichts«, Rastatt 1974; »Das tödliche Schweigen«, München 1982.

Biomechanics

Humanoid-technische Zwitterwesen, die der Künstler → H.R. Giger 1968 entwarf. Die häufig mit erotischen Motiven gespickten Horrorwesen, Sinnbild für eine außerirdische Bedrohung, stellen auf harmonische Weise eine faszinierende wie abstoßende Symbiose aus menschlichen Körperteilen und technischen Geräten dar. Der populäre Horror-Autor Clive Barker, selbst für extreme Visionen bekannt, beschreibt die Biomechanics im Buch »Necronomicon I« wie folgt: »Exklusives und Deformiertes, Verderbtheit und aufreizend Anmutiges verschmelzen durch die Giger'sche Vorstellung. Körper werden zu Stahl oder Stein. Stein wird seidenweiches, wollüstig biegsames Fleisch.«

Bischoff, David

Amerikanischer SF-Autor, geboren 1951. Er hat bis jetzt acht Romane und etwa drei Dutzend Kurzgeschichten veröffentlicht. Berühmt wurde er mit seinem Roman »War Games«, dem Buch zu dem gleichnamigen Film, der ein Welterfolg wurde. Als bedeutendes Alien-Werk ist → »Star Fall« anzusehen, in dem die Rasse der → Morap gemeinsam mit den Menschen einen Luxusliner fürs Weltall bauen.

Blitz Gordon
→ Flash Gordon

Blitzjunge
Richtiger Name: Garth Ranzz. Extraterrestrischer Superheld in der Comic-Serie → »Legion der Superhelden«. Blitzjunge, der im täglichen Leben wie ein normaler Schulbursche ausschaut, stammt tatsächlich vom Planeten Winath. Er kann, zum Superhelden verwandelt, Blitze schleudern und damit fast jeden Gegner in ein Häuflein Asche verwandeln.

Blob – Schrecken ohne Namen
Film (USA 1958), in dem unter der Regie von Irvin S. Yeaworth jr. eine unheimliche Lichterscheinung auf die Erde niedergeht. Die Sternschnuppe entpuppt sich als ein schwammartiges, außerirdisches Lebewesen, der Blob, das Menschen angreift und sie schmatzend verspeist. Das sorgt in der Folgezeit für eine erhebliche Panik in der Stadt, bis man entdeckt, daß das schleimige Viech Eis nicht ertragen kann. Folglich bringt man es mit Feuerlöschern zum schrumpfen und schleppt es dann in die Arktis.

Blob
Mit ihrem gemieteten Raumfahrzeug besuchen in dem Film → »Star Cracks« Bürger vom Planeten Blob per Notlandung die Erde.

Blumen des Schreckens
Film (Großbritannien 1962) von Steve Sekely nach dem Buch »Die Triffids« (dt.: München 1959) von → John Wyndham. Wobei es zwei gravierende Unterschiede zwischen Film und Buch gibt: In dem Film kommen die menschenfressenden Pflanzen der Marke → Triffids von einem anderen Stern; im Roman sind die Triffids das Ergebnis eines mißglückten Experiments zur Entwicklung einer neuen Waffe. Darüber folgt der Film den Bedürfnissen des Kinopublikums und hat ein Happy-End, indem die Pflanzen keinen Regen mögen und infolge eines Gewitters zugrunde gehen; im Roman ist der Mensch den Triffids ausgeliefert.

Body Snatchers
Zweites Remake (USA 1993) des Films → »Die Dämonischen«. Verantwortlich war Regisseur Abel Ferrara, der in seinem Film im Gegensatz zum Original dic ckclhaften, fadendünnen Parasiten in aller Deutlichkeit zeigt.

Bop

Zwillingsbruder von → Hup. Außerirdischer Krumpfkopf mit vielen Händen, der in der Filmkomödie → »Men In Black« in der Einwanderungsbehörde für extraterrestrische Immigranten seinen Dienst am Kontrollpult schiebt.

Borg

Humanoide Lebensform im bekannten → Star-Trek-Universum. Auffallend sind ihre bleiche Haut sowie die an ihnen angebrachten Maschinenteile – bei allen Borg wurden Teile des Körpers, wie etwa Arme, Beine oder Augen, durch Implantate ersetzt. Durch diese Implantate sind alle Borg zu einem riesigen Kollektivbewußtsein zusammengeschlossen, so daß kein Borg mehr ein Individuum ist. Damit widerspricht die Lebensart der Borg komplett dem von der → Föderation geförderten Lebensstil. Die Borg leben nicht auf Planeten, sondern bereisen die Milchstraße in riesigen würfelförmigen Raumschiffen. Stoßen sie bei ihrer Reise auf eine intelligente Spezies mit einer ihnen interessant erscheinenden Kultur, so werden Wissen, Technologien und ausgewählte Individuen dieser Spezies »assimiliert«, d.h. diese werden mit Borgimplantaten ausgestattet und somit in das Kollektivbewußtsein integriert. Danach werden alle Planeten, die von dieser Spezies bewohnt werden, zerstört.

Ein Borg

Das enorme Wissen Dutzender assimilierter Kulturen, das die Borg im Laufe der Jahrtausende angesammelt haben, macht sie zu einem der fürchterlichsten Gegner, den die Föderation je hatte. Zwei Angriffe der Borg auf die Erde, geschildert in der Star-Trek-Doppelfolge »Best of Both Worlds« sowie in dem Kinofilm »Star Trek VIII: Der erste Kontakt«, verlaufen beinahe erfolgreich und können erst in letzter Minute gestoppt werden. Erst in der → Voyager-Folge »Skorpion« tritt mit → Spezies 8472 ein Volk auf, gegen das die Borg kein Mittel wissen. Seit »Skorpion« bereichert → Seven of Nine, eine Ex-Borg, die Besatzung der Voyager.

Borul, Arn

Humanoider vom Planeten → Moran, der in der Heftroman-Serie → »Raumschiff Promet« von → Kurt Brand auf der Erde strandet und mit seinem wesentlichen Merkmal, den schrägstehenden, schockgrünen Augen und dem spacig-silberfarbenen Haar für einige Verwirrung bei den Menschen sorgt. Später wird er zum engsten Verbündeten der terristrischen Weltraumforscher.

Boskones

Böse Horden in der → »Lensmen-Saga« von → E.E. Smith. Die Boskones unterstehen den → Eddoriern im Kampf gegen die guten → Arisier.

Bowie, David

Britischer Popstar und Schauspieler, geboren 1947. Bowie hat's mit den Aliens. Nicht zuletzt sein populärer Glamour-Rock tragen einen Hauch von kosmischem Abenteuer. So kreierte Bowie in den Siebziger Jahren für sein Bühnenprogramm die außerirdische Figur → Ziggy Stardust, deren Lebensgeschichte er außerdem auf der LP »Ziggy Stardust and the Spiders from Mars« erzählt. In dem erfolgreichen Kinofilm → »Der Mann, der vom Himmel fiel« mimt er abermals ein Wesen vom anderen Stern.

Bradbury, Ray

Bedeutender, amerikanischer SF-Autor, geboren 1920. Bradbury schuf mit → »Die Mars-Chroniken« (dt.: Hamburg 1972) einen der umstrittensten Romane der modernen SF (später auch verfilmt). In diesem Buch bedeutet die Kolonisation des Mars das Ende der letzten dort lebenden → Marsianer. Die deutliche Kritik des international renommierten Autors am typisch menschlichen Imperialismus heizte die

Gemüter an. Mit »Zementmixer« schuf Bradbury unterdessen eine mehr als unterhaltsame Marsianer-Persiflage. Weitere Werke: »Fahrenheit 451«, Berlin 1956; »Gesänge des Computers«, Düsseldorf 1973.

Bradley, Marion Zimmer

Amerikanische SF-Autorin, geboren 1930. Bradley wurde vielfach mit wichtigen SF-Preisen ausgezeichnet für ihren bemerkenswerten Zyklus um den Planeten → Darkover, auf dem eine humanoide Spezies mit Namen → Comyn lebt. Weitere Werke: »Die Nebel von Avalon«, Frankfurt 1984; »Geisterlicht«, München 1998.

Brainiac 5

Richtiger Name ist → Querl Dox.

Brainiac

Technokreatur und erbittertster Gegner von → Superman. Brainiac ist ein grünhäutiger Superschurke mit roten Ornamenten auf der Kopfhaut, die die Elektroden seines hochintelligenten Computerhirns verdecken. Brainiac entwickelt einen gefährlichen Schrumpfstrahl, der alles und jeden verkleinern kann, einen lähmenden Komastrahl und viele andere Bösartigkeiten. Brainiac ist das Produkt einer hochentwickelten Computerspezies, die auf einem fernen Planeten die Macht über die Menschen übernommen hat und sich zur Kontrolle und Machterhaltung ein künstliches, superintelligentes Roboterwesen schuf, eine Art Roboterspion. Dieser hat die Aufgabe, die von Menschen regierten Welten auszuspäen, und ist so programmiert, daß er sich wie ein Mensch benehmen kann. Zur Tarnung adoptiert er einen Sohn, einen richtigen Menschen, der später wiederum der Vater wird von → Brainiac 5, der sich in den Dienst des Guten bei der → »Legion der Superhelden« stellt.

Brak

Humanoider Bewohner des Planeten → Trigan. Absonderlichster Vertreter der Gattung Alien, denn Brak ist – wie sein Freund und Protagonist → Trigan – mit Toga und Sandalen ganz im Stil der alten griechischen Kultur gekleidet.

Brand, Kurt

Deutscher SF-Schriftsteller, geboren 1917. Anfang der sechziger Jahre begann seine Mitarbeit im → Perry-Rhodan-Team, bevor er 1966 Chefautor der Konkurrenzserie Ren Dhark wurde und 1972 schließlich die Alternativserie → Raumschiff Promet mit ihrem außerirdischen Helden → Arn Borul aus der Taufe hob. Weitere Werke: »Am Ende der Ewigkeit«, Düsseldorf 1959; »Der Gral-Mutant«, Köln 1959.

Brazor

Humanoide Tyrannen auf dem Planeten → Mongo in der Comic-Reihe → Flash Gordon.

Brins Fünf

Romantitel von Cherry Wilder, einer in der Bundesrepublik lebenden Australierin. Der Roman ist ihr erster SF-Roman und der erste Band einer Trilogie. Das Buch, erzählt aus Sicht eines jugendlichen Eingeborenen, wurde nach seinem Erscheinen in Kanada und den USA stark beachtet. Die Kritik lobte die erzählerischen Qualitäten der Autorin und insbesondere die einfühlsamen Schilderungen. Zum Buchinhalt: In einer Winternacht ändert sich das Schicksal der Bewohner des Planeten Torin. Scott Gale, Navigator eines irdischen Forschungsteams, erleidet Schiffbruch über dem Planeten und stürzt in einen See. Die Torin-Familie »Brins-Fünf« adoptiert ihn und macht ihn zu ihrem »Glück«: Es ist üblich, daß jede Familie eine Behinderten als ihr »Glück« aufnimmt. Und Scott Gale ist ein Behinderter in der fremden Umwelt des Planeten. Er zieht mit der Fünf von Brin über den Planeten und lernt die seltsame Kultur dieses Volkes kennen. Sein Erscheinen ist ein Wendepunkt in der Kultur der Leute von Torin. Aber nicht alle sind ihm wohlgesinnt...

Brother Joe Morton

Der erste Black-Alien der Filmgeschichte in dem US-Streifen → »Der Typ vom anderen Stern«.

Brins Fünf

Brown, Frederic

Amerikanischer SF-Autor, geboren 1906, gestorben 1972. Schöpfer des lustigen Romans → »Die grünen Teufel vom Mars«, in dem plötzlich Horden von kleinen, grünen → Marsianern über die Erde herfallen und die Menschen durch freche Sprüche nerven. In dem Roman → »Man of Distinction« wird ein Trunkenbold zum unfreiwilligen Retter der Menschheit. Weitere Werke: »Alpträume«, Wien 1963; »Der Unheimliche aus dem All«, München 1965.

Brüder unter fremder Sonne

Romantitel (München 1964) von → Chad Oliver, in dem der Autor eines der zentralen Inhalte philosophischer SF zum Thema macht: (Wie) werden Menschen und Außerirdische die Schwierigkeiten und Konflikte beim Miteinander-Kommunizieren überwinden können?

Berühmte Autoren wie → Carl Sagan und → Stanislaw Lem machten diese Frage bereits zum Thema ihrer Romane.

Brunner, John

Britischer Autor, geboren 1934. Brunner schuf in seinem Roman »Das Geheimnis der Draconier« (Bergisch-Gladbach 1975) die Rasse der ausgestorbenen → Draconier, deren Artefakte eine menschliche Forschungsgruppe findet. Umweltverschmutzung, Datenmißbrauch und Manipulation des Menschen sind zentrale Themen in John Brunners Werk. Mit seinem Roman »Morgenwelt«, für den er mit dem HUGO, dem begehrtesten Literaturpreis der Science Fiction, ausgezeichnet wurde, schuf er ein literarisches Standardwerk zum Problem der Überbevölkerung. Brunners Romane sind nicht nur Unterhaltung, sie enthalten stets auch Denkanstöße zu Gegenwartsproblemen. Weitere Werke: »Bürger der Galaxis«, München 1970; »Sie schenkten uns die Sterne«, München 1978.

John Brunner

Buck Rogers (Comic)
Held der gleichnamige Comic-Strip-Reihe, die von → Philip Nowland nach seinem eigenen Roman »Armageddon 2419 A.D.« verfaßt und von Dick Calkings gezeichnet 1929 in einer Zeitung begonnen wurde (und bis 1967 lief). Die Abenteuer von Buck Rogers, einem amerikanischen Piloten, der durch ein bei einem Unfall ausströmendes Gas in einen ungewöhnlichen Tiefschlaf verfällt, 500 Jahre lang ohne zu altern schläft, im 25. Jahrhundert wieder in einer Höhle auf der Erde erwacht und eine Reihe phantastischer Abenteuer auf fernen Planeten erlebt, gelten als erster Science-Fiction-Comic-Strip der Geschichte. Sie zeigen daher auch zum ersten Mal Aliens. Relativ kurze Zeit danach erfolgte in Amerika die Ausstrahlung eines täglichen Hörspiels zu Buck Rogers, später wurden die Abenteuer des Space-Man auch verfilmt, siehe → Buck Rogers (Film). Die Comics zu Buck Rogers sind in Deutschland derzeit nicht im Handel.

Buck Rogers (Film)
1978 wurde der Comic-Strip von Regisseur Daniel Haller in den USA verfilmt. Die cineastische Version folgt nur an wenigen Stellen der Comic-Vorlage. Buck Rogers findet sich nach Erwachen aus dem Tiefschlag, verursacht durch einen Meteoritenschwarm, in der Hand der aufreizenden → Prinzessin Ardala wieder, Tochter des Weltraumherrschers → Draco, der mit einem Superraumschiff auf dem Weg zur Erde ist, um diese zu unterwerfen.

Bug Eyed Monsters
In den SF-Magazinen der Dreißiger und Vierziger Jahre dominierten Geschichten, in denen die Außerirdischen als bösartige, hinterhältige, schleimige Monster porträtiert wurden. Für diese Klischeevorstellung bürgerte sich daher in den Vierziger Jahren der sarkastische Spitzname »bug eyed monsters«, kurz: BEM, ein.

Bugs (Computer)
Flinke, kleine Alien-Käfer, die im Computerspiel → Half Life zu viert oder fünft überaus aggressiv auf Menschenjagd gehen. Typische Vertreter der Gattung → Bug-Eyed-Monsters.

Bugs (Literatur)
Galaktische Invasoren, monströs und käferartig, die in → »Starship Troopers« von → Robert A. Heinlein auf Beutefang gehen. Typische → Bug-Eyed Monsters.

Burroughs, E(dgar) R(ice)

Amerikanischer Abenteuer-Schriftsteller, geboren 1875, gestorben 1950. Burroughs verfaßte in den 30ern den vierbändigen → »Venus-Zyklus«. Burroughs zeigte sich wie viele zeitgenössische SF-Autoren von der dichten Wolkendecke auf der → Venus und dem Irrglauben an die darunter lebenden → Venusianer fasziniert. Seine Romane stellen daher keine anspruchsvolle SF, sondern abenteuerliche Unterhaltung im Stile seiner frühen Werke über den Dschungelhelden Tarzan dar. Weitere Werke: »Tarzan bei den Affen«, Stuttgart 1924; »Tarzans Sohn«, Stuttgart 1924.

Buttlar, Johannes von

Richtiger Name: Johannes Freiherr Treusch von Buttlar Brandenfels. Deutscher Autor und Astronom, geboren 1940. Buttlar betrieb anfangs eine Reihe von philosophischen Studien, bevor er Mitglied der »Royal Astronomical Society« und des »Royal Anthropological Institute« wurde. In vielen seiner Werke behandelt er grenzwissenschaftliche Themen, was ihn mit einer Gesamtauflage von 25 Millionen Exemplaren in die Riege der fünf erfolgreichsten Sachbuchautoren der Welt katapultierte. Buttlar ist außerdem Gründer des → »Institute for Extraterrestrial Communication«. In einem seiner Hauptwerke ergründet er das »Leben auf dem Mars« (München 1987). Weitere Werke: »Gottes Würfel«, München 1992, »Terraforming«, München 1995.

Buzz-Off

Wibbeliger Wespenmann auf dem Planeten → Eternia. Guter Freund von → He-Man in der gleichnamigen Comic-Reihe, ansonsten aber eher unscheinbarer Humanoide.

BVM

Abkürzung für »Blessed Virgin Mary« (dt.: Gesegnete Jungfrau Maria). BVM wird für Alien-Phänomene verwendet, bei denen die Jungfrau Maria erscheint. Die Ufo- und Alien-Forschung hält dieses Phänomen für einen besonderen Fall der → »Belebten Wesen« oder → CE 3.

C

C-3PO

Schlacksiger goldfarbener Roboterfreund von → R2-D2 vom Planeten → Alderaan in der Kino-Trilogie → Star Wars von → George Lucas.

Callisto

Heimatplanet hinterhältiger Echsen in der Comic-Serie → Joe Galaxy.

Campbell Jr, John W(ood)

Amerikanischer SF-Autor, geboren 1910, gestorben 1971. Seine berühmteste Erzählung → »Das Ding aus einer anderen Welt« lieferte die Vorlage zum populären, gleichnamigen Film. Aber auch als Herausgeber des Magazins »Astounding« setzte Campbell Maßstäbe in der SF. Es war sein Verdienst, daß die SF in den vierziger Jahren eine wahre Blütezeit erlebte und eine ganze Autorengeneration geformt hat. Weitere Werke: »Der unglaubliche Planet«, Düsseldorf 1952; »Die tote Sonne«, München 1975.

Cantos

Froschähnliches Wesen vom Planeten → Genessos in der Heftserie → »Die Terranauten«. Der friedfertige Cantos ist mit einem Zyklopenauge und vier Extremitäten versehen und den Menschen deutlich PSI-überlegen. Cantos ist (in Band 12) der erste Außerirdische, der mit den Terranauten Kontakt aufnimmt, um sie vor der umwelt- bzw. weltraumstörenden Kaiserkraft, dem Antrieb irdischer Raumschiffe, zu warnen. Die Kaiserkraft ist gleichzusetzen mit der Atomkraft. Unterschwellig betrieben die Autoren der Serie eine kritische Auseinandersetzung mit realen Umweltgefahren der Zeit.

Capellas goldene Augen

Roman (München 1989) von Christopher Evans, in dem seit mehr als hundert Jahren eine menschliche Kolonie auf dem Planeten Gaia besteht. Sie lebt abgeschnitten von der Erde, und ihr Wachstum hängt von Rohstoffen ab, die ihr von den → M'threnni geliefert werden, einer einsiedlerischen Rasse, deren Abgesandte zurückgezogen in einem weißen Spiralturm leben. Niemals sieht man M'threnni in der Stadt, doch verlautet gerüchteweise, daß sie heimliche Ausflüge machen, um menschliche Gefährten zu rekrutieren, die mit ihnen im Turm leben und ihnen als »Stimmen« dienen. Sind die M'threnni wahre Wohltäter der Kolonisten, oder sind diese unwissentlich Schachfiguren in einem unergründlichen fremden Projekt? Die Meinungen sind geteilt. David, ein Junge, der aus einer Kommune hoch in der Bergen in die Stadt kommt, sieht sich bald in einem Loyalitätskonflikt zwischen den Behörden, welche die Fremden unterstützen, und einer Gruppe von Rebellen, die ihre Vertreibung von Gaia fordern.

Captain Future

Ursprünglich amerikanisches Pulp-Comic-Magazin aus dem Jahr 1940. Später dann wurden die Geschichten von Captain Future, der mit bürgerlichem Namen Curtis Newton heißt, mit beträchtlichem Erfolg als Zeichentrickserie ins Fernsehen gebracht. Er ist nach Angaben seiner vielen Fans der einzig wahre Held des Sonnensystems. Seine Eltern wurden von Vul Kuuolon umgebracht, als er ein kleiner Junge war. Daher zogen ihn Simon, Grag und Otto auf. Schon damals entschloß Curtis sich, gegen das Schlechte im Sonnensystem anzukämpfen. Später nannte er sich Captain Future und begann mit seiner Crew und dem Raumschiff Comet seine mutigen Kämpfe gegen die bösen Elemente, um Frieden und Gerechtigkeit im Weltraum zu bewahren. Außer einem kleinen Flirt mit Joan, die ihn an seine Mutter erinnert, bleibt ihm kaum Zeit für andere Dinge zwischen seinen schweißtreibenden und gefährlichen Abenteuern, die das Mondwesen → Yiek und der kleinwüchsige → Oak mit ihm erleben.

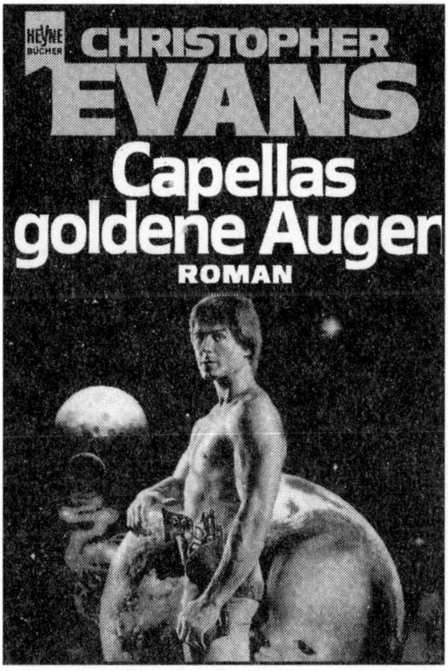

Capellas goldene Augen

Captain Scarlett and the Mysterons
TV-Puppenserie von Reg Hill, die 1968 in Großbritannien entstand. Die Mysterons, Marsbewohner, sehen in der ersten irdischen Landung auf dem Mars eine Bedrohung und ergreifen die Gegenwehr, in dem sie einige der Astronauten einer Gehirnwäsche unterziehen und sie auf die Menschen hetzen.

Chigs
Rätselhafte, mächtige und grauenhafte außerirdische Rasse in der TV-Serie → »Space: Above And Beyond«. Die Chigs erklären der Menschheit unmittelbar nach ihrem überraschenden Auftauchen ohne Vorwarnung den Krieg.

Cardassianer
Die Cardassianer sind eine weitere Spezies aus der Welt von → »Star Trek«. Von der Gestalt her sind sie entfernt humanoid und von hellgrauer Hautfarbe. Die gelben Augen sowie Knochenauswüchse im Gesicht geben ihnen jedoch ein entfernt echsenhaftes Aussehen. Vom Verhalten her sind sie oftmals hartherzig und schrecken auch vor roher Gewalt nicht zurück. Die Cardassianer besitzen ein kleineres Reich, das direkt an die Föderation angrenzt und früher auch → Bajor, die Heimatwelt der → Bajoraner, umfaßte. Ihr Reich ist von der Struktur her am ehesten mit einer Militärdiktatur zu vergleichen. Die Cardassianer sind einer der Gegner der → Föderation. Im Verlauf der Serie → »Deep Space Nine« verbünden sie sich sogar mit dem → Dominion. Zwei Cardassianer, der Schneider und Geheimagent → Garak sowie der spätere Oberbefehlshaber → Gul Dukat, sind immer wiederkehrende Gäste auf → Deep Space Nine.

CE 3
Abkürzung für »Close Encounter of the third kind« (Nahbegegnung der Dritten Art). Deutsch auch → NB 3 genannt.

Celese
Attraktives, überaus menschliches Alien in dem Film »Meine Stiefmutter ist ein Alien«. Wenn alle Außerirdischen so ausschauen wie Celese (verkörpert von Kim Basinger), dann würden wir uns mit Sicherheit jede Woche neue Invasionen wünschen.

Centurion

Schwerfälliger Anführer der → Zyklonen in der TV-Serie → »Kampfstern Galactica«.

Charal

Krummnasige Hexe auf dem Planeten → Endor in dem Film »Karawane der Tapferen«, die sich in einen Raben verwandeln kann und als solcher den → Ewoks Schaden beifügen will. Was natürlich nur am Anfang gelingt.

Cherez Ternii – K Zvyozdam

Film (UdSSR 1980) von Richard Viktorow, der politische Ideologie einmal ganz anders in der SF realisierte: Ein außerirdisches Raumschiff strandet auf der Erde, und nur das weibliche Wesen Niya überlebt. Sie stellt fest, daß die Erde zu einer kommunistischen Utopie geworden ist. Weil diese so wunderbar die Grundsätze der »Geheimsamkeit« beherrscht, fällt es Niya nicht schwer, um Hilfe zu bitten, als sie von einer ökologischen Katastrophe auf ihrem Heimatplaneten erfährt. Was hat der böse Kapitalismus dort bloß wieder angerichtet?

Cherryh, C(aroline) J(anice)

Amerikanische Autorin, geboren 1942, Schöpferin der Chanur-Saga, in deren Mittelpunkt die → Hani stehen. Cherryh überzeugt in ihren SF-Romanen durch profundes geschichtliches Wissen. Sie interessiert an der Science Fiction vor allem die Entwicklung der Gesellschaften und Welten auf lange Sicht, die Möglichkeit also, die Geschichte – auch in der Zukunft – sozusagen aus der Vogelperspektive zu beschreiben, was sich auch in der Chanur-Sage bemerkbar macht. Deutlich wird das auch in dem Roman → »40.000 in Gehenna«, in dem 40.000 Männer, Frauen und Kinder auf einen kaum erforschten erdähnlichen Planeten in

Cherryh: Die Chanur-Saga

einer neutralen Zone der Galaxis gebracht werden und dort unter anderem auch auf wenig hilfsbereite Wesen treffen. Weitere Werke: »Weltenjäger«, München 1980; »Shon'jir«, München 1981.

Chewbacca

Bäriger, in seltsamen Grunzlauten kommunizierender → Wookie, der, seit er von diesem gerettet wurde, an der Seite von Han Solo in dem Kinoerfolg → »Star Wars« kämpft.

Chewie

→ Chewbacca

Chirpsithras

Seltsame Alien im → »Ringwelt-Zyklus« vom Schriftsteller → Larry Niven. Die Menschen bezeichnen die Chirpsithras meistens kurz als Chirps. Ihre Größe ist 11 Fuß, sie wiegen genau 60 Kilogramm und sie sehen alle genau gleich aus. Ihren Körper bedeckt eine lachsfarbene Haut, und über wichtige Körperteile liegt eine Art Hautskelett. Die Wände in ihren Raumschiffen sind mit unbekannten grünen glitschigen Pflanzen bedeckt. Ihre Währung ist der Svith. Sie lachen mit zischenden Lauten. Nach den Chirsithra-Erzählungen kommen sie aus einem riesigen Weltraum-Imperium Die Chirps sind nicht auf der DNA-

Chewbacca: Kein Mann großer Worte.

Basis aufgebaut. Sie behaupten, die Galaxis zu beherrschen, in der auch die Milchstrasse ist. Ihr Heimatplanet hat zwei rote Zwergsonnen. Sie bezeichen ihre Heimatplaneten als Einseitenwelt. Sie umkreisen die roten Sonnen so nahe, daß deren Anziehungskraft die Umdrehung des Chirp-Planeten aufhält und deswegen immer nur eine Seite zu der roten Sonne zeigen kann. Die Chirps-Gerichte bestrafen Verurteilte mit der gleichen Tat, die der Verurteilte an seinem Opfer verübt hat. Übrigens: Sie trinken in der Weltraum-Bar »Dracos Taverne« am liebsten ein stromhaltiges Getränk namens Sparker.

Cian

Humanoide Rasse in dem Roman → »Fremde« von → Gardner R. Dozois. Die Cian bevölkern den Planeten Weiunnach.

Clarke, Arthur C.

Britischer SF-Autor, geboren 1917. Clark gelangte durch die Verfilmung → »2001 – A Space Odysee« von → Stanley Kubrick zu ungeahntem Weltruhm. In vielen seiner Werke preist er unsere Fähigkeiten, einen Sinn in der Welt zu finden, und unser Talent, diesen Sinn in große, weltumspannende Projekte zu packen. In seinem berühmten Roman → »Die letzte Generation« (dt.: Berlin 1960) wird die Menschheit mühelos von einer fremden, dämonenähnlichen Rasse unterdrückt. Im Verlauf der Handlung zeigt sich, daß die Menschheit dazu bestimmt ist, eine sowohl uns als auch den Eroberern überlegene Nachfolgespezies zu gebären. Die neuen Menschen bilden ein Gruppenbewußtsein und erleben im Herzen des Universums Abenteuer, um die Schöpfer der größeren Dinge kennenzulernen.

Neben einer Reihe von Romanen und Erzählungen hat Clark auch eine unübersehbare Fülle von Artikeln über Themen aus

Chirpsithras: Der Ringwelt-Zyklus

den Bereichen Elektronik, Astronomie, angewandte Mathematik und Raumfahrt geschrieben. Clark war ebenfalls Freund extraterrestrischer Thesen, nur daß er die Möglichkeit der Kontaktaufnahme für sehr willkürlich hielt: »Die Kontaktaufnahme mit extraterrestrischem Leben kann heute nachmittag stattfinden, in 1000 Jahren oder nie.«

Clement, Hal

Amerikanischer Autor, Pseudonym von: Harry Clement Strubbs, geboren 1922. Verfasser von dem bedeutenden Roman »Unternehmen Schwerkraft« (dt.: München 1968), in dem irdische Forscher auf die → Meskliner treffen. Weitere Werke: »Symbiose«, Balve 1960; »Unternehmen Tiefsee«, Berg. Gladbach 1978).

Clifton, Mark

Amerikanischer SF-Autor, geboren 1906, gestorben 1963. Die Mehrzahl seiner Stories spiegeln Cliftons humanistische Einstellung wider. Beliebt ist die Geschichte »Wir sind keine Wilden!«, in dem → Marsianer die Erde wie einstmals Christoph Kolumbus die neue Welt »entdecken«: überheblich, besitzergreifend, arrogant. Weitere Werke: »Der Berg aus Quarz«, München 1961; »Computer der Unsterblichkeit«, München 1967.

Cocoon

US-Film (1985) von Ron Howard. Zum Inhalt: Just in jenem Augenblick, als Atlantis vor vielen Jahren im Meer versank, hielten sich dort Außerirdische auf. Einige konnten mit ihren Raumschiffen flüchten. Aber nicht alle fanden in dem Raumgleiter Platz, und die Zurückgebliebenen wurden deshalb in einen Tiefschlaf versetzt, in schleimige Kokons gepackt und auf dem Meeresgrund zur späteren Abholung gelagert. Zeit spielte für diese Aliens also kaum eine Rolle. Tausend Jahre später kommt ein Abordnung der Aliens vom Planeten Antera auf die Erde, um endlich die Tiefschläfer zu holen. Die Erde hat sich in der Zwischenzeit weiterentwickelt, so daß sich der Rettungsakt inmitten des menschlichen Trubels als gar nicht so einfach darstellt. Zum Glück können die Aliens menschliches Aussehen annehmen. Ihr Anführer nennt sich → Walter. Um ihre Artgenossen jetzt aber aus dem Kokon zu holen, werden sie vorübergehend in einer Villa am Meer in einem Swimming-Pool aufbewahrt. Walter füllt in den Swimmingpool einen Verjüngungsstoff zur Stärkung der Tiefschläfer. Von einem nahegelegenen Altenheim schleichen sich unterdessen die Rentner zu dem Pool und baden trotz der eigenartig aussehenden Kokons im Wasser. Nach dem heimlichen Bad spüren die alten Menschen, daß sie wieder jünger und unternehmungslustiger werden. Sie merken, daß dies wahrscheinlich an den Kokons im Swimmingpool-Wasser liegt. Allerdings brauchen sie dadurch die für die Aliens notwendige Kraft auf. Die Kokons werden also wieder im Meer versenkt, um sie später abzuholen. Bootsvermieter Jack, mit dessen Boot die Kokons später aus dem Meer geborgen werden, verliebt sich derweil ein Mächen. Er muß erkennen, daß unter der Mädchen-Haut eine Art Lichtwesen steckt und dreht fast durch. Die abenteuerlustig gewordenen Oldies verlassen unterdessen ihr dröges Rentnerdasein und fliegen mit den Aliens zurück nach Antera. Dort gibt es für sie das ewige Leben. In dem Film »Cocoon II – Die Rückkehr« (1987, Regie: Daniel Petrie) kehren die Senioren auf die Erde zurück, um mal wieder in den Genuß der irdischen Katastrophen zu kommen.

Codo

Song-Titel der Gruppe DÖF (d.h.: Deutsch-Österreichische Freundschaft), der das Duo Tauchen/Prokopetz und die Sängerin Annette Humpe angehörten, die – zugegebenermaßen nicht sehr einfallsreich – das Leben von »Codo, der Dritte, aus der Sternenmitte« besangen. So heißt es in dem Lied zum Äußeren des Codo: »Ich bin so häßlich, so gräßlich häßlich.« Der Song kam im Juni 1983 in die deutsche Hitparade, wurde Nummer 1 und erhielt die goldene Schallplatte. Kurze Zeit später löste sich DÖF schon wieder auf. Schön doof!

Comyn

Bewohner von → Darkover im gleichnamigen Zyklus von → Marion Zimmer Bradley. Comyn sind die Nachkommen gestrandeter Raumfahrer von der Erde, die Technologien und wirtschaftliche Bevormundungen ihrer terranischen Vettern ablehnen und aufgrund ihrer Geisteskräfte wahre Wunderdinge vollbringen. Die verschiedenen Familien der Comyn kontrollieren ihre jeweiligen Herrschaftsbereiche, und ihr System von Ritualen und Regeln bestimmt das spätfeudalistisch-barocke Bild der Gesellschaft. Die Comyn sind es dann auch, die sich gegen die irdische Okkupation stemmen und erreichen, daß lediglich ein Stützpunkt des Imperiums entsteht.

Contact (Film)

Der Kinofilm wurde 1997 unter der Regie von Robert Zemeckis in den USA gedreht. Er folgt weitestgehend der literarischen Vorlage von → Carl Sagan, siehe dazu auch → Contact (Literatur): In dem Ort Socorro in dem US-Staat New Mexico wird ein Alien-Signal aufgefangen und entschlüsselt. Die → SETI-Astronomin Ellie Arrowaq, gespielt von Jodie Foster, erkennt, daß die fremde Botschaft aus der Galaxis die Anleitung für den Bau eines schnellen Raumschiffes ist. Während Ellie in dem Roman von Sagan jedoch weniger Zweifel an dem läßt, was sie gesehen hat, scheut sich Zemeckis vor der letzten Konsequenz.

Contact (Literatur)

Titel eines Romans von → Carl Sagan, in dem die Schwierigkeiten der kommunikativen Auseinandersetzung mit außerirdischem Leben ohne SF-typische Effekthascherei geschieht und nur die Möglichkeit des Was-Wäre-Wenn auf rein philosophischer Ebene erörtert wird. Das mag mit der Grundhaltung Carl Sagans zusammenhängen. Er räumte zwar sein Leben lang die Möglichkeit extraterrestrischen Lebens ein, meinte aber skeptisch, vor allem in Bezug auf Alien-Darstellungen von Künstlern und Autoren: »Ich kann mir nicht vorstellen, wie solche extraterrestrischen Wesen aussehen mögen; denn da ich nur eine Ausformung des Lebens, eben die irdische, kenne, sind meiner Phantasie betrüblich enge Grenzen gezogen.« (aus: Carl Sagan: »Unser Kosmos«; München 1980)

Corliss

Telepathisch begabter Alien, der in dem Film → »Space Visitors« auf die Erde kommt, um die Menschen vor der Vernichtung durch sich selbst zu warnen.

Cosmi

Zweibeiniges, katzenähnliches Wesen in der belgischen, vom Künstler Gos gezeichneten Comic-Reihe »Topix« (dt.: Bergisch Gladbach 1976 ff).

Cosmo

Der langzahnige Computerspiel-Held Cosmo muß seinen Heimatplaneten Vegetanien beschützen. Die schlimmen → Fressonen haben das ganze Gemüse weggefressen. Cosmo muß in das möhrenartige Raumschiff klettern, um die hungrigen → Vegetanier vor dem Hungertod zu retten. Hergestellt wurde das Lernspiel auf CD-ROM für Kinder von Box Design, und vertrieben wird es von Westermann.

Cradi

Gemütliche Faulenzer-Aliens in dem Buch → »Hotel Galactic« von → William Voltz.

Crane, Mike

Der Stuntman Mike Crane setzte sich mit dem British UFO Research Association in Verbindung, nachdem er am Strand seiner englischen Heimat Aliens begegnete. Es waren zwei ungefähr 1,35 Meter große Extraterrestrier. Sie besaßen kein Gesicht, nur große schwarze Augen. Crane wurde mit unbekannten Kräften in die Luft gehoben, an die 500 Meter hoch, und gelangte durch eine dreieckige Türe in ein UFO. Er mußte sich auf eine silberne Bank legen und wurde betäubt.

Creons

Heimatloses Volk in der amerikanischen Fernseh-Serie → »Space Cops«, die sich erbitterte Kämpfe gegen die → Tarna liefern. Der NYPD-Cop Brigan muß zwischen den beiden Gruppen vermitteln.

Crichton, Michael

Amerikanischer Bestseller-Autor, geboren 1942. Weltberühmt wurde der Schriftsteller vor allem durch die Verfilmungen von »Jurrasic Park« und »The Lost World«. Aber auch für den SF-Sektor lieferte der Autor literarische Vorlagen, unter anderem → »Sphere« und → »Andromeda«.

Cringer

Zahme Katze am Hof von → Prinz Adam in der Comic-Serie → »He-Man«; Cringer kann sich wie ihr Herrchen innerhalb weniger Sekunden verwandeln, und zwar in die → Battle-Cat.

Critters

Vielfräßige, dickwanstige Stachelschwein-Aliens in der gleichnamigen Spielfilm-Tetralogie, die ihren Namen einem Wortspiel verdanken: Critters = Creatures = Lebewesen. Doch manch einer würde sich wünschen, daß diese Viecher alles andere als leben: Sie kommen mit einem gestohlenen Raumschiff auf die Erde und fressen erst einmal mitten in Kansas ein Rind. Im Grunde sehen sie putzig und harmlos aus, sind aber ziemlich bösartig, hintertrieben und rabaukig. Gemeine Halbstarke aus dem Weltraum, die ihre Reifeprüfung zum 101prozentigen intergalaktischen Hooligan ablegen wollen. Ihnen geht es nur um die Lust am Zerstören. Sie haben nicht nur Stacheln wie die Stachelschweine, sondern können wie diese ihre Stacheln auch auf ihre Gegner abschießen. Da tauchen später zu allem Übel auch noch Kopfgeldjäger aus dem Weltraum auf. Die interstellaren Critter-Killer können aber trotz des Abschusses der Critters nicht verhindern, daß im Hühnerstall der Farmersfamilie Brown neue Critters ausschlüpfen.

Zweiter Critters-Film: Nachdem die Critter-Babys an Ostern ausschlüpfen, terrorisieren sie ein nahegelegenes Kaff. Sie beissen, kratzen, zerreissen, zerfetzen, zerfleischen alles, was ihnen in die Nähe kommt, und handeln immer nach ihrer unfehlbaren Devise »Macht kaputt, was nicht kaputt ist...« Keiner kann die Critters besiegen. Die Bewohner flüchten in die Kirche. Einige beherzte Menschen wollen die verfressenen Critters in eine Hamburger-Fabrik locken und dort mit viel Dynamit in die Luft jagen. Die Critters können sogar das Fahrzeug der Kopfgeldjäger, die hinter ihnen her sind, halbwegs zerstören und hauen mal wieder ab.
Im dritten Critters-Film fallen die igeligen Giermonster über eine Raumschiffbesatzung her. »Critters – Sie sind da!« wurde 1986 in den USA mit dem Regisseur Stephen Herek gedreht, »Critters – Sie kehren zurück« unter der Regie von Rick Garris (USA 1987), »Critters – Die Kuschelkiller kommen« entstand 1991 in den USA mit der Regisseurin Kristine Peterson und »Critters – Die Allesfresser aus dem All« wurde ebenfalls 1991 in den USA unter der Regie von Rupert Harvey gedreht.

Crop Circles

Mysteriöse Kreise in Getreidefeldern, die von einigen Forschern mit Außerirdischen in Verbindung gebracht werden. Der entsprechende Nachweis darüber fehlt bis heute.

Cthulhu (Hörspiel)

SDR-Hörspielfassung (1997) des Romanklassikers von → H.P. Lovecraft. Darin versuchen die dunklen Kreaturen mit dem unheimlichen Namen, die in vorgeschichtlichen Äonen von den Sternen gekommen sind, die Erde erneut satanischen Riten zu unterwerfen.

Cthulhu (Literatur)

Außerirdische Monstrosität. Schöpfung vom amerikanischen Horror-Autor → H.P. Lovecraft. Der Mythos taucht zum ersten Mal in der Erzählung »The Call of Cthulhu« (Weird Tales, New York 1928, dt.: »Cthulus Ruf«, Frankfurt 1972) auf. Zeitungsausschnitte und Tagebucheintragungen, ein fester Bestandteil der späteren Cthulhu-Geschichten, geben dem Wesen in der Erzählung einen scheindokumentarischen Hintergrund. Lovecraft beschreibt, daß mysteriöse Reliefdarstellungen mit Fischwesen, Schriften und kultischen Gegenständen, auf der ganzen Welt zusammengetragen, zu dem Wesen Cthulhu führen, das auf einer Insel im Pazifik haust. Es kam vor Äonen aus dem

All zur Erde, um als Rasse der Elder Beings den Menschen den Platz auf der Erde streitig zu machen.

Cybertron

Heimatplanet der → Transformers in der gleichnamigen Comic-Serie. Der Planet besteht aus Elektronikteilen, Metallen, Getrieben, Zahnrädern, Computer- und anderen Maschinenteilen und ist das wahre Paradies für die Androiden der → Autobot.

Czarnianer

Eigentlich ein friedliebendes, fröhliches Weltraumvolk in der Comic-Reihe → »Lobo«, die ihre Fähigkeiten zum Wohle aller Rassen im Weltraum einsetzen, wäre da nicht eben dieser Lobo, selbst einer der Czarnianer, der das ganze Volk ausrottet, um endlich Spaß zu haben. Den kann er nur bekommen, indem er das genaue Gegenteil von Frieden und Fröhlichkeit verkörpert.

D

Däniken, Erich von

Schweizer Hotelier, später Forscher, geboren 1935. Autor des populären Buchs → »Götterschock«, in dem er Außerirdische für die Entstehung von Sagen und Götterglauben bei den Urvölkern verantwortlich macht. »Wie reagieren wir, wenn Genetiker feststellen, daß die ältesten Pharaonen Ägyptens genetisches Material enthalten, das nie und nimmer von der Erde stammt?« (»Der Jüngste Tag hat längst begonnen«, München 1995). Erich von Däniken gilt als bedeutendster Vertreter der → Prä-Astronautik, nicht zuletzt seit seinem Buch »Erinnerungen an die Zukunft« (Düsseldorf 1968), mit dem er die Theorien der Prä-Astronautik erstmals einem breiteren Publikum geläufig machte. In diesem Buch wirft er 238 Fragen auf, die von der Schulwissenschaft nicht oder nur sehr unvollkommen beantwortet werden konnten – und die teilweise heute noch unbeantwortet sind. »Erinnerungen an die Zukunft« wurde über Nacht ein Bestseller und motivierte den Autor zu weiteren Büchern. Mit diesen begründete von Däniken die Prä-Astronautik. Dabei bewies Däniken eine nicht unerhebliche Portion Mut, denn oftmals wurde er seitens der Schulwissenschaft mit Häme und Spott überhäuft. In späteren Werken geht von Däniken differenzierter vor. Allerdings sind seine

Erich von Däniken

GOLDMANN
ERICH VON DÄNIKEN
(Herausgeber)
Das Erbe der Götter
Auf »kosmischen Spuren«
rund um die Welt

»Beweise« (so der Titel seines bisherigen Hauptwerks) auch heute noch umstritten. Fest steht aber, daß Däniken in seinen Büchern einige Ungereimtheiten der heutigen archäologischen Lehrmeinung aufgedeckt hat. Auf allen Kongressen der → Ancient Astronaut Society gehört von Däniken zu den Referenten.

Dark Colony

Strategisches PC-Game, in dem der Mensch im 21. Jahrhundert den Mars kolonisieren will und dabei auf eine Schar biomechanischer, großäugiger Aliens stößt, die wie behäbige Schnecken anmuten. Das sind sie aber keinesfalls, es sei denn, man schlägt sich als Spieler auf die Seite der Außerirdischen und kämpft gegen die Imperialisten von der Erde.

Dark Force

PC-Fassung von → Star Wars (Computer)

Dark Skies

Amerikanische TV-Serie (1996), die die Rätsel um → Majestic 12 und → Area 51 zum Thema hat. Darin wird die These aufgestellt, daß Außerirdische in Menschengestalt schon lange die Bevölkerung der Erde unterwandert haben. Das alles wird aber nicht sehr überzeugend in Szene gesetzt, so daß die Serie schon ziemlich schnell wieder ins Archiv verschwand.

Darkover

Zivilisierter Heimatplanet der → Comyns im mehrbändigen Darkover-Zyklus von → Marion Zimmer Bradley. Darkover tauchte erstmals in dem Roman »Die blutige Sonne« (dt.: Rastatt 1967) auf. Auf dem Planeten gibt es einen hohen Lebensstandard, aber er ist weder mechanisiert, noch besitzt er eine technologische Kultur. Die Bewohner sind nur wenig an Bodenschätzen interessiert, bauen so gut wie keine Fabriken, und die paar von terranischen Imperialisten gegründeten Unternehmen waren nie sonderlich erfolgreich. Alles in allem ist Darkover ein mittelalterlicher Planet mit ebensolchen Bewohnern, den Comyn. Marion Zimmer Bradley reizt in ihren Büchern der Zusammenprall gegensätzlicher Kulturen und das daraus resultierende Spannungsfeld, wie überhaupt auch die Darkover-Romane von der Polarisierung leben: Mensch gegen Comyn, Terra gegen Darkover, Ratio gegen Intuition, Establishment gegen Counter-Establishment, Alter gegen Jugend, Heterosexualität gegen Homosexualität, Bürgertum gegen Feudalismus. Oder auch: Mann gegen Frau. Es gelingt ihr dabei auch, die Probleme und Konflikte der gegenwärtigen Industriegesellschaften zu thematisieren.

Darth Vader

Ekliger Bösewicht, Ex-Jedi-Ritter und rechte Hand vom Herrscher → Groß-Moff Tarkin in → »Star Wars«. Darth Vader ist stets in schwarz gekleidet und verbirgt sein Gesicht hinter einer eisernen Maske, hinter der es fortwährend röchelt.

Dartz

Grüne, aber sehr menschliche Aliens in dem Comic → »Das Kristalltor«. Die Dartz kommen vom Planeten Annatha in der Galaxie Tolva Atravor. Ein roter Gasnebel, der sich um Annatha legte, tötete erst 60 Milliarden Dartz, was im Grunde nicht verkehrt war, denn Annatha war schwer übersiedelt. Drei Millionen weiterer Dartz konnten sich mit einem künstlichen Planeten als Raumschiff (»Jabrakk«) vor dem roten Gasnebel in Sicherheit bringen und entdeckten die Erde im Weltraum. Die Erde war jedoch selbst nur ein einziger Feuerball und gerade erst im Entstehen.

Das Auge des Königs

Roman (München 1982) des Neuseeländers Philipp Mann, in dem die Begegnung zwischen Menschen und einer fremden intelligenten Rasse äußerst eindringlich und einfühlsam dargestellt wird. Hundert Jahre nach dem Beginn der interstellaren Raumfahrt stößt die Menschheit auf eine andere intelligente Spezies: die → Pe-Ellianer. Marius Thorndyke, der führende Experte in außerirdischer Linguistik, und sein Assistent Tomas Mnaba reisen zum Planete der Pe-Ellianer, um den Kontakt zwischen den Rassen vorzubereiten. Thorndyke wird sehr bald klar, daß es nur eine Möglichkeit gibt, die komplexe Zivilisation dieser Aliens zu verstehen: Er muß sein Menschsein ablegen und versuchen, zum Pe-Ellianer zu werden. Dies ist der frappierende Bericht einer Reise, wie sie noch kein Mensch unternommen hat.

Das Ding aus einer anderen Welt (Film)

Einer der besten SF-Filme aller Zeiten, den Christian Nyby und Howard Hawks 1951 auf die Kinoleinwand brachten. Der darin erläuterte Verdacht, bei dem Ding aus einer anderen Welt könne sich um eine russische Erfindung handeln, »spiegelt genau das wider, was auch der damalige Schauspieler und spätere US-Präsident Ronald Reagan lautstark verkündete, nämlich daß die UdSSR das Reich des Bösen sei«, meint die Phantastik-Zeitschrift DOOM. Indes ist es ein humanoides, glatzköpfiges Pflanzenwesen von irgendwo aus der Galaxie (woher wird gar nicht erklärt), das in dem Film in der Arktis niedergeht und sich sofort über die dortigen Forscher hermacht. Es breitet sich dank seiner pflanzlichen Samen recht schnell aus, aber eine Hausfrau weist darauf hin,

Dartz: Grüne, aber sehr menschliche Aliens

daß man »Gemüse« kochen muß, um ihm die Lebenskraft zu entziehen. Das Monster wird also mittels Hochspannung gegrillt und fortan ist Schluß mit vegetarischer Invasion. Einzig der Schlußmonolog des Filmes warnt, daß zwar die erste Invasion aus dem Weltall abgeschmettert wurde, aber die Bedrohung nach wie vor bestünde. Das galt dann aber wohl eher den Kommunisten...

Der Film erlebte 1981 ein Remake vom amerikanischen Regisseur John Carpenter, der sich aber mehr als Nyby und Hawkes an die literarische Vorlage (siehe → »Das Ding aus einer anderen Welt« (Literatur) von → John W. Campell Jr.) hält. Während das Ding vom anderen Stern in der '51er-Fassung ein noch ungeheuer starkes, aber menschliches Wesen war, war es bei Carpenter 30 Jahre später das furchterregendste Alien, daß das Genre zu bieten hat: eine polymorphe, unappetietliche Gestalt in Form eines undefinierbaren, rohen Fleischmagmas aus Tentakeln, Klauen, Zähnen und diversen Organen. Ungefähr so wird das Wesen auch in der literarischen Vorlage von Campbell beschrieben.

Das Ding aus einer anderen Welt (Literatur)
Kurzgeschichte (dt.: Berlin 1958) von → John W. Cambell Jr., die vom Lexikon der SF-Literatur als einer der spannendsten SF-Krimis bezeichnet wird. Sie handelt von einer Antarktis-Expedition, die ein fremdes Lebewesen aus dem Weltraum entdeckt, das seine Form verändern und die Gestalt sowohl von Tieren als auch von Menschen annehmen kann. Es gilt bei den Forschern nun, dieses Wesen ausfindig zu machen, bevor es in Kontakt mit der Zivilisation kommt. Die Story lieferte 1951 die Idee zum Film → »Das Ding aus einer anderen Welt« (Film) von Christian Nyby und Howard Hawks, die mit der Vorlage sehr freizügig umgingen. Weitaus rigider hielt sich 1981 John Carpenter in seiner Verfilmung an die Geschichte.

Das Dorf der Verdammten
Britischer Film (1959) von Wolf Rilla, der heute als Klassiker des Genres gilt. Darin werden zwölf Kinder zur gleichen Zeit am gleichen Ort geboren, denn die blondschöpfigen Hybriden sind außerirdischer Abstammung und müssen mit ihrer telepathischen Fähigkeit alle Störenfriede ausschalten, die einer Invasion im Weg stehen. Am Ende werden sie zerbombt, aber der Geist der Kinder überlebt. John Carpenter legte 1995 ein Remake des Films auf.

Das Ende einer Odyssee
→ »Kampfstern Galactica«

Das fünfte Element
Französische Kinoproduktion aus dem Jahr 1997, in der Regisseur Luc Besson die geklonte Außerirdische → Leeloo als Weltenretterin ins Rennen schickt. Flugtaxi-Driver Korben Dallas (Darsteller Bruce Willis) gerät zwischen den Wolkenkratzern New Yorks über Leeloo in einen die Erde bedrohenden, alle 5.000 Jahre auftretenden, intergalaktischen Vernichtungszyklus.
In dieser Komödie werden etliche SF-Filmklassiker zitiert, beeindruckend sind die Kostüme von Jean-Paul Gaultier.

Das Geheimnis der steinernen Monster
US-Film (1957) von John Sherwood, in dem ein Meteorit, der von dem Geologen Gen Bilbert gefunden wird, unheimliche Kräfte hat. Er kann Häuser zerstören und Menschen versteinern. Der außerirdische Meteorit zerbricht in viele Teile und jedes noch so kleine Teil entzieht seiner Umgebung alles Silizium. Dabei wachsen die Meteoriten-Stückchen zu ungeahnter Grösse. Ab einem bestimmten Ausmaß zerbrechen die Silizium-Stücke wieder und beginnen das Spiel aufs Neue. Die Erde scheint dem Untergang geweiht zu sein. Nur mit Salz kann das Wachstum des fremdartigen Wesens aus einer anderen Galaxis aufgehalten werden.

Das grüne Blut der Dämonen
Britischer Film (1967) von Roy Ward Baker, der eine Fortsetzung zu → »Schock« und → »Feinde aus dem Nichts« darstellt. Darin sind es außerirdische Fossilien, die unsere Zivilisation bedrohen. Der Held, Quatermass, erfährt, daß sich die kriegerischen Mars-Bewohner gegenseitig ausrotten, ihr böser Geist jedoch seit vielen Jahrmillionen die Menschheit vernichten will. Aus ihrem leichenhaften Schlaf erweckt, blasen die Dämonen vom Mars zum Angriff. Ihre geistigen Kräfte bündeln sich zu einem noch böseren Wesen.

Das grüne Blut der Dämonen
Britischer Spielfilm (1966) von Roy Ward, der eine Fortsetzung von → »Schock« und → »Feine aus dem Nichts« ist. In der Subway von London werden bei Bauarbeiten viele Skelette gefunden. Ebenso kommt aus der Erde ein patronenförmiges Ding. Anfangs hält man das eigenartige Gefährt für eine Rakete des NS-Militärs aus dem 2. Weltkrieg. Jedoch müssen die untersuchenden Forscher feststellen, daß in dem

Inneren des fremdartigen Gefährts drei schlafende Rieseninsekten lauern. Der Experte Quatermass nimmt an, daß es sich bei den insektenähnlichen Wesen um Marsianer handelt. Wahrscheinlich sind sie von ihrem sterbenden Planeten aufgebrochen, um ihre Rasse auf der Erde eine Heimat zu geben. Das muß noch in der Steinzeit gewesen sein. Die drei Marsianer erwachen zum Leben. Auf der Erde bricht Chaos aus. Über London erscheint der Satan. Mit Hilfe von 2 Baukränen, die als überdimensionales Kreuz dienen, kann das Böse gebannt werden.

Das Imperium schlägt zurück

→ »Star Wars«.

Das Interview

Philosophisch angehauchtes WDR-Hörspiel aus dem Jahre 1996 nach Ovid S. Crohmalniceanu, in dem im Rahmen eines Interviews im 23. Jahrhundert ein junger Wissenschaftler einem Reporter erklärt, daß alljährlich am 23. Februar der Tag gefeiert wird, an dem vor einem Jahrhundert jeder Raumflug und jede Aussendung von Sonden für immer eingestellt wurde, denn: Die Enormität der kosmischen Entfernungen ist die schicksalhafte Grenze aller Erfahrungen. Da man davon ausgehen kann, daß nach langen Bemühungen alle fortschrittlichen Zivilisationen irgendwann in ihrer Entwicklungsgeschichte zu dem gleichen Schluß gekommen sind, kommt niemand irgendwo mehr auf den Gedanken, sich den Kopf zu zerbrechen, wie man physisch mit Außerirdischen in Kontakt treten kann. Der Clou an der ganzen Sache ist, daß der Interviewpartner offensichtlich selbst ein Außerirdischer ist und schon lange Kontakt zur Erde pflegt.

Das Kristalltor

Comic (1998) von Greg und Eddy Paape. Zum Inhalt: Vom Forschungsinstitut Eurokristall erfährt Luc Orient, daß bei einem Landgasthof ein Kristalltor steht. Bei diesem Tor ereignen sich merkwürdige Vorfälle, die sich niemand erklären kann. Es tauchen nicht nur Gestalten aus der Vergangenheit auf. Ebenso kommen Extraterrestrier aus dem Kristalltor. Es sind grünhäutige → Dartz, die auf der Erde Forschungen anstellen. Der Dartz-Anführer sagt zu Luc Orient: »Wir waren ebenso überrascht, als wir eure Rasse entdeckten. Unsere Körper sehen sich erstaunlich ähnlich. Bis jetzt haben wir euresgleichen nur als passive Objekte unserer Forschungen betrachtet. Nun werden wir versuchen, auch unser Vorgehen in Ansätzen verständlich zu machen.« Und das ist auch schwer von Nöten, denn die Aliens der Dartz sind auf der Suche nach einem neuen Heimatplaneten, nachdem eine rote Gaswolke den ihrigen vernichtet hatte.

Das Land im Mond
Roman (dt.: München 1983) von Hermann Wouk, in dem der Pulitzer-Preisträger die schreckliche Geschichte eines Krieges im All schildert, eine Fiktion, die von der harten Wirklichkeit in der Entwicklung der Waffentechnik der Großmächte durchaus bald eingeholt werden kann. Wouk erzählt von einem amerikanischen Astronauten, der unter der Mondoberfläche eine Zivilisation entdeckt, deren Methode der Kriegsführung beinahe zu entsetzlich ist, als daß sie noch beschrieben werden kann. Dazu bedarf es wahrlich der Feder eines Herman Wouk. In seinem einzigartigen Werk verbinden sich atemberaubende Abenteuer mit beißender Satire und ein Warnruf, gerichtet an die Adresse der menschlichen Rasse: »Zu prophetisch, um nicht grauenerregend zu sein...«

Das Loch im Himmel
Englisch-amerikanische Filmproduktion (1969) von Gerry Levy. Mysteriöse Vorfälle in der englischen Luftwaffe lösen Alarm aus. Bob Megan untersucht die rätselhaften Vorkommnisse und versucht herauszubekommen, warum sich die Fallschirmspringer ihrer Majestät in Luft auflösen, bevor sie auf dem Boden landen. Das Ergebnis: Die Fallschirmspringer werden von weiblichen Aliens geraubt, um als kräftige Samenspender für genügend Nachwuchs zu sorgen.

Das Milliardengehirn
Roman (dt.: München 1965) von → Theodore Sturgeon, in dem der Autor eine → Medusa beschreibt, die aus den finsteren Tiefen des Alls auf die Erde zuschwebt, um nach ihr langen Reise durch die Galaxis, auf der sie Milliarden Intelligenzen

Das Land im Mond

unter ihre Fittiche gebracht hat, nun auch die Erdlinge ihrem Bewußtsein einzugliedern.

Das Sphinx-Syndom

Buch (Neuauflage: »Von Außer-Irdischen entführt – Die Experimente der Aliens«, Düsseldorf 1999), in dem bitterböse Experimente fremder Wesen geschildert werden. Es mutet an wie ein Horrorszenario und scheint doch Wirklichkeit: außerirdische Lebewesen machen sich mit skrupelloser Grausamkeit über Tiere und Menschen her, um ihre Experimente durchzuführen. Menschen werden in Raumschiffe verschleppt, den Männern entnimmt man Samenproben, die Frauen werden künstlich befruchtet und Monate später ihrer Embryos beraubt. Diese Außerirdischen, die → Dogons, sind Meister der Gentechnik, und es scheint, als seien sie schon vor Jahrhunderten auf unserer Erde gewesen, nur hielten die Menschen sie zu jener Zeit für → Götter. Dabei belegen zahlreiche, kaum beachtete Quellen, daß diese »Götter« damals wie heute vom Sirius kamen. Steht nun die Existenz der Menschheit auf dem Spiel, weil diese fremden Wesen uns vielleicht feindlich gesonnen sind? Sehen die Außerirdischen uns als Spielball? Ist die Erde ein gigantisches Versuchslabor? Dieses Buch versucht, auf diese höchst dringlichen Fragen Antwort zu geben.

Dax

→ Jadzia Dax

Deceptions

Abtrünnige, machthungrige, asoziale Androiden in der Comic-Serie → »Transformers«, die unter ihrem Anführer Megatron das Weltall erobern, eine Galaxie nach der anderen zerstören und schließlich auch den friedlichen → Autobot ihren Planeten Cybertron nehmen.

Deep Space Nine (Fernsehserie)

Die Fernsehserie »Star Trek: Deep Space Nine« hebt sich in der Grundstimmung stark von den anderen Serien des → Star-Trek-Universums ab. Durch die Architektur der → Cardassianer erscheint die Station von Beginn an recht finster. Vor allem die Korridore sind erheblich düsterer als die von Dauer-Neonlicht erleuchteten Gänge der → Enterprise. Dazu kommen noch diverse technische Fehlfunktionen; als die → Föderation die Station von den Cardassianern übernimmt, funktioniert zunächst fast gar nichts. Erst allmählich setzt der Normalbetrieb ein. Die Hauptpersonen der Serie »Deep Space Nine« sind, im Gegensatz zur Enterprise, teilweise keine Offiziere der Sternenflotte und somit auch dieser nicht verpflichtet. Das führt dazu, daß Konflikte innerhalb der Serie wesentlich schärfer ausgetragen werden, als man es von den anderen Star-Trek-Serien gewohnt ist. Offensichtlich wurde die Serie dabei von → »Babylon 5« beeinflußt. Die ständige militärische Bedrohung der Station durch das → Dominion rundet das etwas düstere Gesamtkonzept der Serie ab.

Deep Space Nine (Raumstation)

Die Raumstation Deep Space Nine, die der Fernsehserie »Star Trek: Deep Space Nine« den Titel gab, liegt in der Nähe von → Bajor, der Heimatwelt der → Bajoraner. Die Station trug ursprünglich den Namen → »Terok Nor« und wurde von den → Cardassianern errichtet. Nach Abzug der Cardassianer übernahm die → Föderation zusammen mit den Bajoranern die Kontrolle über die Station. Deep Space Nine kontrolliert gleichzeitig ein direkt neben der Station liegendes → Wurmloch, das in den Gamma-Quadranten führt, einen Teil der Milchstraße, der vom → Dominion beherrscht wird. Daher ist die Raumstation heiß umkämpft. Aufgrund seiner exponierten Lage in der Nähe des Wurmloches ist Deep Space Nine, insbesondere die Bar, die von dem → Ferengi → Quark betrieben wird, ein beliebter Treffpunkt für Aliens aller Art.

Demeter City

Hauptstadt des Planeten → Altor in der TV-Serie → »Space Cops«. Demeter City ist hundertmal schlimmer als der Hexenkessel New York, ein Schmelztigel von Rassen und Kulturen aus hunderten von Welten und deshalb auch die Stadt mit der höchsten Verbrecherrate der ganzen Galaxie.

Der Beoachter

Roman (dt.: München 1978) von → Edgar Pangborn. Seit Jahrhunderten leben unerkannt Marsianer auf der Erde, die die Geschichte der Menschheit beobachten und gelegentlich behutsam eingreifen, um die Entwicklung zum Homo sapiens zu gewährleisten und selbstgemachte Katastrophen zu vermeiden. Aber unter diesen »Beobachtern« gibt es inzwischen einige, die zu dem Schluß gekommen sind, daß sich dieser Einsatz nicht lohnt und die Erdbewohner sich getrost selbst auslöschen sollen, wenn sie es partout wollen. In seinem Buch behandelt Pangborn den immerwährenden Konflikt zwischen Gut und Böse auf seine Weise. »Er entlarvt Kleingeisterei und Schwächen der Menschen, ohne jedoch zynisch zu werden. Sein Roman ist ein Appell an das Gute im Menschen, zugleich ein Plädoyer für die menschliche Rasse, von der er glaubt, daß es ihr einst möglich sein wird, ihre geistigen Schranken einzureißen und sich auf ein Leben in Frieden und geistiger Toleranz zu konzentrieren«, schreibt Reclams Science Fiction-Führer.

Der Blob

Neuverfilmung (USA 1988) von → »Blob – Schrecken ohne Namen«, in der eine geleeartige Masse aus dem All auf die Erde stürzt und Menschen schmatzend schleimig verspeist.

Der Denker

Anführer der extraterrestischen Leguane in der US-TV-Serie → »V – Die außerirdischen Besucher«

Der Einsame der Zeit

→ Atlan

Der globale Eingriff

Roman von → James White, der in einem Krankenhaus beginnt. Dr. Malcolm und seine Frau sind dort als Ärzte beschäftigt. Normalerweise interessieren sich die beiden nur wenig für die sozialen und politischen Probleme der hoffnungslos überbevölkerten Welt außerhalb der Mauern des Krankenhauses. Aber die Malcoms entgehen den Problemen der Menschheit so wenig wie jeder andere. Mehr noch, sie werden in eine Geschichte hineingezogen, die sich als existentielle Bedrohung für die ganze Menschheit erweist. Schuld sind die drei neuen Patienten, die auf der Intensivstation liegen. Von einem der drei, einem alten Mann, will der Sicherheitsdienst unbedingt eine wichtige Information erhalten. Aber auch aus den Geschichten der beiden anderen, einem hübschen

Der globale Eingriff

Mädchen und einem kleinen Jungen, läßt sich eine Essenz herausfiltern, die eine bedrohliche Perspektive sichtbar werden läßt: Aliens haben die Menschheit unterwandert und planen einen globalen Eingriff, um dem Krebs der Erde, dem Menschen, Einhalt zu gebieten. Aber unter den Aliens gibt es zwei Fraktionen – und zwei Konzepte...

Der große Krieg der Erde

Film aus Japan (1976) von Regisseur Jun Fukuda, in dem die Raumstation Terra von den extraterrestrischen → Yomis angegriffen werden. Diese kommen von einem fremden Stern namens Yomi und haben auf der Venus eine Basis errichtet, von der sie aus die Welt erobern werden. Das Yomi-Mutterschiff kreist um die Erde, während die kleinen Yomi-Kreuzer sich der Erde nähern. Mit dem Giga-Spaceship Gothen können die Menschen die Yomis vernichten.

Der Große mit seinem außerirdischen Kleinen

Michele Lupo drehte 1979 in Italien diesen Streifen, in dem Bud Spencer einen Sheriff spielt. Aus dem Sternbild Pegasus kommt ein Alien-Kind mit dem einprägsamen Namen → H-125. Nach seine Notlandung in einem US-Dorf benimmt sich die dortige Bevölkerung immer verrückter. Das kleine Alien-Wesen kann mit einem übermenschlichen IQ die Erdbewohner nach Belieben austricksen. Der örtliche Sheriff, ein rauhbeiniger, aber herzlicher Kleiderschrank, muß erkennen, daß er es tatsächlich mit einem Außerirdischen zu tun hat, der ihm geistig weit überlegen ist – jedoch erfreuen sich beide gegenseitig einer gewissen schlitzohrigen Sympathie. Der Kleine und der Sheriff können Captain Briggs und seine Soldaten, die den Kleinen fangen wollen, erfolgreich ins Leere laufen lassen.

Der Große

→ Ro-Man

Der Herr vom anderen Stern

Heinz Rühmann gibt in diesem Film aus dem Jahr 1948 von Heinz Kilpert einen Alien ab, dessen Geistes-Energie sich die Mafia zunutze macht. Durch seinen Absturz auf die Erde verlor der Herr vom anderen Stern aber seine Geistes-Kraft und will sich als normaler Erdenbürger mit einem ganz normalen Job durchschlagen. Er verliebt sich in Flora, ein hübsches Mädchen. Die Bürokratie rührt dieses Glück nicht. Sie vermisst bei dem Herrn vom andern Stern die nötigen Unterlagen, sprich Ausweis, Pass, Geburtsurkunde, etc. Daraufhin geht der Alien in die Politik. Seine Ehrlichkeit ist hier nicht gefragt. So landet der Herr vom andern Stern beim Militär. Flora veranlasst seine Haft. In der Gefängniszelle kann sich der Außerirdische aber wieder auf seine Geisteskraft entsinnen und entkommt in die Weiten des Alls.

Der kleine Horrorladen (Film)
Spielfilm (USA 1986) von Frank Oz, in dem der garstige Mr. Mushnick den Blumenladen des Blumenfreunds Seymour dichtmachen möchte. In dieser Notlage berichtet Seymour von einer Pflanze, die er bei einem Chinesen erstanden hat: Sie stammt von einem fremden Planeten. Der Erfolg stellt sich auf Anhieb ein: Die ganze Welt will die Pflanze sehen, doch da verwelkt sie. Sie grünt nur wieder, wenn sie Menschenfleisch bekommt. Das will Seymour ihr auch gerne besorgen, doch leider geht alles ein wenig zu schnell. Die Pflanze wächst und wächst, setzt Ableger aus und schickt sich an, die ganze Welt zu erobern. Nur durch Starkstrom kann Seymour das Schlimmste verhindern.

Der kleine Horrorladen (Musical)
Temporeiches, freches und vor Witz sprühendes Broadway-Musical von Howard Ashman, das der filmischen Vorlage weitestgehend folgt. Es bringt sogar den Oscar-nominierten Hit »Mean Mother from Outer Space« heraus.

Der kleine Prinz
Ist nur »ein kleiner, ganz außergewöhnlicher Herr« in dem gleichnamigen Märchen (dt.: Düsseldorf 1940) von Antoine de Saint-Exupéry. Der Autor macht darin die Bekanntschaft des kleinen Prinzen, der seinen winzigen Planeten mit den drei Kratern verlassen hat, weil er mit der stolzen und eitlen Rose in Schwierigkeiten geraten war und an ihrem Wert zu Zweifeln begann. Die einzelnen Stationen seiner Reise zu den anderen Planeten, von dem er dem Autor erzählt, sind als eine Folge von Parabeln zu verstehen, wie auch das »Weltraummärchen«, einer der größten Bucherfolge der Nachkriegszeit, eine große Analogie darstellt. Denn der kleine Prinz vom anderen Planeten ist nichts anderes als ein Teil von Saint-Exupéry selbst, der der rationalen Sehweise der Erwachsenen, ihrer Art der Beweisführung und ihrer Logik das Gebot der Mitmenschlichkeit entgegenhält.

Der Mann im Mond
Eigentlicher Romantitel: »Der Mann im Mond oder eine Abhandlung über eine Reise dorthin. Von Domingo Gonsales, dem schnellen Boten«.

Der utopisch-imaginäre Bericht von → Francis Godwin entstand zwischen 1625 und 1629, erschien 1638 (dt.: Wolfenbüttel, 1659; neu: Berlin, 1963). Diese – in der englischen Literatur – erste phantastisch-realistische Beschreibung einer Mondreise fand in Europa nachhaltiges Interesse. Bis 1718 sind ein gutes Dutzend kontinentaler Editionen belegt, bis 1768 mindestens fünfundzwanzig englische Ausgaben. Zwei Jahrhunderte lang war der Roman jedem einigermaßen Belesenen geläufiger Begriff und somit wohl der erste, nachweisliche »Alien«-Roman.

Godwins fiktiver Held, der spanische Abenteurer Domingo Gonsales, wird nach einer Reihe von wilden Abenteuern auf der Erde während der Flucht von Vögeln in den Weltraum gehoben. Dort sieht er die Lehre von Kopernikus bestätigt (die Erde dreht sich von West nach Ost), bis er auf dem Mond landet. Er erkennt, daß der größte Teil des Mondes von Wasser bedeckt ist, während die dunklen Stellen einen Kontinent bilden. Scharen von Mondbewohnern, zweimal so groß wie er, mit seltsamen Gewändern in unbeschreiblichen Farben, nähern sich und führen den Neuankömmling zu ihrem Fürsten → Pylonas, von denen es auf dem Mond 29 gibt, die wiederum dem Kaiser → Irdonozur unterstehen. In der Folgezeit erforscht Gonzales das Leben der Bevölkerung, ein ideales Dasein: Ewiger Frühling herrscht in ihrem Land, in dem es weder Verwesung noch Todesfurcht gibt. Mord, Lüge, Ehebruch sind unbekannt. Erkennen die Mondbewohner aber an physiognomischen Zeichen, daß einer der ihren zur Sünde neigt, versetzen sie ihn zur Erde. Godwin entfaltet mit seinen Roman ähnlich wie der ihm nachfolgende → Cyrano de Bergerac Idealwelten, die Mängel der Menschen beklagen.

Der Mann, der vom Himmel fiel

Britischer Film von Nicholas Roeg, den dieser 1975 nach dem Roman → »Spion aus dem All« von Walter Trevis drehte. Darin kommt ein Außerirdischer als Thomas J. Newton unerkannt auf die Erde und agiert hier als erfolgreicher Erfinder. Das technische Wissen seines fremden Volkes ist um einiges weiter als auf Terra. Durch seinen enormen Wissensvorsprung will der Außerirdische viel Geld machen, um damit dann seiner darbenden Rasse, die auf einem Wüstenplaneten dahinvegetiert, helfen zu können. Jedoch kommt er mit den menschlichen Sitten und Gebräuchen nicht besonders zurecht. Die Industrie sieht ihre Felle davonschwimmen und bekämpft ihn mit allen legalen und illegalen Tricks. Zwei Menschen werden zu Vertrauten des Aliens, der sehr abgeschieden lebt: Der Uni-Professor Nathan Bryce und die Hotelangestelle

Mary Lou. Aber auch mit diesen beiden Freunden erlebt der Alien vom Wüstenplaneten Enttäuschungen: Mary Lou gerät in Panik, als er sein wahres Gesicht zeigt. Der Professor verrät ihn. An einem See in New Mexico bereitet der Fremde seine Rückkehr vor. Durch Folter jeglicher Art versuchen die Feinde des Aliens an seine Geheimnisse zu kommen. Der Alien weiß nach den durchlittenen Qualen nicht mehr, wer er ist und woher er stammt, und wird zu einem unwichtigen Rädchen im großen Weltgetriebe. Den Alien spielt der Rocksänger → David Bowie.

Der Onkel vom Mars

Amerikanischer Kinofilm, den Regisseur Donald Petrie im Mai 1999 als Leinwandadaption der beliebten TV-Serie → »Mein Onkel vom Mars« aus den 60er Jahren schuf. Der ehrgeizige Fernsehjournalist Tim O'Hara wird an dem Abend, an dem er seinen Job verloren hat, Zeuge einer Ufo-Bruchlandung. Plötzlich sieht er sich mit einem äußerst extrovertierten → Marsianer (dargestellt von Christopher Lloyd) als Hausgenossen konfrontiert, der sich den Nachbarn ganz frech als sein → »Onkel Martin« vorstellt. Nach anfänglichen extraterrestrischen Spannungen werden die beiden schnell gute Freunde und versuchen gemeinsam, die Schäden an Onkel Martins Raumschiff zu beheben. Doch währenddessen kommt es zu zahlreichen zwischenmenschlich-marsianischen Turbulenzen, denn nicht nur die Raumfahrtbehörde hat Wind von der Landung des Raumschiffes bekommen, sondern auch die karrierebesessene Ex-Kollegin Tims, Brace Channing.

Der phantastische Planet

Französischer Zeichentrickfilm von René Laloux aus dem Jahr 1973, der auf dem Planeten → Ygam spielt. Die Bewohner des Planeten Ygam, die → Draags, sind gut 10 m hoch und müssen dank ihres technischen Fortschritts nicht mehr arbeiten. Die Draags spielen am liebsten mit ihren Haustieren, den Menschen, die sie Om nennen. Ein Om namens Terr, der keine Mutter mehr hat, wird von dem Draag-Mädchen Tewa verwöhnt. Heimlich eignet sich Om Terr das Wissen der Draags an. Om Terr flieht und trifft auf andere Oms, die ohne Draag-Herrschaft in der Ygam-Natur leben. Irgendwann werden die vielen wilden Oms den Draags lästig und ein Vernichtungsfeldzug wird gestartet. Om Terr kann entkommen und fliegt mit einem alten menschlichen Raumschiff, mit dem einst die Menschen auf → Agym landeten, dem Zentral-Planeten der Draags. Hier erkennen die Draags die Intelligenz der Oms und bieten den lange unterschätzten Oms die Gleichbehandlung an.

Der Splitter im Auge Gottes
Roman (dt.: München 1975) von → Larry Niven und → Jerry Pournelle, in der die menschliche Rasse in ferner Zukunft einen Teil des Weltraums mit mächtigen Imperien besiedelt hat. Immer weiter dringen die Menschen in die Galaxis vor. Da naht aus dem Bereich des Kohlensack-Nebels, aus einem System, dessen Zentralgestirn »Splitter im Auge Gottes« genannt wird, ein rätselhaftes Flugobjekt – eine Sonde, die von einem Lichtsegel angetrieben wird. Ein Schiff der Raumflotte fängt das Objekt ab, bevor es in eine Sonne stürzt. Das seltsame Lebewesen, das sich an Bord befindet, kommt bei dem riskanten Bergungsmanöver ums Leben. Es war der Abgesandte einer völlig andersartigen, offensichtlich uralten und technologisch hoch entwickelten Rasse. Hatte er die Möglichkeit, vor seinem Tod eine Botschaft an seine Heimatwelt abzusetzen? Hat er die Begegnung mit den Menschen als Angriff auf sich und sein Schiff interpretiert? Es gibt nur eine Möglichkeit, der potentiellen Gefahr zu begegnen und guten Willen zu beweisen: das Heimatsystem der fremden Rasse aufzusuchen. Ein Wettlauf mit der Zeit beginnt.

Der Stählerne
besser bekannt als → Superman

Der Splitter im Auge Gottes

Der Tag, an dem die Erde stillstand

Film (USA 1951) von Robert Wise, in dem der Außerirdische → Klaatu auf die Erde kommt, um den Menschen klarzumachen, daß sie auf dem Weg sind, sich mit Atomkraft selbst zu vernichten. Um seine Macht zu demonstrieren, läßt er die Erde eine Stunde lang »stillstehen«. Leider möchte die Menschheit nicht auf ihn hören und betreibt ein wildes Kesseltreiben auf Klaatu. Am Ende gibt er ermüdet auf und verschwindet im All. Damit widerspricht der Film dem Ende des Buches → »Abschied vom Herrn« von → Harry Bates, der den Außerirdischen Klaatu zum Schluß durch die Hand der Menschen sterben läßt. Obschon ein Invasionsfilm, wird das übliche Schema der kriegslüsternen Aliens durchbrochen... Zur Zeit, als der kalte Krieg seinen absoluten Höhepunkt erreicht hatte und in den USA die beinahe lähmende Angst vor einer kommunistischen Invasion grassierte, sei der Appell Wises an die menschliche Vernunft unüberhörbar gewesen, glaubt das Lexikon des SF-Films.

Der Traum vom Fliegen

Titel eines Comics in der Reihe »Akte X – Graphic Novel« (Feest-Verlag). → Greys besuchen zum zweiten Mal Professor Wilson auf seiner Farm. Der wird richtig sauer: »Haut ab, bevor ich euch euren kleinen grauen Hals umdrehe! Ich habs euch Teufeln schon tausend Mal gesagt. Dieser Hypnoscheiss funktioniert bei mir nicht. Wenn ihr eure flachen Gesichter weiter in meine Angelegenheiten steckt, hole ich die Schrotflinte...« Die Aufregung Wilsons kommt nicht von ungefähr, denn er baut in seiner Scheune an einem eigenartigen Fluggerät herum, daß Aliens bei ihrem Besuch vor 100 Jahren zurückließen und mit dem er fliegen will. Der Freund von Wilsons Tochter hat das spitzgekriegt und will nun auch an das kleine Flugmodell ran. Er will viel Geld damit machen und es den Besuchern aus dem All verkaufen. Doch die nehmen ihren Hypnosestrahler und versetzen ihn in eine Starre, bei der er zwar noch alles sehen und hören, sich aber nicht mehr bewegen kann. Nicht nur die Spezialagenten vom F.B.I., Scully und Mulder (→ »Akte X«), sondern auch die → »Männer in Schwarz«, die → MIB interessieren sich inzwischen für das Fluggerät und statten dem Professor einen Besuch ab. Als die beiden Fraktionen von FBI und MIB zusammentreffen, donnert Wilson mit seiner Flugmaschine durchs Scheunendach und fliegt von dannen.

Der Typ vom anderen Stern
Film (USA 1984) von John Syles. Relativ unauffällig leben die dunkelhäutigen Aliens im bunten Völkergemisch von New York. Das stellt auch → Brother Joe Morton fest, der als Außerirdischer auf der Einwanderungs-Insel Ellis Island vor New York landet und sich nach dem Farbigen-Viertel Harlem in New York durchschlägt. Hier ist jeder und niemand etwas Besonderes. Auch ein auffälliger Alien wirkt hier ziemlich unauffällig. Trotzdem: Joe Morton wird von zwei weißen außerirdischen Sklavenjägern verfolgt. Brother hat nämlich die schöne Gabe, kaputte Elektronikspiele durch schlichtes Handauflegen reparieren zu können und verdient sich damit sein Taschengeld. Brother ist in der menschlichen Filmgeschicht der erste Black-Alien.

Der Widersacher
Roman (München 1987) von Julian May, in dem 2034 dem französischen Gelehrten Theo Guderian eine bahnbrechende Erfindung gelingt: Er stellt über einen Abgrund von Zeit hinweg eine Verbindung mit dem Pliozän her, 6 Millionen Jahre in die Vergangenheit. Doch die Verbindung ist eine Einbahnstraße: Nichts gelangt aus der Vergangenheit in die Gegenwart zurück. Trotzdem übt dieses Zeittor auf viele Menschen eine Faszination aus, vor allem auf die Zivilisationsmüden und die Ausgeflippten. Sie gehen hindurch, um in einer unberührten Natur, in einer jungfräulichen Welt neu anzufangen. Keiner von ihnen ahnt, daß um jene Zeit die Erde fest in der Hand von telpathischen Aliens ist, für die dieser Zustrom von Menschen und Material aus der Zukunft eine wahre Labsal bedeutet, um ihre perversen Gelüste zu befriedigen. Doch inzwischen hat sich das Blatt gewendet: Die Menschen haben gelernt, sich gegen die Aliens zur Wehr zu setzen und sie zu besiegen. Da taucht ein noch mächtigerer Rebell aus der fernen Zukunft auf: der Widersacher.

Diana
Machthungrige Oberbefehlshaberin der leguan-artigen Monsteraliens, die in der TV-Serie → »V – Die außerirdischen Besucher« über die Erde strömen.

Dick Tracy
Comic-Serie, die von Chester Gould im Herbst 1931 gestartet wurde und, man glaubt es kaum, ebenfalls ein Alien, wenn auch ein sehr, sehr humanoides enthielt. Junior, der Adoptivsohn des bekannten Detek-

Die Aasgeier des Kosmos: Drei extraterrestrische Insektoiden

tivs Dick Tracy, darf nämlich 1963 ein → Mond-Mädchen, das Moon Maid, heiraten.

Dickson, Gordon R(upert)
Amerikanischer SF-Autor, geboren 1923. Dickson zählt zu den bekanntesten Autoren der Science Fiction und wurde u.a. mit dem HUGO, dem NEBULA, dem E.E. Smith Memorial Award und dem August Derleth Award ausgezeichnet. Besonders sein Childe-Zyklus, eine mehrere Roman und Kurzgeschichten umfassende Menschheitsgeschichte im All – in der Reihe Moewig Science Fiction in Vorbereitung –, hat ihm weithin Anerkennung verschafft. Eines einer bekannten Werke ist auch → »Herren von Everon«. Weitere Werke: »Das Planeten-Duell«, München 1975; »Der Agent«, Müchen 1978.

Die Aasgeier des Kosmos
Comic (1997) von Godard und Ribera, in dem die rothaarige und einäugige → Ma-Supernova zusammen mit drei extraterrestrischen Insektoiden → Zeherian, → Zuho und → Ymmus auf einem fernen Planeten eine Aasgeier-Truppe bildet, die lebendige oder tote Lebewesen mit hoher Intelligenz sucht und dann an kosmische Händler weiterverscherbelt. Außerdem existiert auf dem Planeten ein See mit lebendigem Magma. Darin versinkt der Comic-Held Axel Moonshine, der sich allerdings gegen das gefräßige Magma mit einer Kältepistole erfolgreich zur Wehr setzen kann.

Die Androiden
Auch: »Die Roboter kommen«. Deutscher Titel des 1986 von Regisseur Michael Chapmann in den USA gedrehten SF-Films, in dem menschliche Roboter eine Invasion auf die Erde starten und das Aussehen existierender Menschen annehmen.

Die Ankunft
US-Film (1996) von Regisseur Avid N. Twohy, in dem der → SETI-Astronom Zane Ziminski außerirdische Funksignale ortet. Er erkennt: Aliens bedrohen die Erde. Sie wollen die Temperatur auf dem Blauen Planeten so weit erhöhen, daß sie dort wohnen können. Dabei würde die Erde zu einer einzigen Wüste und die Menschen wahrscheinlich austrocknen. Ziminski (Charlie Sheen) möchte was dagegen unternehmen, aber der SETI-Chef sieht keinen Handlungsbedarf, ist er doch »bereits gehirntief in außerirdische Kacke verstrickt«. (Peter M. Gaschler, »Das SF-Jahr 1999«, München 1999)

Die Ärzte
»Ich bin ein lustiger Astronaut und ich singe ein Lied« heißt es in dem Song der deutschen Punkpop-Gruppe »Die Ärzte«, die von ihren Begegnungen in den dunklen Weiten des Weltalls erzählen. Der Song stammt von ihrer LP »Die Ärzte früher« aus dem Jahr 1982. Im gleichen Jahr veröffentlichte die Band auch das Album »Die Bestie Mensch«, in dem sie mit Schrecken davon berichten: → »Aliens haben meine Freundin entführt«.

Die Augen des Satans
Film (USA 1958) von Nathan Juran, in dem das Wesen → Gor vom Planeten → Arous auf die Erde kommt, in einen menschlichen Körper schlüpft und die Weltherrschaft an sich reißen möchte. Zum Glück ist da aber der Space-Cop → Vol, der in der Gestalt eines Hundes dem Bösewicht den Garaus macht.

Die Außerirdischen
Belangloser Film (USA 1979) von Ovidio Assonitis, in dem der Alien → Satin Kinder zeugt, die auf der Erde Böses anrichten. Ein guter Alien rettet die Welt vor dem Untergang.

Die Bestie aus der Tiefe
Film (USA) von Harry Essex, in dem ein außerirdisches Ungeheuer wie ein Octopus in einem Sumpfgebiet haust und von den Menschen → Octaman genannt wird. Dr. Ricardo Torres und seine Kollegin Pier Angeli können mit ihren Kollegen das menschenfeindlich eingestellte Wesen aus einer fernen Sternenwelt endgültig aus dem Verkehr ziehen.

Die Besucher
Roman (dt.: München 1988) von → Whitley Strieber, in dem der Schriftsteller einen angeblich realen Vorfall beschreibt. An einem Wochenende in seinem Landhaus hat der Autor eine Begegnung der dritten Art. Kleine grüne Männchen erscheinen in seinem in gleißendes Licht gehüllten Haus und schleppen ihn fort. Nach einer Leibesvisitation bringen sie ihn zurück und Strieber hält das Erlebnis am Tag drauf für einen aberwitzigen Traum. Aber sein Sohn hat gleiches erlebt. Monate später widerfährt dem Autor die Begegnung auf ein Neues und der Autor dreht fast durch. Ein Psychiater bestätigt, daß der Schriftsteller völlig normal ist. Um sein Gleichgewicht aber vollends herzustellen, sucht Strieber die Aliens im Wald auf und tauscht Freundschaftsgesten mit ihnen aus. Daraufhin setzt er sich hin und verfaßt

einen Roman über seine Erlebnisse. Strieber versucht auch mit dem Buch, das Schweigen der US-Regierung zu brechen, der offenbar bekannt ist, daß UFOs regelmäßig die Erde besuchen und Außerirdische die Menschen zu Versuchszwecken entführen. Striebers Besucher sind eine Abart der berühmten, inzwischen vielfach gesichteten → Greys.

Der Roman wurde 1988 auch von Regisseur Philippe Mora für eine Videofassung verfilmt, nicht ganz ohne Erfolg: »Nicht auf spektakuläre Spezialeffekt-Orgien, sondern auf Atmosphäre und seinen Hauptdarsteller (Christopher Walken, d. Autor) setzt Mora in diesem geheimnisvollen (und langen) Science-Fiction-Drama. In langen Hypnosesequenzen und Monologen hat Walken ausgiebig Gelegenheit, seine beeindruckenden mimischen Fähigkeiten zu entfalten. Traumhaft im Sinne des Wortes wirken die bizarren Bilder aus dem Inneren des Ufos, das bemannt ist mit spinnengliedrigen, maskierten Mutanten und koboldhaften E.T.s mit einem Faible für Doktorspiele«, schreibt die Zeitschrift TIP.

Die Box

→ Area 51

Die Dämonischen

Amerikanischer Film aus dem Jahr 1956, in Szene gesetzt von Don Siegel, der pflanzenähnliche Wesen auf die Erde schickt, weil ihr Heimatplanet untergeht. Der Arzt Dr. Bennell muß sich die bitteren Klagen von Menschen anhören, deren Verwandte zu seelenlosen Charakteren geworden sind. Das ist, so findet Dr. Bennell heraus, die Schuld der Alien-Pflanzen, die nach einer Reifezeit eine menschliche Gestalt annehmen und die Person, die sie imitieren, beiseite schaffen. Trotz vieler Mühen gelingt es Dr. Bennell nicht, das Unheil aufzuhalten, und die Wesen überströmen die ganze Erde. »Zumindest ist die düstere Fiktion Siegels das psychologisch Beklemmendste, was das SF-Kino des Kalten Krieges hervorgebracht hat«, lobt die Science Fiction Times. »Wie *The Thing* (→ »Das Ding aus einer anderen Welt«, 1951) entwirft auch dieser Film eine außerirdische Bedrohung pflanzlichen Ursprungs, aber er projiziert sie nicht in ein häßliches Monstrum, das per fliegender Untertasse auf der Erde landet – vielmehr ist es ein gestaltloser Aggressor, eine gesichtslose Macht, die vom Menschen Besitz ergreift, ihn umformt, ihn verändert, ihn seiner Individualität beraubt.« Der Film wurde 1978 als → »Die Körperfresser kommen« und 1993 als »Body Snatchers« neu verfilmt.

Die ersten Menschen auf dem Mond
Roman (dt.: Minden 1900) von → H.G. Wells, in dem zweibeinige, menschenähnliche Kreaturen und gewaltige Mondkühe geschildert werden, die im Innern des Himmelskörpers leben.

Die Experimente der Aliens
→ »Das Sphinx-Syndrom«

Die Fliegen der Erinnerung
Roman (München, 1991) von → Ian Watson, in dem ein pyramidenförmiger Flugkörper vor Alexandria im Mittelmeer landet. Es entsteigen außerirdische Touristen, intelligente Fliegen, die sich für die irdische Sehenswürdigkeiten interessieren. Sie verfügen über eine besondere Technik der Fotografie. Sie »erinnern« diese Sehenswürdigkeiten und bilden sie in einer Art Nebenrealität nach. Auf dem Petersplatz in Rom wird einer dieser Touristen von einer fanatischen Menschenmenge angegriffen und getötet, während er den Petersdom »erinnert«. Durch den Tod des Aliens kommt es zu einer rätselhaften Interferenz zwischen Realität und Nebenrealität: die Kuppel des Petersdoms verschwindet. Durch ähnliche Vorfälle verschwinden die Innenstädte von München, New Orleans und Prag. Eine Marsexpedtion findet schließlich die City von München unversehrt in einem Trockental des Roten Planeten wieder. Nur drei Personen haben auf wunderbarer Weise überlebt. Allmählich kommen die Menschen dem Geheimis der Materieübertragung auf die Spur.

Die Flüchtlinge
Roman von Mata Randall, in dem die Rasse der Fre auf dem Planeten → Aerie Asyl sucht. Den gewährt die dort lebende, humanoide Kennerin-Sippe gerne, weiß sie aus eigener Erfahrung, wie bitter es ist, ohne Heimat zu sein. Jason Kennerin zögert deshalb keine Sekunde lang. Auch die rätselhaften Ureinwohner Aeries, die →

Die Flüchtlinge: Ohne Heimat

Aerienner, scheinen nichts gegen die Ansiedlung der Flüchtlinge zu haben. Aber nicht alle denken so. Da ist zum Beispiel der junge Hart Kennerin, das schwarze Schaf der Familie. Es ist ganz und gar nicht damit einverstanden, daß die Fre die Familienidylle auf Aerie zerstören. Er haßt sie und versucht sie zu vertreiben. Und schließlich faßt er den Plan, sich auch an seiner eigenen Familie zu rächen, die ihn offensichtlich nicht verstehen will und ungerecht behandelt. In Gren, einem finsteren Wissenschaftler, findet er einen Gleichgesinnten und Lehrmeister. Bei den Experimenten der beiden macht sich Hart auf entsetzliche Art schuldig an den Ureinwohnern des Planeten, und erst nach langen Jahren der Verbannung bietet sich die Chance der Versöhnung. Aber noch immer scheint Hart aus seinen Fehlen nichts gelernt zu haben...

Die Frau aus dem All

Richard Viktorow drehte 1980 in der UdSSR diesen Film, in dem die Außerirdische Nija vom Planeten Dessa auf die Erde geschickt wird. Dessa nämlich wird von einem Diktator unterdrückt, der nicht nur die Bewohner, sondern den ganzen Planeten skrupellos ausbeutet. Die Dessa-Bewohner können nur noch mit Schutzanzügen leben. Die Erde sendet auf Bitten von Nija Experten zu Dessa.

Die Götter aus dem All

Comic-Serie von → Walter A. Fuchs, die den Theorien der → Prä-Astronautik folgt.

Die Grauen

Auch → Greys genannt, neben den → »Die Nordischen« die Alien-Spezies, die von Menschen nach Begegnungen am häufigsten beschrieben wird: Diese berühmten, kleinen Wesen sind ca. einen Meter groß, haben große Köpfe, ein langes, schmales Gesicht und ein flaches Kinn und sind sehr blaß, fast so wie ein Geist. Am auffälligsten sind ihre großen, runden Augen mit einem kleinen, stecknadelkopfgroßen rosafarbenen Punkt als Pupille. Ihr Mund ist meist nur ein dünner Strich. Die Körper, die angeblich aus dem Wrack bei → Roswell geborgen wurden, waren Greys.

Die grüne Gefahr

Comic-Band in der Reihe → Trigan. Darin überwuchern außerirdische Pflanzen die Hauptstadt von Trigan. Die Bewohner flüchten, bis nach zwei Tagen der grüne Spuk zu Ende ist. Ein Bettler berichtet von grü-

Die grüne Gefahr:
Außerirdische Pflanzen überwuchern die Hauptstadt von Trigan.

nen Wesen, die im grünen Nebel unerkannt umherliefen. Als der Nebel Tage später zurückkehrt, gelingt es dem Helden → Trigan, eines dieser grünen Wesen, einen → Dryak, zu fangen. Der Dryak sieht froschartig aus und hat lange schwarze Haare. Bei ihm findet man eine Brille, mit der Trigan durch den grünen Nebel sehen kann. Jetzt entdeckt er Massen von grünen Froschwesen, wie sie die grünen Pflanzen auf Trigan ernten. Trigan erfährt, daß die → Vorgs, die vor den Triganer auf Trigan lebten, vor langer Zeit vor wilden Barbaren unter die Erde flüchten mußten. Unter der Erde fanden die Vorgs aber nur jene grüne Pflanze, die zu essen war. Diese veränderte die humanoiden Vorgs in die froschähnlichen, grünhäutigen Dryaks mit spitzen Ohren und Zähnen. Als die grüne Pflanze aufgrund der Abwässer und des Mülls der Triganer keinen Nährwert mehr hatte, mußten die Dryaks die Pflanzen an der Oberfläche von Trigan aussäen. Um unentdeckt zu bleiben, schufen sie den grünen Nebel.

Die grünen Männer vom Mars
Titel eines Sachbuchs (Düsseldorf 1974), in dem sich Autor Dieter Hasselblatt mit der Wahrscheinlichkeit von Leben im All auseinandersetzt. Das Buch ist inzwischen vergriffen. Eine Neuauflage ist nicht in Sicht.

Die grünen Teufel vom Mars
Roman (dt.: Berlin 1959) von → Frederic Brown, in dem die → Marsianer, kleine, grüne → Gnome, über die Erde herfallen und die Menschen in arger Weise mit Worten nerven, sich in alles einmischen und in boshafter Weise jedes Privatleben unmöglich machen. Um diesen Psycho-Terror zu entgehen, beginnen die Menschen zu saufen, und das verscheucht am Ende diese häßlichen Giftzwerge.

Die Katze aus dem Weltraum
Film von Norman Tokar. Inhalt: Durch einen Notfall kommt ein Alien, der die Gestalt einer Katze hat, auf die Erde. Während das Militär nicht so Recht weiss, was es mit dem Katzen-Wesen anfangen soll, will der machtgierige Mr. Olympus den Alien haben. Vor allem die telepathischen Fähigkeiten des Katzen-Wesens interessieren Mr. Olympus, der gerne die ganze Erde regieren würde. Mit Hilfe von Elizabeth Bartlett und ihrer Katze Belle entkommt das Alien und kann den Bösewicht sogar unschädlich machen. Das Katzen-Raumschiff startet wieder in die Weiten des Alls. Der Alien bleibt allerdings bei Belle, in die er sich verliebt hat, auf der Erde zurück.

Die Körperfresser kommen

Amerikanischer Film aus dem Jahr 1977, in Szene gesetzt von Philip Kaufmann, der pflanzenähnliche Wesen auf die Erde schickt, weil ihr Heimatplanet untergeht. Bei einem Hotel-Check in San Francisco entdeckt der Gesundheitsinspektor Dr. Bernell auf Blumen die fremdartigen Sporen dieser Alienrasse. Die Sporen können die Körper der Menschen in Besitz nehmen, benutzen diesen nur noch als Hülle. Danach werden die ausgehöhlten Menschen völlig gefühllos und agieren wie Roboter. Wenn die herangereiften Aliens, die in der Erde wachsen, aufplatzen, werden unangenehm anzusehende Föten sichtbar. Langsam aber sicher wird ganz San Francisco von den Körperfressern erobert. Der Film ist ein Remake von → »Die Dämonischen«.

Die Legende von Yggdasil

Crossover-Comic (Stuttgart 1991) zwischen Fantasy und SF, in dem der Held Storm, ein irdischer Astronaut im 21. Jahrhundert, der bei einem Krieg zwischen Menschen und den außerirdischen Azuriern eine friedvolle Koexistenz lehrte. Storm wird deshalb auch der »Gründer einer neuen Zukunft« genannt. Auf seiner Reise durchs All trifft er auf eine Menge seltsamer Planetenwesen. Storm bleibt nämlich bei einem Flug zum Planeten Jupiter in einem Wirbel des Raum-Zeit-Kontinuums hängen. Mit seiner Gattin Rothaar landet er deshalb auf einem unbekannten Planeten. Dort werden sie von intelligenten Echsenwesen gefangengenommen und zum »heiligen Zirkel« gebracht. Storm und Rothaar können sich für eine schnelle schmerzlose Opferung für die Gottheit Yggdrasil oder für eine Duell in der Arena enscheiden. Er wählt letzteres: Hier muß er gegen den unbesiegbaren Wag-Nar kämpfen. So unbesiegbar scheint Wag-Nar aber nicht zu sein, denn Storm überlebt und muß das Insekt Aryda ausschalten, das die Menschen in den Wahnsinn treiben kann. Wag-Nar stellt sich fortan auf Storms Seite und gemeinsam besiegen sie die Schakale, eine üble Banditenhorde. Sie treffen auf Yggdasil einem Tyrannosaurusrex, der als Gottheit verehrt wird. Wag-Nar: »Meine Meister gebrauchen das Gewebe dieser Kreatur, um daraus ihre Krieger zu entwickeln. Es wurde dazu in einer Kuppel in einem Statik-Feld gehalten.«

Die letzte Generation

Roman (dt.: Berlin 1960) von → Arthur C. Clarke, in dem die Menschheit mühelos von einer fremden, dämonenähnlichen Rasse unterdrückt wird. Im Verlauf der Handlung zeigt sich aber, daß die Menschheit dazu bestimmt ist, eine sowohl uns als auch den Eroberern überlegene

Nachfolgespezies zu gebären. Die neuen Menschen bilden ein Gruppenbewußtsein und erleben im Herzen des Universums Abenteuer, um die Schöpfer der größeren Dinge kennenzulernen.

Die Liebenden

Roman (München 1978) von → Philip José Farmer, in dem erstmals ausführlich die sexuelle Beziehung zwischen Mensch und Alien geschildert wurde. Auch wenn dieses Thema damals eindeutig die Tabus verletzte, wurde die Geschichte veröffentlicht, schlichtweg, weil die Zensurbehörden keine SF lasen. Das war für die SF wiederum ein Glücksfall, den »Die Liebenden« war ein Wegweiser für viele, nachfolgende Erzählungen.

Die Mars-Chroniken

Roman (dt.: Hamburg 1972) von → Ray Bradbury, der 1980 in einer US-deutsch-britischen Koproduktion als Dreiteiler von Regisseur Michael Anderson fürs Fernsehen verfilmt wurde. Der Film folgt, wenn auch von Kritikern kopfschüttelnd zur Kenntnis genommen, der literarischen Vorlage. Die → Marsianer werden durch von menschlichen Eindringlingen eingeschleppte Bakterien vollends ausgelöscht.

Die Nordischen

Auch Nordländer oder Nordics genannt, sind neben → »Die Grauen« die am häufigsten gesichteten Außerirdischen. Es sind humanoide Wesen, ungefähr zwei Meter groß, blond und blauäugig. Sie erinnern in ihrem Erscheinungsbild an Skandinavier und sind bekannt für ihr gutes Aussehen. Das Verhalten wird als liebevoll und allwissend beschrieben, sie sprechen häufig über die Bedeutung des friedlichen Zusammenlebens im Universum und ganz besonders auf der Erde.

Die Ranch

→ Area 51

Die Reise zum Mond

Titel des 15minütigen s/w-Stummfilms vom französischen Filmpionier George Méliès, der nicht nur der erste, nachgewiesene SF-Film der Welt ist, sondern erstmals auch cineastisch Aliens präsentierte, die → Seleniten. Mit einer Kanone wird eine irdische Rakete mit Wissenschaftlern zum Mond geschossen. Die Mond-Expedition muß zuerst einen Mondsandsturm überstehen und kommt durch eine Höhle im Mondkrater unter die Oberfläche des Erdtrabanten. Ronald M. Hahn schreibt zum weiteren Filmverlauf höchst amüsant im Lexikon des SF-Films (München 1997): »Dort stößt man auf Seleniten, die sich recht angriffslustig zeigen, sich jedoch in ihre Bestandteile auflösen, wenn man sie mit einem Regenschirm berührt. (Wissenschaftler des 19. Jahrhunderts haben natürlich immer einen Regenschirm bei sich; gleichzeitig tragen sie Zylinderhüte und sind mit Bratenröcken bekleidet.) Das Problem der Rückreise ist ganz einfach: Man läßt sich ungeachtet irgendwelcher Naturgesetze kurzerhand zur Erde herunterfallen, landet im Meer und wird mit großem Bahnhof empfangen.«

Die Stimme des Wirbelwindes

Roman (dt.: München 1989) von Walter Jon Williams, in dem sich → Steward, ein Beta, der Klon eines Eisfalken, wie die Angehörigen eines Elitekorps des Sicherheitsdienstes genannt werden, nach dem Verbleib seines Alpha forscht, der bei einem Spezialauftrag auf dem Asteroiden Vesta auf mysteriöse Weise verschwunden ist. Vesta ist ein Kontaktort mit Aliens, den »Mächten«. Dort werden Erfindungen, Know-how, Software, Informationen aller Art und wertvolle Rohstoffe aus anderen Planetensystemen gehandelt – und dabei geht es stets um sehr viel Geld. Die Profitgier ist auf beiden Seiten groß, aber noch größer ist aber die Angst vor Kontamination mit fremden biologischen Erregern. Auf Raumstationen können Menschen und Aliens Seuchen auslösen, gegen die es keine Handhabe gibt. Wie sein Alpha beginnt Steward Beta in den Hierarchien der Firmen-Geheimdienste, die sich mit allen Mitteln bekämpfen, nach oben zu steigen. Sie umwerben ihn, jagen ihn sich gegenseitig ab, versuchen ihn für ihre zwielichtigen Interessen einzuspannen. Es ist, als glitte er immer tiefer in das Leben seines Originals hinein – und als würde er sein Schicksal teilen.

Die Stimme des Wirbelwindes

Die tödliche Bedrohung
US-Film von Regisseur Tobe Hopper aus dem Jahre 1985. Zum Inhalt: Mit dem → Komet Halley, der an der Erde vorbeirast, gelangt ein riesiges Alien-Sternenschiff in die Atmosphäre des blauen Planeten. Colonel Carlson und sein Team finden in dem fremden Raumgleiter verdorrte Fledermauskörper. In Glasbehältern, die an Bienenwaben erinnern, sind nackte Aliens. Sie sind außerirdische Vampire und natürlich hinter dem menschlichen Blut her. Der weibliche Alien-Blutsauger (dargestellt von Mathilda May) wird mit einem Peilgerät, das die Lebensenergien überträgt, nach einiger Zeit aufgespürt.

Die Tore von Eden
Roman (dt.: München 1983), in dem der Exobiologe Lee Caretta auf der neuentdeckten Sumpfwelt → Naxos außerirdischem Leben gegenübersteht, das dem Team aus Siedlern und Forschern von der Erde Rätsel aufgibt. »Die Gesichtszüge der Fremden begannen zu verschwimmen. Mund und Kiefer veränderten sich, ebenso die Gliedmaßen. Die Körper verlagerten ihren Schwerpunkt nach hinten, und kurz darauf standen sie aufrecht. Mit der Gestalt in der sie mir gegenübergetreten waren, wäre das unmöglich gewesen. Jetzt aber war es möglich. Sie verwandelten sich von gefährlichen Raubtieren, die jederzeit dazu bereit waren, sich auf ein ahnungsloses Opfer zu stürzen und dessen Fleisch zu zerfetzen, in humanoide Geschöpfe mit glatter Haut, voll ausgebildeten Greifhänden und klugen Augen...«, schildert der Protagonist Lee Caretta. Offensichtlich handelt es sich um intelligente Wesen, aber deren Form und Verhalten sind überaus seltsam. Als Caretta und seine Kollegen schließlich erkennen, um was für Aliens es sich handelt, ist aus der Expedition in den vermeintlichen Garten Eden fast schon ein Abstecher in die Hölle geworden...

Die Tore von Eden

Die unheimliche Begegnung der dritten Art

Erfolgreicher US-Film (1977) von Regisseur → Steven Spielberg. Zum Inhalt: Irgendwie gelangt die sensationelle Nachricht von einer Landung der Außerirdischen auf einem amerikanischen Tafelgebirge an die Öffentlichkeit. Der Landungsort wird von der US-Army umstellt und abgeschirmt. Überall im Land reihen sich merkwürdige Vorfälle aneinander: Spielzeug dreht durch, im E-Werk ist Stromausfall. Der Stromtechniker Roy Neary bekommt Kontakt mit einem UFO der Aliens. Zum Kummer seiner Gattin kutschiert er Massen von Lehm in sein Haus und formt dort daraus eigenartige Kegelfiguren. Ein französischer Alien-Experte namens Claude Lacombe weiss mehr: Aliens wollen erstmals offiziellen Kontakt mit der Erdbevölkerung aufnehmen. Roy Neary darf auch als einer der wenigen Menschen in das gigantische Raumschiff der Aliens gehen. Damit die Menschen merken und akzeptieren, daß sie in friedlicher Absicht auf die Erde gekommen sind, startet die UFO-Besatzung, eine abstrakte Form der → Grey, eine Art Wiederbelebungs-Aktion. Menschen, die vor langer Zeit verschwunden sind, auch im 2. Weltkrieg vermißte Militärpiloten, entsteigen lebendig dem Raumschiff. Sie sind nicht gealtert! Ein Wunder, das von → Jesus sein könnte, der nach Ansicht der → Prä-Astronautik ebenfalls ein Alien sein könnte.

Die unheimlichen Zwei

Sind das Alien-Paar → »Sie und Er« in dem gleichnamigen US-Film (1982) von Gery Sherman, das auf der Erde gelandete Menschen zur Reise ins All sucht.

Die Waffenschmiede von Isher

Roman (dt.: München 1951) von → A.E. van Vogt, der von den Intrigen zwischen einer mächtigen Kaiserin und einer nicht minder mächtigen Gilde von in Raum und Zeit operierenden Waffenspezialisten (Motto: »Freiheit

Die Welt der Null-A

gibt es nur dort, wo sich jeder eine Waffe kaufen kann.«) erzählt. Es gibt einen geheimnisvollen Unsterblichen, ein außerirdisches Spinnenwesen und viele andere Absonderlichkeiten.

Die Welt der Null-A

Roman-Zyklus (Balve 1958) von → A.E. van Vogt, mit dem der Autor sein reifstes und berühmtestes Werk geschaffen hat – ein Epos der Entwicklung vom irdischen »Vor«- zum kosmischen »Übermenschen«. Zum Inhalt: Gilbert Gosseyn – ohne sein Wissen der geklonte Nachkomme eines Überlebenden jener »Großen Wanderung«, mit der vor Jahrmillionen die menschliche Besiedlung der Milchstraße aus einer anderen Galaxis begonnen hat – findet den Tod, nur um sich phönixhaft aus der Asche eines toten Körpers zu erheben. Mit Hilfe seines zusätzlichen Gehirns, das ihn zu Teleportation wie zur Telekinese befähigt, löst er das Rätsel seiner Identität und überwindet die Rolle der manipulierten Figur, die andere auf das kosmische Schachbrett geschoben haben. Erst der dritte Gosseynklon freilich erlangt neben seinen »über«-menschlichen Befähigungen auch die menschliche Fähigkeit zur emotionalen Bindung. Er erreicht die Ursprungsgalaxis, zwischen deren menschlichen und nichtmenschlichen Rassen er Frieden stiftet. Sein Schicksal verbindet sich mit der Feuerprobe der »nicht-aristotelischen« (Null-A) Demokratie – eine Schöpfung der rational fortgeschrittensten Menschen.

Dildano

Humanoider, natürlich sehr sympathischer Rebellenhauptmann im Film → Barbarella, der sich aus seiner sexuellen (aber auch politischen!) Frustation heraus gegen seine Vorgesetzte, die → Schwarze Königin, stellt und gemeinsam mit der Agentin → Barbarella glücklich werden möchte.

Dirdir

Nichtmenschliche Rasse im → Tschai-Zyklus

Disch, Thomas D.

Amerikanischer Autor, geboren 1940. Disch zählt zu den besten SF-Schriftstellern und ist als solcher Schöpfer der grausamen → Genocides, galaktische Landwirte, die in »Die Feuerteufel« die Erde als Acker

Dominion: Expansives Sternenreich aus dem Star-Trek-Universum

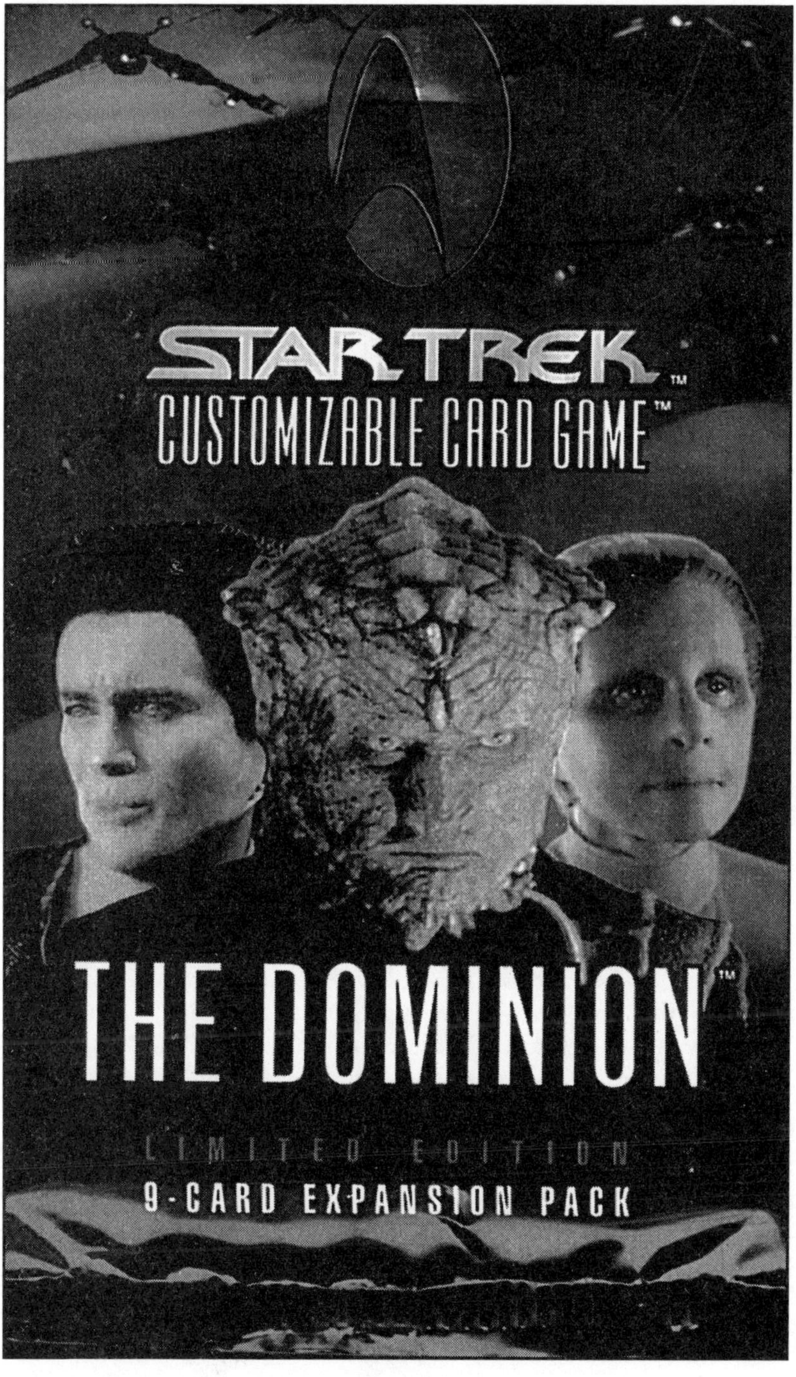
STAR TREK™
CUSTOMIZABLE CARD GAME™
THE DOMINION™
LIMITED EDITION
9-CARD EXPANSION PACK

mißbrauchen. Weitere Werke: »Jetzt ist die Ewigkeit«, München 1977; »Die Duplikate«, München 1972).

Dogons

Außerirdische Wesen in dem Buch → »Sphinx-Syndrom«, die die Gentechnik meisterhaft beherrschen

Dominion

Das Dominion ist ein riesengroßes, expansives Sternenreich aus dem → Star-Trek-Universum, das im Gamma-Quadranten, einem von der → Föderation weit entfernten Teil der Milchstraße, liegt. Mit normalen Schiffsantrieben würde die Föderation Jahre brauchen, um den Raum des Dominion zu erreichen. Die einzige benutzbare Verbindung zwischen dem Dominion und der Föderation ist das → Wurmloch in der Nähe von → »Deep Space Nine«. Daher ist das Dominion brennend an der Eroberung dieser Station interessiert. Das Dominion wird beherrscht von den → Gründern, einer Spezies von Gestaltwandlern, die im Ruhezustand aus einer quecksilbrigen, zähen Flüssigkeit besteht. Auf ihrem Heimatplaneten, dessen Position streng geheimgehalten wird, leben alle Gründer vereint in einer Art riesigen Ozean. Nur wenn ein Gründer den Planeten verläßt, trennt er sich vom Ozean und nimmt kurzfristig eine andere, meist menschenähnliche Gestalt an. Die Gründer können aber nicht ewig in menschlicher Gestalt bleiben, sondern müssen sich etwa alle 16 Stunden für etwa eine Stunde zurückverwandeln – vorzugsweise in einem Eimer, so daß sie nicht wegfließen. Durch ihre Fähigkeit zur Gestaltwandlung sind die Gründer, die auch »Wechselbälger« genannt werden, die perfekten Spione. Ein spezieller Wechselbalg, → Odo, versieht seinen Dienst als Sicherheitschef auf → Deep Space Nine. Durch seine Gestaltwandlungsfähigkeit ist er für diese Aufgabe natürlich hervorragend geeignet. Seine Solidarität gehört jedoch der → Föderation. Ihre Herrschaft üben die Gründer vor allem mit Hilfe zweier Rassen aus, die durch Genmanipulationen von ihnen erschaffen wurden. Die erste, die → Jem Hadar, sind perfekte Kampfmaschinen mit humanoidem Körperbau, die jedem Befehl der Gründer widerspruchslos gehorchen. Sie werden angeführt von den → Vorta, einer humanoiden Rasse mit sehr spitzen Ohren – spitzer noch als die der → Vulkanier – die die »Intelligenz« der Streitkräfte des Dominion bildet. Die Vorta sind zuständig für diplomatische Beziehungen des Dominion zu anderen Völkern. Im Laufe der Serie »Deep Space Nine« verbündet sich das Dominion mit den → Cardassianern und verwickelt die Föderation in einen jahrelangen Krieg.

Dopatka, Ulrich
Bibliothekar und Forscher, geboren 1951. Dopatka kann aufgrund seiner koordinierenden und dokumentierenden Mitarbeit in der → Ancient Astronaut Society in der Zwischenzeit auf eine Vielzahl an Veröffentlichungen zum Thema → Prä-Astronautik zurückblicken. Zuletzt gab Dopatka den Sammelband »Sind wir allein?« (Düsseldorf 1997) heraus, in dem er eine Reihe prominenter Menschen zum Thema »Außerirdische« befragte.

Dopes to Infinitiy
Musikalische Hommage an die Wesen im All durch die Hardrock-Band → »Monster Magnet«. Auf dem Album finden sich schwermütige Songs wie »King of Mars« oder »Ego, the Living Planet«.

Dox, Querl
Richtiger Name von → Brainiac 5 in der Comic-Serie → »Legion der Superhelden«. Der humanoide Querl Dox ist ein Nachkomme des bösen Superschurken → Brainiac, dem erbitterten Gegner von → Superman. Querls Vater wurde zur Tarnung von dem Superschurken adoptiert, der ihm dessen Supergehirnkapazität vererbte, aufgrund derer Querl als der Klügste unter den Legionären gilt.

Dozois, Gardner R.
Amerikanischer SF-Autor, geboren 1947. Gilt als eine hoffnungsvolles Talent, war mit seinem Roman → »Fremde« Anwärter auf den Hugo Gärnsbeck-Award, einer renommierten US-Auszeichnung.

Draags
Fast 10 Meter große Bewohner des Planeten → Ygam in dem Zeichentrickfilm → »Der phantastische Planet«. Ihr wichtigster Vertreter ist das Draag-Mädchen Tewa, das einen Menschen namens Terr kennenlernt. Die Draags spielen, meditieren oder beschäftigen sich mit ihren Haustieren: den Menschen, die sie als Oms bezeichnen. Entsprungene Oms, die in Freiheit leben, werden von den Draags als Freiwild angesehen. Die Draags bezweifeln, daß die Oms irgendeine Art von Intelligenz haben könnten.

Drac
Echsenartige Rasse, deren Space-Solider → Jeriba in dem Film → »Enemy Mine« im Kampf gegen einen irdischen Space Trooper auf einem Planeten notlanden muß.

Draconier

Ausgestorbene Rasse in dem Roman »Das Geheimnis der Draconier« (dt.: Bergisch-Gladbach 1975) von → John Brunner. Im Jahr 2020 stößt eine internationale Forschungsgruppe 19 Lichtjahre von der Erde entfernt auf die Spuren einer menschenähnlichen Kultur. Als spektakulärsten Artefakt hinterließen die Fremden ein Teleskop, das sie aus einem natürlichen Mondkrater herausarbeiteten. Untersuchungen durch nachfolgende Forschungsteams liefern den Beweis, daß die fremdartige Kultur schon dreitausend Jahre nach ihrer Entstehung unterging. Eine fieberhafte Suche nach dem Grund für das Aussterben der Fremden beginnt, damit eine ähnliche Entwicklung auf der Erde verhindert werden kann. Umweltverschmutzung, Datenmißbrauch und Manipulation des Menschen sind zentrale Themen in John Brunners Werk.

Dracula jagt Frankenstein

Kruder Film (D/I/E, 1969) von Tulio Demicheli, in dem Aliens nichts besseres zu tun haben, als altbekannte Monster wie den Vampir, den Werwolf, die Mumie und Frankensteins Monster zu erwecken, um sie als Gesandten ihrer Invasion auf die Menschheit loszulassen.

Drake-Formel

N = S x Ap x Aö x Al x Ai x At x L behauptet der amerikanische Astronom Frank Drake. Er hat sie 1961 aufgestellt. Sie bedeutet: Anzahl der Zivilisationen in unserer Milchstraße, mit denen wir in Funkkontakt treten können (N) = (s) Anzahl der neu entstehenden Sterne in der Milchstraße pro Jahr x (Ap) Anteil der Stern mit Planetensystemen x (Aö) Anteil der Planeten pro Planetensystem, die Leben tragen können, wie sie ihren Stern in seiner Ökosphäre umkreisen x (Al) Anteil der tatsächlich belebten unter den lebensfreundlichen Planeten x (Ai) Anteil der Planeten davon, die intelligente Lebensformen tragen x (At) Anteil der Zivilisationen mit technischen Fähigkeiten x (L) Mittlere Lebensdauer dieser Zivilisationen. Durch diese Formel hat Frank Drake ausgerechnet, daß es allein in unserer Milchstraße über 10.000 Welten geben mußte, auf denen intelligente Aliens leben, mit denen wir kommunizieren könnten. Mit einem Radioteleskop hat Frank Drake schon 1960 Funkbotschaften von Aliens empfangen. Das Projekt, das Alien-Botschaften aus dem Weltall empfangen und entschlüsseln will, nennt sich → SETI. Frank Drake hat zusammen mit Dava Sobel das Buch »Sind wir allein im Universum? Über die Wahrscheinlichkeit außerirdischen Lebens« geschrieben, das in Deutschland im Scherz-Verlag erschien.

Dreamland

→ Area 51

Dreen

Reisende, phantasiebegabte Rasse im Kosmos, aus deren Phantasien auch die Welten dort entspringen. Die Erde zum Beispiel ist eine Schöpfung des Dreen → Wemply. Er entstammt dem Roman → »Mann zweier Welten« von → Frank Herbert.

Dryak

Grünhäutiger, schwarzhaariger, froschartiger Nachfahre der → Vorgs in dem Comic → »Die Grüne Gefahr«.

Duare

Graziles, menschenähnliches Wesen im → Venus-Zyklus von → E.R. Burroughs. Duare ist die Tochter des Königs der → Vepajer, Jong Tyors, und treue Weggefährtin des auf der Venus notgelandeten Amerikaners Carson Napier.

Duloks

(oder Dulocks), faules Schwesternvolk der → Ewoks in der gleichnamigen Comic-Serie. Die Duloks leben in den Sümpfen vom Planeten → Endor und sind schon von weitem zu erkennen, da sie von Fliegen umschwärmt werden, weil sie sogar zu faul zum Waschen sind. Unter der Leitung ihres Anführers Gorneesh wollen sie den Ewoks immer eins auswischen, scheitern aber mangels Intelligenz.

Dune (Computer)

Strategiespiel für den Computer (Westwood/Virgin), das zwar nicht dem Roman von → Frank Herbert folgt, aber dennoch in einer aufwendigen Programmierung zu begeistern weiß. Aufgabe des Spielers ist es, genügend Spice Melange aus dem kargen Wüstenboden zu filtern. Spice Melange ist eine begehrte Droge, die das Bewußtsein erweitert und kosmische Reisen ermöglicht. Soweit die Rahmenhandlung. Nun gilt es allerdings für den Spieler, erfolgreich Handel zu betreiben, wirtschaftlich gesund zu werden und die Macht über den Wüstenplaneten zu erreichen.

Dune (Film)

Kinofilm (USA 1984) von Regisseur David Lynch zum gleichnamigen Buch von → Frank Herbert. Der Film folgt zwar in vielen Dingen der Romanvorlage, fügt aber in vielen Bereichen auch Elemente hinzu, die das Buch nicht kennt, zum Beispiel die Darstellung der Bösewichte. Die Kritiker verteufelten das Filmwerk daher auch rigoros. »Er verzichtet darauf, die Zusammenhänge zu erklären..., ließ vieles offen..., scherte sich nicht um Logik und Folgerichtigkeit.«

Dune (Literatur)

Originaltitel des einflußreichen SF-Klassikers (dt.: »Der Wüstenplanet«, München 1978), von → Frank Herbert. Inhalt: Der interstellaren Zivilisation bietet der (vom Autor mit ungewohnt detailliertem Ideenreichtum geschilderte) exotische, im System des Canopus gelegene Wüstenplanet → Arrakis, d.i. Dune, mit dem Gewürz Melange, einem natürlichen Produkt der → Shai-Huluds, das sind Sandwürmer, den Hauptverdienst. Es verlängert das Leben, ermöglicht den Steuerleuten der Sternenschiffe, eine kurze Spanne in die Zukunft zu sehen, was bei der Fahrt mit Überlichtgeschwindigkeit notwendig ist. Die politische und ökonomische Kontrolle von Arrakis bedeutet zugleich auch die Kontrolle über das gesamte Sternenreich. In dieser Geschichte der Spannungen zwischen Gilden, Hohen und Häusern und dem kaiserlichen Imperator gibt es einen undurchschaubaren Machtfaktor, der die Rolle einer technologisch planenden Vorsehung, die die Geschichte leitet, innehat. Es ist der den extraterrestrischen Ahnenrassen anderer SF-Romane nicht unähnlichem Frauenorden der → Bene Gesserit, der seine in allen Kampftechniken und Wissenschaften hochausgebildeten Absolventinnen gezielt verheiratet, um bestimmte genetische Konstellationen im Adel zu fördern. Dieser Zuchtplan strebt als Ziel den perfekten Herrn an, den → Kwisatz Haderach, eine Art Supermutant. Lady Jessica, Anhängerin des Ordens, gebärt mit → Leto Attreides den Sohn → Paul Attreides, der die Genkonstellation für den Supermutanten in sich trägt, doch Paul nimmt sich anderer Ziele an als die des Ordens: er verwandelt den Wüstenplaneten in eine wasserreiche Gartenlandschaft, die wiederum den Sandwürmern der Shai Huluds den Tod bringt. Die gesamte Sternenkultur ist daraufhin dem Untergang geweiht.

Obwohl der Autor sich gegen allegorische Deutungsversuche entschieden wehrt, gilt der Roman als ein riesiges Wissenskompendium über Theologie, Soziologic und Ökologie, in der weniger die Idee außerirdischer Rassen, sondern der techno-theologische Messiasgedanke eine Vorrangstellung einnimmt.

Duo Girl
Richtiger Name: Luornu Ranzz. Extraterrestrisches Supergirl (früher Trio-Girl) vom Planeten Cargg in der Comic-Serie → Legion der Superhelden. Sie kann sich, vom humanoiden Alien zum Superheld mutiert, verdreifachen bzw. verdoppeln und somit die irdischen Gauner in tiefe Verwirrung stürzen. Endlich erwachsen geworden, ist das Duo Gil nach der Heirat mit dem menschlichen Superheld Ballonboy bodenständig geworden und ins Privatleben zurückgekehrt.

Durgo, Luornu
→ Duo Girl

Dwarfs
→ Zwerge

E

E.T.

(sprich Iihtii!) sind die beiden Abkürzungs-Buchstaben für das englische Wort Extra-Terrestrial, das wiederum für den deutschen Begriff Außerirdisch steht. »E.T. – Der Außeridische« wurde 1981 von → Steven Spielberg in den USA gedreht und wurde weltweit ein Kino- und Kassenschlager. »Das größte Tränentier des Universums«, erklärten die Kritiker unisono, und selbst die Oscar-Jury mochte da nicht hintenanstehen und verlieh dem Alien-Film 1983 gleich vier Oscars: für beste Originalmusik, besten Ton, beste Toneffekte und beste optische Effekte.

Zum Inhalt: Außerirdische Forscher sind auf der Erde gelandet, um hier Proben von Steinen und Pflanzen der von ihnen entdeckten Erde einzusammeln. Nicht nur menschliche Wissenschaftler wollen wissen, was auf den anderen Planeten existiert und passiert. Durch näherkommende Menschen werden die fremden Erd-Forscher zur Flucht gezwungen. Doch ein Extra-Terrestrier, eben jener E.T., bleibt zurück und versteckt sich. Der zehnjährige Elliot entdeckt den verschreckten E.T. in einer Scheune. Die amerikanischen Behörden nehmen E.T. fest und untersuchen ihn genauestens. E.T., der sogar schon einige menschliche Worte beherrscht, verkümmert durch diese herzlosen Untersuchungen und scheint zu sterben. Elliot und sein Bruder können E.T. gerade noch befreien. E.T. kann mit einem selbstgebauten Funkgerät seine Angehörigen benachrichtigen. Ein UFO landet und holt den auf Terra verschollenen E.T. ab.

Dieser E.T., eine knuddelige Mischung aus Teddybär und Micky Maus, wird zum Inbegriff für den lieben und guten Alien. Das Lexikon des internationalen Films schreibt über den Film: »Mit großer handwerklicher und dramaturgischer Raffinesse inszenierte Fantasy-Geschichte vom guten Alien. Massenunterhaltung, die seinerzeit den

E.T.: So lieb können Aliens sein!

Zeitgeist traf: Der Retter aus dem Weltraum erlöst die Menschheit hier zwar nicht von unseren Problemen, vermag aber zumindest in den Kindern und einigen Erwachsenen Menschlichkeit und Mitgefühl zu erwecken.«

EBE

Das offiziellen Sigel für »Extraterrestrische biologische Entität«, das die Alien-Forschung für außerirdische Wesen verwendet.

Echsen-Wesen

1) Auch → Reptoids genannt. Es sind große, massige außerirdische Reptilien von der Gestalt eines Menschen mit vier Klauen an jeder Hand. Sie haben goldfarbene Augen mit schlitzförmigen Pupillen, die bei einer Reihe von Sichtungen in Nord- und Südamerika in Erscheinung getreten sein sollen.
2) In der Comic-Serie → Joe Galaxy machen sie ihm auf seinen Touren durchs All das Reisen schwer.

Eddorier

Abgrundtief böse, übermächtige Wesen vom Planeten Eddore in der sechsbändigen → »Lensmen-Saga« von → E.E. Smith. Der Autor stellt die Invasoren als lebensunwertes Gewürm dar, das mit allen zur Ver-

fügung stehenden Mitteln ausgerottet werden muß: »...die Eddorier waren intolerant, überheblich, herrschsüchtig, raubgierig, unersättlich, kalt, dickfellig und brutal. Sie waren schlau, scharfzüngig, talentiert, beharrlich und tüchtig. Sie besaßen kein Gefühl für höhere Dinge und Ideale, die den zivilisierten Rassen am Herz lagen, und einem Eddorier war der Humor unbekannt... Und anstelle der Vielfalt von Zielen, die sich die Individuen der zivilisierten Rassen (die → Arisier) gesetzt haben, gibt es bei den Eddoriern nur ein Streben – das Streben nach Macht...«

Eeega Beewa
→ Gamma

El Eternaurta
Außerirdischer Menschenfreund in der Comic-Serie »El Eternaurta« des Argentinieres Germá Jo. Unbekannte Außerirdische senden in dem Comic-Strip die Ellos, kosmische Ungeheuer, auf die Erde, die viel Unheil anrichten sollen. Hinterher wollen dann die Außerirdischen die Erde in Besitz nehmen. Allerdings ist ein anderer Alien gegen diese illegale Besitznahme, eben jener El Eternaurta! Er wird unser Beschützer.

Ellos
Kosmische Ungeheuer, die in der argentinischen Comic-Serie → »El Eternaurta« die Erde in Besitz nehmen wollen.

Endor
Dichter Waldmond. Heimatplanet der → Ewoks in der gleichnamigen Comic-Serie.

Enemy Mine
Film (USA 1985) von Wolfgang Petersen, in dem der irdische Space-Kämpfer Willis Davidge und die feindliche → Drac-Pilotin Jeriba im Kampf gegeneinander auf einem düsteren Planeten notlanden müssen und, um zu überleben, ihre gegenseitige Abneigung überwinden müssen. Das geht am Ende soweit, daß Davidge die Vaterrolle für den kleinen → Zammis übernimmt, den Jeriba kurz vor ihrem Tod noch gebärt, und ihn schließlich sogar aus den Fängen unirdischer Bösewichter befreit.

Engel
Aus dem Mittelalter und der beginnenden Neuzeit sind einige Berichte überliefert, in denen Augenzeugen schildern, wie ein »Licht« vom Him-

mel herunterkam und ihnen aus dem Licht heraus ein Engel erschien. Liest man die Berichte mit modernen Augen, so erscheint es, daß es sich bei diesen »Engeln« um dasselbe Phänomen handelt wie bei heutigen Begegnungen mit → UFOs. Besonders deutlich wird dies in der Schlußsequenz des Films → »Unheimliche Begegnung der Dritten Art«, in der ein gigantisches, hell erleuchtetes UFO quasi als »Erlöser« vom Himmel kommt und in dem die UFOnauten sogar Tote wieder zum Leben erwecken (→ Wiederbelebung). Der Schweizer Autor → Erich von Däniken führt etliche Berichte über Engel auf Aktivitäten von Außerirdischen in grauer Vorzeit zurück. Die Wissenschaft, die sich damit befaßt, nennt sich → Prä-Astronautik. Die Engel haben es indirekt – in Gestalt der → Vorlornen – sogar in die Serie → »Babylon 5« geschafft.

Enterprise

Das Raumschiff Enterprise, Flaggschiff der → Föderation aus der Fernsehserie → »Star Trek« ist – zumindest in der westlichen Welt – dermaßen bekannt, daß es inzwischen zu einem Mythos des 20. Jahrhunderts wurde. Die Hauptfiguren Captain Kirk, der bekannte → Vulkanier → Mr. Spock und Dr. »Pille« McCoy kennt jedes Kind. Im Laufe der Seriengeschichte gab es mehrere Schiffe mit Namen Enterprise. Auf jedem taten mehrere Aliens Dienst. Auf der ersten Enterprise (Nr. NCC 1701) gab es mit dem Vulkanier Mr. Spock den wohl bekanntesten Alien der Film- und Fernsehgeschichte. Auf der Kommandobrücke der »neuen« Enterprise NCC-1701 D aus der Fernsehserie »Star Trek – The Next Generation« (deutsch: »Raumschiff Enterprise: Das nächste Jahrhundert«) taten mit der → Betazoidin → Deanna Troi und dem → Klingonen → Worf gleich zwei Aliens Dienst.

Entführung

Seit den Sechziger Jahren, seit dem ersten Entführungsbericht von → George Adamski, der als Vater heutiger Ufo-Entführungen gilt, häufen sich die Berichte und Beschreibungen von Vorfällen, in denen Menschen von außerirdischen UFO-Besatzungen entführt werden. Die meisten dieser Entführungen finden nachts statt. Die Opfer bleiben am Morgen danach oft in verwirrtem Zustand zurück und können sich meist nur unter Hypnose an das Geschehene erinnern. In den meisten Fällen werden sie an einen hell erleuchteten Ort – das Innere eines UFOs? – gebracht, wo sie auf einem Operationstisch festgeschnallt werden. Dort werden sie dann von seltsamen Wesen, den → »Nordics«,

Enterprise: Flaggschiff der Föderation

den → »Greys« oder anderen absonderlichen Erscheinungen untersucht.

Ein Beispiel von vielen: Der Entführungsfall Jason Andrews wird in »Fachkreisen« zu den echten Entführungen gezählt. Jason Andrews lebt mit seinem Bruder Daniel und seinen Eltern Ann und Paul Andrews in Großbritannien. Daniel erhielt als Kind bereits Besuch von einem Alien, das sich Junus nannte. Von Junus erhielt Daniel Unterricht über die Sterne und den Weltraum. Später kam eine Schnee-Eule über Monate in Daniels Zimmer. Im Jahre 1987 hatte der vierjährige Jason das erste Mal eine bewußte Begegnung mit großäugigen Aliens. Seine ersten Entführungs-Erlebnisse durch Außerirdische erzählt der Knabe Jason einer Psychiaterin: In seinen Schilderungen kamen Wesen mit überlangen Fingern in einer delphinartigen Farbe vor. Jason erinnert sich: »Der Große kommt immer durch den Boden. Sein großer Kopf hat große schwarze Augen, die schräg stehen, einer kleinen Nase und einem kleinen Mund. Er ist dünn und hat lange graue Finger.« Später tauchen mit dem Großen noch kleinere Aliens auf, die seltsame Tiere dabei haben. Nach Jasons Erzählungen wird er in einem unbekannten Raum gründlich von den Langfingrigen untersucht. Jasons Vater kaufte sich Spezial-Literatur. Darin entdeckte er auch die Adresse von → »Quest«, einer Organisation, die in England die Geschehnisse um Aliens und UFOs bearbeitet. Dort erfährt die Familie Andrews, daß sie nicht die einzigen sind und daß es auf der Erde fast unzählige Fälle von Alien-Entführungen gibt. »Für den 14jährigen Jason Andrews und seine Mutter Ann sind die Geschehnisse seit Jahren beklemmende Realität, ein an Wahnsinn grenzender Alptraum, der kein Ende nimmt. Bis heute ignorieren Polizei, Psychiater und Mediziner die erdrückenden Beweise und Fakten, die keinen Zweifel daran lassen, daß Außerirdische immer wieder auf unheimliche Weise in das Leben der Andrews eingreifen«, schreibt der Bastei-Lübbe-Verlag auf dem Klappentext zu dem Buch »Von Aliens entführt – Eine wahre Geschichte« (Bergisch-Gladbach, 1998), das Ann Andrews und Jean Ritchie geschrieben haben. »Dieses Buch ist den zahllosen Familien gewidmet, die derzeit darum ringen, mit ähnlichen Erlebnissen fertig zu werden. Schöpfen wir Kraft aus der Hoffnung, daß wir eines Tages eine Antwort bekommen werden«, steht in dem Vorwort von Jean Ritchie.

Zu den ersten bekannten Entführungs-Fällen von Menschen durch Außerirdische gehört das Vorkommnis der US-Bürger Barney und Betty Hill um 1960: Sie sahen bei ihrer Heimkehr nach New Hampshire ein ungewöhnlich helles Licht an der Straße. Mit dem Fernglas beobachteten sie, wie kleine Lebewesen aus einem halbmondförmigen Fahr-

zeug zu ihnen blickten. Die Hills meldeten den rätselhaften Vorfall der nächsten Basis der US-Air Force. Damit nicht genug: Barney Hill fand nach einen merkwürdigen Erschöpfungszustand komische Hautwucherungen an seinem Unterkörper. Unter Hypnose konnten sich die beiden Entführten an medizinische Untersuchungen durch Aliens erinnern.
Weitere bekannte und interessante Entführungen durch Aliens werden berichtet von zum Beispiel → Ernst Scott und → Mike Crane. Menschen-Entführungen durch Außerirdische, die in der Vergangenheit geschahen, werden oft als Entführung durch → Götter beschrieben. Weitere Bücher: »Eindringlinge. Die unheimliche Begegnung in den Copley Woods« von Budd Hopkins, »Geheimes Leben. Dokumentierte Berichte über UFO-Entführungen« von David Jacobs, »Das UFO-Syndrom« von → Johannes Fiebag. »Konfrontationen. Begegnungen mit Außerirdischen und wissenschaftliche Beweise« von Jauwes Vallée, der auch das Buch »Enthüllungen. Begegnungen mit Außerirdischen und menschliche Manipulationen« geschrieben hat.

Entführungen von Aliens: »Wahre Geschichten«

Entvölkerungs-Kapseln
Von einem unbekannten Alien, der zu einer geistig hochstehenden Rasse gehört, werden in dem US-Film »Der 27. Tag« von William Asher die Chinesin Su Tan, der Engländer Jonathan Clark, die Engländerin Eva Wingate, der Amerikaner Jonathan Clark, der Russe Ivan Godofsky und der Deutsche Prof. Klaus Bechner in den Weltraum entführt. Dort enthüllt ihnen der Alien, daß sein Volk gerne die Erde übernehmen würde, weil sein Heimatplanet bald unbewohnbar wird. Allerdings ist ihnen die Erde von viel zu vielen Menschen bewohnt. Die Moral des Aliens läßt es nicht zu, die Menschen selber zu töten. Zusammen mit je einer Entvölkerungs-Kapsel werden die entführten Erdbewohner wieder in ihr jeweiliges Heimatland gebracht. Der Alien teilt ihnen noch mit, daß die Entvölkerungs-Kapsel entweder nach dem 27. Tag die Menschen ausrottet oder beim Tod des Kapsel-Inhabers unwirksam wird. Der Alien rechnet auf Grund seiner bisherigen Beobachtungen der Menscheitsgeschichte damit, daß die Menschen lieber die anderen töten als sich selber. Der Russe wird vom KGB in den Wahnsinn getrieben. Die Chinesin scheidet freiwillig aus dem Leben. Die Engländerin wirft ihre Entvölkerungs-Kapsel in das Meer. Durch einen Amok-Lauf des gequälten Russen Ivan wird eine Entvölkerungs-Kapsel aktiv. Der deutsche Professor findet einen Weg, um den tödlichen Inhalt der Entvölkerungs-Kapsel hauptsächlich in den kommunistisch geführten Staaten wirksam werden zu lassen. Und damit wären wir bei der eigentlichen Kernaussage dieses Films.

Erbfeinde
Roman von → Barry B. Longyear, in dem es am 4. September 2032 zu einer verhängnisvollen Deklaration des Parlaments der Vereinigten Staaten der Erde kommt: Die Oberhoheit über alles intelligente Leben in der Milchstraße wird darin zur »Bestimmung des Menschen« erhoben. Aber nicht alle Rassen fügen sich diesem Diktat. Das Ergebnis sind schreckliche Kriege, Rassenhaß, Gesinnungs-

Erbfeinde

terror und allgemeine Militarisierung. Immer neue »Erbfeinde« werden entdeckt; erst Humanoide, dann krötenähnliche Wesen, schließlich sogar abtrünnige Menschenkolonien. Nur wenige Menschen erkennen, daß die verhaßten Feinde keine Ungeheuer, sondern dem Menschen ebenbürtige Wesen mit einer eigenen Ethik und dem Recht auf Selbstbestimmung sind.

Ernsting, Walter
Deutscher Schriftsteller, geboren 1920. Ernsting hat unter dem Pseudonym Clark Dalton eine Reihe bedeutender SF-Romane geschrieben, deren zentraler Inhalt der Besuch Außerirdischer auf der Erde ist. Eines seiner bedeutenden Werke ist »Der Tag, an dem die Götter starben« (München 1979). Das Buch stellt – ganz in der Tradition seines Freundes → Erich von Däniken eine Mischung aus »Sachbuch« und SF-Roman dar und geht – ganz im Sinne der von Däniken begründeten → Prä-Astronautik – von der Prämisse aus, die Erde habe in grauer Vorzeit Besuch aus dem Weltall erhalten.

Eros
Menschlicher Alien im Trash-Film → »Plan 9 from Outer Space«

Erscheinungen
In den Berichten alter Propheten und Gottesmänner ist immer die Rede von Visionen und Träumen. Der Alien-Forscher → Ulrich Dopatka fragt in seinem Buch »Das Spiegelbild der Götter« (Bad Godesberg 1975): »Plagten psychologische und parapsychologische Erscheinungen diese → Kontaktler höherer Mächte? Machte man vielleicht aus einer konkreten Begegnung aus Mensch und → Göttern (als die extraterrestrischen Besucher in der Frühzeit laut → Prä-Astronautik verkannt wurden) nachträglich eine Vision, da man das Unglaubliche nicht mehr nachvollziehen konnte? Oder waren es Phantasien, die den Menschen das Glauben erleichtern sollten?« Dopatka glaubt: »Und selbst dann: waren es tatsächlich nur Traumerlebnisse, in denen es von fliegenden Götterschiffen aus Metall nur so wimmelt – warum sollte es einer hoch entwickelten Wissenschaft nicht möglich sein, Telepathie zu steuern, Träume zu manipulieren? Die außerirdische Macht, mit der wir hier spekulieren, kann über solche Errungenschaften verfügt haben.« Die Bibel berichtet an verschiedensten Stellen von derartigen Mensch/Gott-Begegnungen. Ein wichtiges, schriftliches Zeugnis darüber ist für die Prä-Astronautik die Überlieferung von → Abraham.

Es geschah am Tag X

Roman (dt.: München 1965) von → John Wyndham, in dem der Autor wie viele andere zeitgenössische Schriftsteller die fiktive Invasion aus dem All als ideologische Auseinandersetzung mit dem Kommunismus betrieb. Nachdem nämlich in dem englischen Dorf Midwich alle gebärfähigen Frauen auf einen Schlag schwanger werden, befürchtet man dahinter einen Eingriff der Russen. Doch diese bekommen das gleiche Problem, das sie mit einem Bombardement des Dorfes relativ schnell und einfach aus der Welt schaffen, denn man vermutet eine Invasion aus dem All. Und siehe da, die Neugeborenen sehen nicht nur fremdartig aus, sie benehmen sich auch so und streben danach, die Weltherrschaft zu übernehmen.

Escape Form Planet Arizon

CD-Rom-Lernspiel (EF/Cornelsen), in dem man die Rolle eines Alien spielt. Dieser landet nämlich im US-Staat Arizona und braucht Ersatzteile um sein kaputtes Raumschiff wieder starten zu können. Der notgelandete Alien muß dazu ein normaler Bürger des US-Staates werden, um an die Teile zu kommen.

Es

Namenloses Monster im gleichnamigen Roman (dt.: München 1986) von → Stephen King, das – ähnlich dem genreprägenden → Cthulhu-Mythos von → H.P. Lovecraft – vor Äonen aus den Tiefen der Galaxie auf die Erde kam und tief unter der Stadt Derry in einem einfachen Muster haust: Es schläft und träumt, es wacht und ißt, mit Vorliebe kleine Kinder. Da es seine Gestalt verändern kann, erscheint es ihnen als der vertrauenerweckende Clown Pennywise. Tatsächlich ist das Monster aber von unaussprechlicher Gestalt und wird zum Schluß schlicht Spinne genannt: »Die Spinne aus einem Jenseits von Zeit und Raum, eine Spinne jenseits der schlimmsten Alpträume und Visionen von der tiefsten Hölle.«

ES

Superintelligenz in der Heftroman-Reihe → »Perry Rhodan«. Tritt in der Gestalt einer leuchtenden Spirale oder eines alten Mannes auf. Zu der Mächtigkeitsballung von ES gehören neben anderen Galaxien auch die Milchstraße und somit die Erde. Es handelt sich bei ES um ein gewaltiges Potential aus den Bewußtseinen eines uralten Volkes. Die erste Begegnung mit ES erfolgt für die Rhodan-Crew nach langer Suche auf dem Kunstplaneten Wanderer im Jahre 1976. Das Geisteswesen zeigt sich zu makabren Späßen aufgelegt und setzt Rhodan eine Frist von 20.000 Jahren, in denen die Menschheit beweisen soll, wozu sie fähig ist. Anschließend wird Perry Rhodan und Reginald Bull als ersten Menschen die Zelldusche gewährt, der später weitere folgen. Gleichzeitig beginnt damit eine Serie von rätselhaften Prophezeiungen und Handlungen der Superintelligenz über die Jahrhunderte hinweg. Etwa anderthalb Jahrtausende vergehen, bis sich die Menschheit so weit der kosmischen Entwicklungsleiter hinaufgearbeitet hat, um das Wesen von ES als eine von vielen Superintelligenzen annähernd begreifen zu können. Die Menschen verstehen ebenfalls, daß sie seit Anbeginn ihrer Entwicklung von ES beobachtet und als späteres Hilfsvolk aufgebaut wurden. Der bisher massivste Eingriff in die Belange der Menschen durch ES erfolgt im Jahre 3581, als beim Sturz der Erde in den Schlund die Bewußtseine von 20 Milliarden Terranern in die Superintelligenz aufgenommen werden, zum Teil später wieder als Konzepte abgestoßen. ES bereitete diesen Schritt im Rahmen des Plans der Vollendung lange und gründlich vor. Sechs Jahre später schließlich verstärkt ES sein Bewußtseinspotential abermals, diesmal mit der Aufnahme von Mutanten Perry Rhodans. Nur ein Jahr später wird Perry Rhodan in weitere kosmische Geheimnisse eingeweiht und erfährt vom Konflikt zwischen ES und der negativen Superintelligenz → Seth-Apophis. Danach zieht sich ES wieder einmal zurück, nachdem der künftige Weg der Menschheit um ein weiteres Stück vorgezeichnet worden ist. ES benötigt seine ganze Kraft zur Abwehr von Seth-Apophis. Bald stellen die Terraner fest, daß es noch mehr dieser Wesen gibt, wie die Kaiserin von Therm, Bardioc oder Estratu, manche gut, manche böse.

Als Rhodan tiefer in die galaktischen Mysterien dringt, erfährt er nicht nur mehr über die teils sehr unterschiedlichen Genesen der einzelnen Superintelligenzen, sondern entwickelt auch das sogenannte »kosmische Zwiebelschalenmodell«. Kern des Modells ist die evolutionäre Entwicklung der Lebewesen von den Ursprüngen bis zu kosmischen Geschöpfen (ein wenig erinnert das Modell an Teilhard de Chardins Evolutionstheorien). Die Superintelligenzen in ihren Einflußsphären, den sogenannten Mächtigkeitsballungen, sind dabei eine der höchsten Entwicklungsstufen. Sollten sie sich weiterentwickeln (indem sie mächtig genug werden), werden sie zu Materiequellen oder –senken (je nachdem, ob sie gut oder böse sind) und später zu Kosmokraten oder Chaotarchen, den geheimnisvollen Wesen hinter den Materiequellen, die nicht mehr Bestandteil unseres Universums sind.

Das Konzept der Superintelligenzen in der Perry Rhodan-Serie, schon in den ersten Heften eingeführt, gehört zu den umstrittensten Erfindungen der Autoren. Zu sehr können die Superintelligenzen als »säkulare Gottheiten« angesehen werden. Durch die Erfindung anderer Wesen über den Geisterwesen wurde dies etwas entschärft.

Esper
Überaus schlaue Pflanzenwesen auf dem Planeten → Moran in der Heftroman-Serie → »Raumschiff Promet«, die sich selbst teleportieren können und ohne Schwierigkeiten durch Gedankenübertragung mit den humanoiden Lebewesen auf dem Planeten verständigen können.

Estraven
Zweigeschlechtliche Wesen auf dem → Winterplanet in dem gleichnamigen Roman von → Ursula K. Le Guin.

ETCs
In der Alien-Forschung des → SETI das Kürzel für Extraterrestrial civilizations.

Eternia
Heimatplanet von → He-Man in der gleichnamigen Comic-Serie. Eternia liegt nach Definition der Herausgeber in ferner Zukunft irgendwo in der Galaxis.

Ettil
Marsianischer Held in der frühen SF-Satire »Zementmixer« (engl.: 1949) von → Ray Bradbury, der das üble Spiel der Menschen durchschaut: die überzüchtete Luxuskultur der Menschen absorbiert langsam aber sicher die Aggressionen der → Marsianer.

Ewoks (Comic)
Kleine, freundliche, wuschelig-pelzige Wesen in der gleichnamigen Comic-Serie (dt.: Berg. Gladbach 1980 ff). Die Ewoks leben auf dem Planeten Endor, einem Waldmond, und dort in der Krone eines Jahrhunderte alten Baumes. Sie ernähren sich vor allem von den Sonnenbeeren. Eigentlich könnten sie in Frieden leben, wäre da nicht die verbitterte, böse Hexe → Morag, die mit vielen Bösartigkeiten versucht, die Ewoks zu ärgern. Ein weiteres Übel sind die → Duloks, das faule Schwesternvolk der Ewoks. Bekannt wurden Endor und sein Bewohner durch den dritten Teil der Spielfilmtrilogie → Star Wars.

Ewoks: Kleine, freundliche, wuschelig-pelzige Wesen

Ewoks (Film)
Unter dem Titel »Ewoks – Karawane der Tapferen« fanden die flauschigen Comic-Wesen vom Planeten → Endor 1984 ihren Weg auf die Leinwand. Verantwortlich dafür war → Star-Wars-Macher → George Lucas, der die kleinen Bären bereits in seiner Kino-Trilogie integrierte. In dem eigenen Film helfen die Ewoks der auf ihrem Planeten notgelandeten Familie Towani, denn die Eltern der Towanis werden von einem bösen Riesen entführt, der sie in einen Holzkäfig sperrt. 1986 folgte dann die Fortsetzung »Ewoks – Kampf um Endor«, in dem die bösen → Marauder die wiedervereinte Familie Towani überfallen und für einigen Trubel sorgen. Der Film fand keine guten Kritiken, weist er doch zu viele Laserkanonen, Gemetzel und Grauen auf.

Extraterrestrial Highway
Die offizielle, aber nicht ganz ernstzunehmende Bezeichnung des Highway 375 von Alamo nach Warm Springs in Nevada/USA, der an der mysteriösen → Area 51 vorbeiführt.

Extreme Assault
Deutsches PC-Action-Game (Blue Byte, 1996), in dem sich der Spieler mit einem futuristischen Hubschrauber in die Lüfte schwingt, um dort die Erdinvasion feindlicher Aliens abzuwehren.

F

Fallout

PC-Abenteuer durch eine postnukleare Zukunft, in der der Held von einem Auftrag zum nächsten geschickt wird, und dabei neben Mutanten und Mafia-Gangstern auch auf die → Wannamingos trifft, eine zähe Alien-Brut, die im verseuchten Amerika heimisch geworden ist, an denen man sich erst einmal vorbeikämpfen muß.

Farmer, Philip José

Amerikanischer SF-Autor, geboren 1918. Die Geschichten von Philip José Farmer, bei denen es oft um bizarre Beziehungen zwischen Aliens und Menschen geht, wurden früher oft als abstoßend, widerlich und eklig bezeichnet. Farmer war der erste Autor, der ohne eine Scheu den oft skurrilen → Sex zwischen Außerirdischen und Terranern ausführlich beschrieb. Farmer kannte kein Tabu. Er war in den späten 50ern der Buhmann in der SF. Einige Jahre später war Farmer der Pionier für ungewöhnliche Alien-Storys. Geschichten wie die von der → »Mutter«, von der Tochter, vom Sohn, vom Bruder meiner Schwester und vom Müllkutscher waren teilweise echte Sex-Schocker. In dem Magazin »Startlin Stories« veröffentlichte Farmer 1952

Philip José Farmer

seine erste Alien-Sex-Geschichte: »The Lovers« (→ Die Liebenden). Die Reaktion war umwerfend. Er hatte aber Glück mit der Zensur, weil die Moralapostel jener Zeit keine Science Fiction lasen. Farmer sagte dazu: »Ich hatte das Gefühl, die SF sollte alle Aspekte des menschlichen Lebens berühren. Das Thema Sex wurde jedoch in keinster Weise angeschnitten.« Weitere Werke: »Der Sonnenheld«, München 1971, »Die Flußwelt der Zeit«, München 1979.

Feinde aus dem Nichts

Britischer Film von Regisseur Val Guest aus dem Jahre 1957, der eine Fortsetzung zu → »Schock« darstellt. Diesmal gelangen außerirdische Keimzellen mit Hilfe von Meteoriten auf die Erde. Die Keimzellen verwandeln sich bald in bedrohliche, blutschlürfende Monster.

Felszeichnungen

Finden sich in Höhlen, auf freiliegenden Felsen, vorzugsweise unter vorspringenden Überhängen. Es sind Relikte der Menschen vor Jahrhunderten, die Aufschluß über deren Geistesleben geben. Viele Techniken erfordern von den Herstellern der Felszeichnungen einen großen Arbeitsaufwand, und die Bildwerke wurden daher meist nicht zum Zeitvertreib, aus Spieltrieb oder Schmuckbedürfnis hergestellt, sondern aus Motiven, die für die Felskünstler große Bedeutung haben. Die Zeichnungen werden von Anhängern der → Prä-Astronautik als eine der wenigen Möglichkeiten angesehen, sich ein plastisches Bild von den → Göttern zu machen, wie sie die Menschen in den Vorzeiten gesehen haben. Tatsächlich, so glaubt man, würden einige Details dieser Zeichnungen Hinweise auf Gestalten geben, die modernen oder zukünftigen Astronauten und ihren Fahrzeugen ähnlich sähen. Im französischen Lussac (Poitou) gibt es Darstellungen, die nach Meinung der Prähistoriker → Humanoide in eng anliegenden Kleidern zeigen. Auch bei den Überlieferungen der mexikanischen → Mayas finden sich Hinweise auf außerirdische Raumfahrer.

Ferengi

Die Ferengi, ein Volk aus der Welt von → »Star Trek«, sind von humanoider Gestalt, von der mittleren Größe her aber etwas kleiner als Menschen. Auffallend sind ihre sehr großen, empfindlichen Ohren, die von riesigen Knochenwülsten umgeben sind, sowie ihre spitzen Zähne. In der Öffentlichkeit trifft man meist nur auf männliche Ferengi, da die weiblichen keine Kleidung tragen dürfen und somit meist zu Hause bleiben müssen. Fast alle Ferengi sind Händler und Kaufleute –

Ferengi

berühmt-berüchtigt für ihre Schlitzohrigkeit. Ihre Handelstätigkeit wird geregelt durch die 286 »Rules of Acquisition« (deutsch: »Erwerbsregeln«). Aber stärker als alle Regeln ist die Geldgier der Ferengi. Das Oberhaupt der Ferengi ist der Große Nagus, der meistens von seinem Amtsvorgänger eingesetzt wird.

Auf der Raumstation → Deep Space Nine betreibt der Ferengi → Quark die Stationsbar und wickelt nebenher noch diverse Geschäfte ab, die nicht immer ganz legal sind. Daher gerät er oft mit dem Sicherheitschef der Station → Odo aneinander.

Feuervogel

Roman (dt.: Rastatt, 1984) von → Charles L. Harness, in dem eine übermächtige Technologie, die sogenannte → Kontrolle, alles Leben im Universum vernichten möchte, um dadurch Unsterblichkeit zu erlangen.

Fiebag, Johannes

Deutscher Autor, geboren 1956. Bruder von → Peter Fiebag. Fiebag beschäftigt sich als ausgebildeter Naturwissenschaftler mit der Problematik extraterrestrischer Zivilisation, vor allem in Verbindung mit der → Prä-Astronautik. Er gehört der → Ancient Astronaut Society, ASS, an und ist als Chefredakteur für das ASS-Medium »Ancient Skies« tätig. Fiebag: »Eine fremde Intelligenz nutzt seit Jahrtausenden unsere Mythen, um sich und ihre Aktivitäten dahinter zu verbergen.« Eine große Anzahl von möglichen Hinweisen dafür und für die außerirdische Präsenz auf der Erde und im Sonnensystem listet er in seinem Buch »Sternentore« (München 1966) auf.

Feuervogel

Fiebag, Peter

Deutscher Autor, geboren 1958, Bruder von → Johannes Fiebag, Verfasser des Sachbuches »Der Götterplan – Außerirdische Zeugnisse bei Maya und Hopi« (München 1995), in dem er sich umfassend mit der → Prä-Astronautik beschäftigt. Fiebag ist unter anderem auch für die → Ancient Astronaut Society tätig.

Fisch

Absonderlicher Vertreter der Gattung Alien, aber in der SF ist bekanntlich nichts unmöglich. Ein mutierter Fisch ist nämlich Herrscher über einen Planeten in dem Roman → »König der Wasserwelt« von → Jack Vance.

Fischervolk

Angler-Volk in dem Comic → »Aquablue«, dessen Vorfahren von den Terranern aus ihrer Heimat auf dem Planeten Aquablue vertrieben worden sind.

Fisto

Athletischer Gladiator und Freund von → He-Man in der gleichlautenden Comic-Serie. Mit seiner stählernen Faust kann er jeden Feind mit einem Schlag bezwingen.

Flame Biest

Koloßartiges Alien vom Typ Riesenechse im Computerspiel → »Half Life«, das Fäuste wie Flammenwerfer besitzt und ein Erdbeben durch das Aufstampfen entfacht.

Johannes Fiebag: Problematik extraterrestrischer Zivilisation

Flash Fearless versus The Zorg Women Part 5 &6
Der Titel täuscht. Dem Konzeptalbum, das dank Alice Cooper, Jim Dandy, James Dewar und anderen Rock- und Punkgrößen eine erfolgreiche Symbiose aus Comic, SF und Musik darstellt, sind keine vier Teile vorangegangen. 1975 erfreute es die Zuhörer daheim mit frischen Songs und plakativen Motiven auf dem Cover. Das Album mit der Zorg-Frau ist inzwischen vergriffen.

Flash Gordon (Comic)
Menschlicher Superheld in der gleichnamigen Comic-Serie, der direkt zum Auftakt, aus seinem glamourösen Alltag als New Yorker Baseball-Star gerissen, gegen außerirdische Invasoren kämpfen muß. Der üble Dikator → Ming, der Gnadenlose, jagt einen Planeten auf die Erde zu, damit diese in die Luft gesprengt wird. Flash kann das gerade noch verhindern und muß auf dem Planeten → Mongo notlanden. Dort kämpft er gegen den Schurken Ming selbst, gegen die Tyrannen Brazor, gegen die feindliche Undina und den brutalen Lord Pluton. Flash lernt aber auch eine Reihe netter, humanoider Gestalten kennen, unter anderem die außerordentlich schöne, von Ming entmachtete Königin Desira. Ihm zur Seite stehen auf Mong auch die → Vultan, das Volk der Falkenmenschen.

Zum ersten Mal erschienen die Comic-Strips 1934 in Amerika, gezeichnet hat sie Alex Raymond. Sie gelten als Meilenstein der Abenteuer- und Science-Fiction-Comics. Anfang der 50er Jahre wurden die Comics erstmals in Deutschland veröffentlicht, damals noch unter dem Namen »Blitz Gordon«, später auch »Rex Star«. Zuletzt erschien ein Nachdruck im Carlsen Verlag. Die Comic-Reihe wurde auch verfilmt.

Flash Gordon (Film)
Der 1987 von Regisseur Michael Hodges in den USA fürs Kino verfilmte → »Flash Gordon« (Comic) folgt weitestgehend der Geschichte der Strips. Der heimtückische Kaiser → Ming vom Planeten → Mongo will die Erde vernichten. Flash Gordon kann das gerade noch verhindern. Die Musik zum Film stammt von Queen; deren Schlagzeuger → Roger Taylor war ausgewiesener SF-Fan und glänzte mit einem Solo-Album über Aliens. Bereits 1940 verfilmten Ford Beebe und Ray Taylor das Abenteuer von Flash Gordon unter dem Titel »Flash Gordon Conquers the Universe«.

Flash Gordon Conquers the Universe
→ Flash Gordon (Film)

Fledermaus
Offenbar mögen außerirdische Besucher die kleinen, possierlichen Tierchen. Es gibt eine Reihe von Erfahrungsberichten mit sogenannten → »Bedroom Visitor«, denen zufolge Menschen nachts aufwachten, weil sie eine ungewöhnliche Berührung an ihren Schultern spürten, die von einem schwarzen, durchscheinenden Schatten herrührte. Bei näherem Hinsehen entpuppte sich das Wesen als große, feinflügelige Fledermaus, die den Menschen die Energie aussaugte.

Flesh Gordon
Glücklicherweise nur auf Video erhältlicher Film (USA 1974) von Howard Ziem und Michael Benveniste. Zum Inhalt: Vom Planeten Porno gelangen mysteriöse Sex-Strahlen zur Erde. Auf dem Blauen Planeten können die Menschen nur noch an eines denken und machen: Sex! Sex! Sex! Sex! Sex! Sex! Sex am Tag und Sex in der Nacht! Nicht nur die sexlüsternen Männchen und Weibchen bleiben liegen, auch die Arbeit, und das ist für die Zukunft der Menschheit gar nicht gut. Planet Porno und seine arglistigen Bewohner, allen voran der Kaiser → Hodis, wollen mit den Sexstrahlen die Menschen in den totalen Untergang treiben. Die Erlösung von dem irdischen Sex-Chaos bringt Prinz Pornis und der Held von der Erde, Flesh Gordon, im übrigen nicht verwandt mit dem altbewährten Weltraum-Kämpen → Flash Gordon.

Flesh Gordon – Schande der Galaxis
Nicht minder bittere Fortsetzung von → »Flesh Gordon«, in dem es wieder nur um Sex, Sex, Sex geht. Verantwortlich für das Machwerk aus Kanada, 1989, zeichnet sich Howard Ziem.

Fliege
Aliens können oft die Gestalt von Tieren haben. Allein durch ihre Fremdheit neigt der Terraner dazu, alle Körperformen, die nicht menschlich, also nicht → humanoid sind, in den Tierbereich zu verlegen. In vielen Romanen erinnern die Formen der

Außerirdischen daher oft an ein Tier der Erde. In dem Roman → »Die Fliegen der Erinnerung« von → Ian Watson besuchen Aliens in der Gestalt von Fliegen die Erde und richten einiges Unheil an.

Fliegendes Auge

Menschenähnliche Aliens entstiegen ihrem Raumschiff am Pascagoula-River im US-Staat Mississippi. Der neunzehnjährige Calvin Parker und der zweiunvierzigjährige Charles Hickson, die dort nichtsahnend nach Fischen angelten, sahen sich plötzlich von einigen Außerirdischen – ähnlich der → Greys – mit hellgrauer runzliger Haut, mit überdimensionalen Köpfen, mit schlitzartigen Mündern und mit klauenartigen Hände umringt. Sie waren nur ungefähr 150 cm groß. Zwei der Aliens nahmen Hickson mit in ihr Fahrzeug. Sie untersuchen ihn im freischwebenden Zustand. Eine augenähnlicher Gegenstand flog dabei um seinen Körper herum. Nach einiger Zeit zog sich das fliegende Auge zurück und der erstarrte Hickson wurde im Schwebeverfahren von den stummen Aliens wieder nach draußen gebracht.

Floyd

Floyd ist in dem gleichnamigen Comedy-Adventure Game (Adventure Art, 1996) ein humanoider, 3-D-gerendeter Alien in einer grellbunten SF-3-D-Comic-Welt, der wegen Sachbeschädigung von einer Alien-Regierung zur Strafkolonie Cygnus verschifft wird, um wieder ein fügsamer Bürger zu werden. Natürlich gelingt ihm die Flucht, und ab da beginnen die Abenteuer in der Galaxis. Ihm zur Seite steht der Kampfroboter Sam und die Widerstandskämpferin Dolores.

Föderation

Die »United Federation of Planets« (deutsch: Vereinigte Föderation der Planeten), meist kurz »Föderation« genannt, ist ein Bündnis mehrerer, auch außerirdischer Völker im → Star-Trek-Universum. Dieses Bündnis basiert auf den Prinzipien von Demokratie, Gerechtigkeit, Frieden, Freiheit und Völkerverständigung. Zu den Gründungsvölkern gehören neben den Menschen auch die → Vulkanier, deren bedeutendster Vertreter → Mr. Spock ist. Die Föderation wird geleitet von einem Parlament, dem sogenannten »Föderationsrat«, sowie einem demokratisch gewählten Präsidenten. Als »militärischer Arm« der Föderation dient die »Star Fleet« (Sternenflotte), die sich nebenbei um die Erforschung des Weltraums kümmert. Zur Sternenflotte gehört natürlich auch das Raumschiff → Enterprise.

→ Gene Roddenberry, der geistige Schöpfer des Star-Trek-Universums, entwarf die Föderation als quasi utopisches Idealbild einer Zukunftsgesellschaft, das – in der Original-Serie – als Gegenmodell zu den Gesellschaften der → Klingonen und der → Romulaner gedacht war. Daher wurde in »Star Trek« zunächst die Föderation als eine Art »Hort der Glückseligkeit« gezeichnet. Erst nach Roddenberrys Tod im Jahre 1991 begann sich das Idealbild der Föderation langsam zu verdüstern, so daß in den heutigen Serien ein eher realistisches Zukunftsbild der Föderation gezeichnet wird, ohne jedoch Roddenberrys Ideale damit zu verraten. Insbesondere der Gedanke der Völkerverständigung wird auch heute noch von jeder »Star Trek«-Folge betont.

Fort Hope

Letzte Bastion der Menschheit am Ende der Galaxie, auf der die → »Space Rangers« in der gleichnamigen Fernsehserie ihren Dienst tun. An ihrer Seite kämpft der zottelige → Grakka → Zylyn.

Foster, Alan Dean

Amerikanischer SF-Autor, geboren 1946. Schöpfer des → »Homans-Commonwealth-Zyklus«. Seinen kommerziell größten Erfolg konnte der amerikanische SF-Autor durch seine Romane zum Kinohit → »Alien« verbuchen. Weitere Werke: »Die neuen Abenteuer des Luke Skywalker«, München 1978.

M. A. Foster

Foster, M.A.

Amerikanischer Autor, geboren 1939, über den nur wenig bekannt ist. Am erfolgreichsten ist die → »Ler-Trilogie«, in der der terranische Held Meure unter anderem auf die → Klesh, die → Ler und andere, humanoide Außerirdische trifft.

Francisco, Sam

Glatzköpfiger Alien in dem Film → »Alien Nation«, der als einziger Vertreter seiner Art Karriere bei der Polizei macht und schließlich mit den menschlichen Gesetzeshütern auf Verbrecherjagd geht.

Frankenstein meets the Space Monster

US-Film (1965) von Robert Gaffney. Darin lassen die → Marsianer, weil sie scharf auf die irdischen Frauen sind, das grobschlächtige Kürbismonster → Mull auf die Menschheit los. Absoluter Trashfilm, der in Deutschland bislang nicht erschienen ist.

Frank-'n-'furter

Extravaganter, außerirdischer Transvestit aus dem transsexuellen Transsylvanien in dem Rockmusical → »The Rocky Horror Show«. Frank-'n-'furter möchte auf der Erde einen neuen Menschen kreieren.

Frater Alien

→ H.R. Giger

Freaks

Außerirdisch oder menschlich, das ist in dem Roman »Die größte Show im ganzen Kosmos«, Band 2: »Applaus für die dreibeinige Stripperin« von Mike Resnick die Frage: Der gewiefte Geschäftsmann Thaddeus Flint verspricht seinen Freaks jedenfalls die große Show, wenn sie mit einem Kuriositätenkabinett im ganzen Kosmos auftreten würden. Aber er vergißt, daß es die Pelz-, Schuppen- oder Federwesen der anderen Welten kaum erregt, wenn sich in eine Stripteaseschau eine lüsterne Menschenfrau im Takt jener seltsamen Geräusche auszieht, die die Menschen Musik nennen. Die Lage spitzt sich zu, als dic Außerirdischen bei einem Dressurakt mit Tigern und Löwen feststellen müssen, daß diese Tiere mehr Ähnlichkeit mit ihnen selbst besitzen als deren menschlicher

Freaks: Die größte Show im ganzen Kosmos

»Einpeitscher«... Flint und seine »Freaks« sitzen buchstäblich in der interstellaren Tinte!

Fred vom Jupiter
Silberglänzendes Heldchen aus dem All, das vom Sänger Andreas Dorau im Rahmen der Neuen Deutschen Welle 1983 besungen wurde und sogar in die Charts ging.

Fremde
Sinniger Titel eines Romans (dt.: Rastatt 1978) von → Gardner R. Dozois. Darin wird die Frage gestellt: Was passiert, wenn ein Mensch eine außerirdische Frau heiratet, in einer Epoche, wo die Menschen die Sterne erreicht haben, als Bittsteller, als Nutznießer der Technologie extraterrestrischer Rassen? Wenig ist geblieben vom Bild der glorreichen Erdenmenschen, die das All erobern. Sie leben in kleinen Enklaven auf anderen Planeten und versuchen ihre Minderwertigkeitskomplexe durch Fremdenhaß zu kompensieren. Einer der Männer, die ins All gegangen sind, ist Josef Farber, der auch unter seinesgleichen ein Außenseiter ist. Ihm fehlt die Beziehung zu einem anderen Menschen – oder zu einem menschenähnlichen Lebewesen. Eines Tages lernt er ein Mädchen kennen, das eine → Cian ist, eine Angehörige jener humanoiden Rasse, die den Planeten Weiunnach bevölkert. Sie heißt → Liraun, und auch sie ist in ihrem Volk ein Außenseiter. Aus gemeinsamer Einsamkeit erwächst eine sexuelle Beziehung, aus der Sexualität wird Partnerschaft, aus Partnerschaft wird Ehe. Und plötzlich steht Farber mitten in einer Kultur, die ihm von Grund auf fremd ist, die er nicht kennt und deren Wurzeln er nicht versteht. Am wenigsten jedoch versteht er seine Frau. Und als er sie zu verstehen glaubt und ihr helfen will, geraten beide immer tiefer in tragische Verstrickungen hinein...

Fremde

Fressonen
Wie der Name schon sagt, fressen diese Wesen für ihr Leben gern, am liebsten das Gemüse auf dem Planeten Vegetanien. Deshalb muß der Held des Computerspiels → »Cosmo« einschreiten, denn schließlich wollen wir Menschen doch auch noch was zu futtern haben.

Frogs
Humanoide, geheimnisvoll körperlose Gestalten in der deutschen TV-Serie → »Raumpatrouille Orion«, die der Crew um Commander Cliff Allister McLane zunehmend graue Haare bereiten. Die Frogs können in sauerstoffloser Atmosphäre atmen, was ihnen bisweilen bei den Versuchen, die Herrschaft über die Erde zu erlangen, einen Vorteil verschafft.

Friday
Marsianer, den der auf dem Mars notgelandete Raumfahrer Christopher Draper in dem Film → »Notlandung im Weltraum« aus den Händen böser Orion-Wesen befreien kann und mit ihm daraufhin in bester Crusoe-Manier das Überleben probt.

Fuchs, Walter A.
Deutscher Autor, geboren 1956. Verfasser der SF-Serie »Die Götter aus dem All«, die den Thesen der → Prä-Astronautik entspringt. Ähnliche Themen wirft er in seinem Magazin »Freunde der Fantastik« auf, das er regelmäßig herausgibt.

Fun in Space
Titel des 1981 vom Queen-Schlagzeuger → Roger Taylor veröffentlichten Solo-Albums, das neben Songs mit verschiedensten Alien-Zitaten ein Cover mit vielen bekannten SF-Stars enthält. Neben → Buck Rogers, dem Vorläufer heutiger SF-Comics, sind auf dem Album diverse Aliens mit Glupschaugen und Matschgesichtern abgebildet. Leider ist das Album inzwischen vergriffen.

Fußfall
Es sind schon viele Invasionen der Erde durch Aliens beschrieben worden. Der Roman »Fußfall« (dt.: 1978) von → Larry Niven und → Jerry Pournell, ist aber einer der verstörendsten. Die Aliens, die uns dort begegnen, kann niemand begreifen. Nur sie wissen was sie tun. Zum Inhalt: Als die Sonde Voyager 1 am 12. November 1980 den Planeten Saturn passiert, trauen die Wissenschaftler des berühmten Jet Propul-

sion Laboratory in Pasadena ihren Augen nicht, als die ersten Aufnahmen der Saturnringe hereinkommen: rätselhafte zopfartige Muster wie von Turbulenzen, hervorgerufen durch gigantische Raumschiffantriebe. Es sind Turbulenzen von Antrieben eines Sternenschiffs, das sich im Saturn-System verborgen hält und eine Invasion der Erde vorbereitet. Jahre später ist es soweit: ein Objekt nähert sich der Erde. Die Großmächte schließen sich zusammen und bereiten sich auf einen friedlichen Erstkontakt mit einer raumfahrenden außerirdischen Rasse vor. Doch die Aliens reagieren nicht auf die begrüßenden Fernsprüche, sondern schlagen brutal zu und vernichten die international bemannte Raumstation Kosmograd. Die Erde schlägt mit Atomraketen zurück und provoziert so den »Fußfall«, den vernichtenden Abwurf von Planetoiden auf die Erdoberfläche und gleichzeitig die Geste, die absolute Unterwerfung fordert. Die Aliens sind Heldenkrieger, das bedeutet absoluten Gehorsam und die Achtung vor Gesten. Die Menschen sind Einzelkämpfer, unberechenbar, todesmutig und verschlagen. Ein verzweifelter Kampf auf beiden Seiten mit einem Gegner beginnt, dessen Motive man nicht begreift.

Future, Frank
Interstellarer Bösewicht vom Planeten → Altar, der in dem Film → »Galaxina« der gleichnamigen Heldin Kontra geben muß.

Fußfall

G

Galaktische Fremdwesen

→ Bestiarien des Weltalls

Galaktus

Kosmischer Bösewicht und Weltenverschlinger. Ärgster Widersacher von → Silver Surver in der gleichnamigen Comic-Serie.

Galaxina

Weiblicher Roboter-Alien im gleichnamigen Spielfilm, den Regisseur Michael Campus 1979 in den USA drehte. Auf dem Planeten Altar soll der üble Frank Future den »Blauen Stein« besitzen. Diesen Stein will die außerirdische Galaxina haben. Galaxina ist kein normaler Roboter: Sie kann sich verlieben und auch Kinder bekommen. Sie gelangt mit einem irdischen Raumschiff der Polizei des Jahres 3000 n. Chr. zu dem magischen Stein, mit dem man das ganze Universum beherrschen kann. Galaxina entreißt Frank Future den Blauen Stein.

Galaxy, Joe

Der draufgängerische Plastikandroide Joe Galaxy ist in der gleichnamigen Comic-Serie (1977 ff) der Doppelgänger eines faulen Adligen. Bei seinen Streifzügen durch das Universum übersteht Joe Galaxy viele Gefahren, die ihm durch Begegnungen mit den hinterhältigen Echsen von dem Planeten Callisto oder den glitschigen Amöben von dem Planeten Sirius entstehen. Der kosmische Comic-Held Joe Galaxy wurde gezeichnet von Massimo Mattioli.

Gamma

Pittisborum Psercy Pystachi Pseter Psersimmon Plumer, auch Eeega Beewa genannt, ist der witzige Alien namens Gamma, der mit Micky Maus befreundet ist. Aus seiner kleinen Hose kann Gamma alle möglichen nützlichen Dinge hervorholen. Ansonsten hat Gamma nix an.

Gamma ist hellseherisch begabt, wird krank, wenn er mit Geld in Berührung kommt, hat kein Gerippe und kann auch immer die menschlichen Gedanken erraten. Gamma erhielt sein Comic-Leben durch Bill Walsh und Floy Gottfredson.

Garak

Schneider und Geheimagent der → Cardassianer im → Star-Trek-Ableger → Deep Space Nine.

Gefahr aus dem Weltall

US-Film aus dem Jahr 1953 von Jack Arnold, in dem ektoplasmische Außerirdische vom Typ → Xenomorphe auf der Erde niedergehen. Um ihr Raumschiff unauffällig zu reparieren, haben die Aliens die Gestalt von Menschen angenommen. Allerdings benehmen sie sich in Menschengestalt so merkwürdig, daß der Hobby-Astronom Putnam, der an Außerirdische glaubt, schnell Verdacht schöpft und Sheriff Warren von der Anwesenheit Außerirdischer in Sands Rock überzeugen kann. Putnam dringt bewaffnet in das UFO ein. Jedoch sind die Aliens durchaus in der Lage, diesen Zwischenfall als Mißverständnis zu deuten und können Putnam als Freund gewinnen. Damit die Dorfbewohner aus Sand Rocks, die normalerweise bei allem, was sie nicht verstehen, lieber erst schießen und dann vielleicht fragen, die Aliens nicht abknallen können, zerstört Putnam die unterirdischen Zugänge zu dem Raumschiff. Das Drehbuch stammt übrigens von dem bekannten SF-Autoren → Ray Bradbury.

Gehirne

Seltsam anmutende, körperlose Außerirdische vom Typ eines menschlichen Gehirns, die bislang nur in einem Fall gesehen wurden und ansonsten wohl eher der Science Fiction entstammen. So sind sie zu erleben in SF-Filmen wie → »Die Augen des Satans« oder → »Ausgeburt der Hölle«.

Genessos

Heimatplanet von → Cantos. Unbekannte Position, fernab der Milchstraße.

Genmonster

Menschenfressendes Alien auf dem Planeten → Xarbia in dem Film → »Mutant – Das Grauen im All«.

Genocides
Abstruse Aliens, die als galaktische Landwirte in dem Roman »Die Feuerteufel« (dt.: München 1975) von → Thomas M. Disch die Erde übernehmen, um sie in eine für sie nützliche Farmlandschaft zu verwandeln, ohne daß sie die Menschheit überhaupt wahrnehmen. Und wenn überhaupt, dann als lästiges Ungeziefer. Einige Menschen überleben eine Weile in der Erdkruste – doch nur bis die Fremdlinge ihre Beute »entseuchen«.

Geonemotodium arraknis
→ Shai Hulud

Gerechtigkeitsliga
Comic-Serie (dt.: Stuttgart 1970ff; Hochglanz: Stuttgart 1998 ff). Zusammenschluß von mehreren Superhelden, dem neben den irdischen Kraftprotzen Batman, Flash, Wonder Woman auch die extraterrestrischen Helden → Grüne Laterne und → Superman angehörten. Die »Liga« war eine Erfindung des DC-Comics-Editors Julius Schwarz. Geschrieben wurden die Abenteuer von Gardner Fox, gezeichnet von Mike Sekowsky, Dick Dillin u.a. Heute werden die Erlebnisse von einer Reihe unterschiedlichster Zeichner fortgeführt.

Ghinu, Thosro
Humanoider Greis auf dem Planeten → Moran, der als einer von wenigen den Angriff schrecklicher Ungeheuer aus dem All überlebt und mit → Arn Borul einen Heilsbringer für die letzten der verbliebenen Moraner aufzieht.

Giant Brains
→ Gehirne

Giants – Citizen Kabuto
Action-PC-Game (Planet Moon/Interplay, 1999), in dem die grazilen Amazonen der → Sea Reapers von ihrem Planeten vertrieben werden, als die galaktischen Kosmonauten der → Meccaryns landen. Bevor die Sea Reapers fliehen, kreieren sie noch schnell das turmhohe Monster → Kabuto, gegen das die Meccaryns ab sofort kämpfen müssen. Dabei begegnen dem Spieler seltsame Aliens wie die → Vimps oder auch die → Smarties, die zwar nicht wie die bekannten Schokopastillen schmecken, aber trotzdem dem Kabuto für den kleinen Hunger zwischendurch dienen.

Giants
→ Riesen

Giger, H(ans) R(uedi)
Schweizer Künstler, geboren 1940. Giger steht für eine krasse Form von Alien-Kunst. Seine Bilder und Plastiken zeigen faszinierende wie abstoßende Symbiosen aus Mensch und Kreatur. Giger visualisierte den → Cthulhu-Mythos von → H.P. Lovecraft. Das »Necronomicon« (Zürich 1976) zeigt magische Rituale, viele mit Bildern von außerirdischen Horrorfiguren. Seine Bücher fanden vor allem im Genre große Begeisterung. Giger wurde, ohne sein Wissen, als »Frater Alien« in eine Loge aufgenommen. Kommerzieller Höhepunkt seiner künstlerischen Laufbahn sind die eindrucksvoll-makabren Kulissen und Kostüme für den Film → »Alien«, für die er 1980 einen Oscar erhielt.

Gilgamesch
Der Überlieferung nach ein mythischer frühgeschichtlicher König und Heros der Sumerer-Stadt Uruk, der um 26000 v. Chr. gelebt haben soll. Er soll eine Mischung aus »Zwei Drittel Gott und einem Drittel Mensch« gewesen sein, ein Umstand, der nach Ansicht der → Prä-Astronautik nur zu erklären ist, wenn man Genmanipulation oder eine Verwandtschaft mit den Außerirdischen annimmt.

Gizmo
Abgrundtief häßlicher Winzling mit langen, spitzen Ohren, einem runzeligen, geiffernden Echsengesicht und messerscharfen Zähnen. Gizmo ist der Oberchaot der galaktischen Anarcho-Truppe → Gremlins.

Glatzkopf
Einer der bekanntesten Aliens der SF-Geschichte, nämlich aus dem Film → »Das Ding aus einer anderen Welt«.

Gligs
Graue kompakte Wesen, mit menschenähnlichen Gliedmaßen in dem → »Ringwelt-Zyklus« vom Autor → Larry Niven. Gegen Kälte schützen die Gligs sich mit einem Fell in drei verschiedenen Grautönen. Eigentlich heißen sie Gligstithoptok. Sie trinken in der → Draco-Weltraumbar bevorzugt Bull-Shots, einen Mix aus Fleischbrühe mit Wodka, ohne Gewürze und Eis. Sie verkaufen der Menschheit einige hochentwickelte medizinische und landwirtschaftliche Techniken, und auch die dazugehörigen Bauanleitungen für die Maschinen. Ihre Heimatsonne

ist heißer als die Sonne der Erde. Die Handteller der Gligs sind kurz und die Finger sehr lang und haben ein zusätzliches Gelenk. Ihr Mund ist sehr breit und ihre Zähne haifischähnlich. Sie wollen menschliches Fleisch per Klon-Technik züchten, um es verspeisen zu können. Allerdings wollen sie keinen gesamten Menschen für ihre Küche klonen, sondern nur Einzelteile wie Leber, Herz, Gewebe, Muskeln, Knochenmark. Diese Technik wenden die Gligs auch an, um das Fleisch anderer Weltraum-Spezien zu züchten, das dann in ihre flexiblen Mägen wandert. Sie handeln dazu mit den verschiedenen Rassen-Angehörigen Lizenz-Verträge mit Gewinnbeteiligung aus.

Gligstithoptok
→ Gligs

Gnap
Glubschäugiger, pinkfarbener Außerirdischer in dem gleichnamigen Computerspiel (ARI Games, 1998), dem auf seiner Tour durchs All der Treibstoff ausgeht, so daß er auf einem rückständigen Planeten namens Erde notlanden muß. Dabei geht ihm sein Raumschiff zu Bruch, für dessen Ersatzteile der Spieler nun sorgen muß.

Gnom
Grüner, verkrüppelter Anführer → Marsianer in dem Film → »Invasion vom Mars«

Goblins
→ Kobolde

Goho Dohji
Außerirdische Monstrosität, die der Schweizer Künstler → H.R. Giger 1987 für einen Film des japanischen Regisseurs Akio Jitsusoll entwarf. Goho Dohji stellt, ganz in der künstlerischen Tradition Gigers, abermals eine Kreuzung aus Mensch und Maschine dar.

Goké
Ist ein Alien in dem Film → »Vampir aus dem Weltall«. Goké kann in menschliche Körper schlüpfen.

Good, Timothy
Amerikanischer Schriftsteller. In seinem Buch »Sie sind da. Die Ufo-Dokumente« (Frankfurt 1992) schreibt er, daß es seit 1967 Tausende

Vorfälle gegeben hat, in denen Außerirdische Tiere verstümmelten. Opfer sind vor allem Rinder. Oft wurden dabei bestimmte Körperteile, meist die Geschlechts- und Sinnesorgane, verstümmelt.

Goon

Unglückseliger Alien in dem Comic → »Heads«

Gorneesh

Bärtiger, oberstinkender Anführer der → Duloks in der Comic-Serie → »Ewoks«.

Gornischthelfer

Kleine, krabbenartige Wesen in dem Comic → »Planeten-Story«.

Gor

Vom Planeten → Arous stammendes Wesen in dem Film → »Die Augen des Satans«. Gor schaut aus wie ein matschiges Gehirn mit Augen. Doch zum Glück muß kein Mensch diesen Anblick ertragen, denn Gor schlüft in die Körper der Menschen.

Gott

→ Götter

Götter

Viele entschwundene Götter und Kulturbringer sollen ihren Schützlingen und Anhänger auf der Erde in grauer Vorzeit ihre einstige Wiederkehr geweissagt haben. Überlieferte Mythen und Schriften belegen nach Ansicht von → Erich von Däniken, daß die Menschen die Niederkunft Außerirdischer zu Götterbegegnungen stilisierten und durch die Konfrontation mit der technischen Kultur den sprichwörtlichen → Götterschock erlebten. Es ist erwiesen: Immer, wenn eine primitive Kultur mit einer höheren, technisierten Kultur in Berührung kommt, besteht die Wahrscheinlichkeit, daß die Vertreter dieser fortgeschrittenen Zivilisation dank ihrer unverständlichen Möglichkeiten (Fliegen in vogelähnlichen Geräten, Sprechfunk etc.) als Götter verehrt werden. Ein Phänomen, das in der Gegenwart beobachtet wird und, da historische Belege vorliegen, auch in ferner Vergangenheit gegolten haben muß – z.B. wenn die in den Mythologien überlieferten Götter Astronauten waren. Als 1932 der deutsche Flieger Hans Bertram bei seinem Weltflug in Nordaustralien notlandete, wurden er und seine Begleiter wider Erwarten nicht von den Eingeborenen angegriffen. Sie trugen neben ihrer Fliegerkluft die großen, dunklen Fliegerbrillen. Ähnliche Brillen tragen auch die Gottheiten auf den → Felszeichnungen in diesem Gebiet. Grund für die Ureinwohner, die vom Himmel Kommenden damit zu identifizieren.

Götterschock

Buchtitel (München 1992) von → Erich von Däniken. In dem Buch führt er Mythen, Schriften und archäologische Funde aus grauer Vorzeit auf, die darauf hinweisen, daß die Menschen schon immer Kontakt zu Außerirdischen hatten und diese als ihre → Götter stilisierten. Die großen Entdecker der frühen Neuzeit, so von Däniken in seinem Buch, seien von den Wilden sehr oft ehrfürchtig als die zurückgekehrten Götter begrüßt worden, die einstmals zu ihren Vorfahren gekommen waren. Aus historischen Aufzeichnungen und archäologischen Funden entwickelt von Däniken eine These ganz im Sinne der → Prä-Astronautik, der entsprechend Religionen und Götterglaube durch wiederholte Erscheinungen außerirdischer Wesen ihren Ursprung haben. Weitere Vertreter dieser These sind unter anderem → Walter-Jörg Langbein oder → Johannes Fiebag.

Gottesanbeterin

Auch Praying Mantis genannt. Diese Erscheinung erfreut sich vor allem bei den amerikanischen Alien-Freunden großer Beliebtheit. Es ist ein gewaltiges Insektenwesen, das einer über zwei Meter großen Kopie einer Gottesanbeterin ähnelt. Es soll angeblich bereits mehrfach gesichtet worden sein.

Grakka

Außerirdische Rasse in der Fernsehserie → »Space Rangers«, die sich durch ungeheure Kampfeskraft ausweist, die oftmals überraschend an den Tag tritt. Deshalb müssen die Grakka ein Halsband tragen, das sie zähmt. Das gilt auch für den Grakka → Zylyn, der einzige Außerirdische, der im Team der irdischen Space Rangers für Recht und Ordnung sorgt.

Gralmutant

Herrscher der magellanschen Sterne in der Comic-Serie → »Perry – Unser Mann im All«, einem Ableger der erfolgreichen Heftroman-Reihe → »Perry Rhodan«. In Band 128 »Der Planet der Organdiebe« (Rastatt 1975) entführen die mißgebildeten Kreaturen des Gralmutanten Menschen, die allesamt einem schrecklichen Schicksal entgegensehen: Sie sollen ihr Leben für den Gralmutanten opfern.

Gremlins

Film (USA, 1984) von Joe Dante, in dem die kleinen, destruktiven Monster, allen voran ihr Chef-Anarcho → Gizmo auf der Erde für einigen Trubel sorgen. Dabei ist das kleine Monster, das der Privatdetektiv Rand Peltzer während seines Trips durch Chinatown für seinen Sohn Billy in Kinston Falls, einem verschlafenen, friedlichen Kaff, ergattert, knuffig anzuschauen. Aber der Schein trügt: ab sofort ist in dem Ort Schluß mit friedlich! Denn Gizmo ruft seine Gremlins-Kumpel zu sich und gemeinsam geht der Haufen über Leichen, um fragwürdigen Spaß zu haben.

Gremlords

Sind schwarzgekleidete, ansonsten aber doch sehr humanoide Aliens in dem gleichnamigen Film (Großbritannien 1986) von Todd Durham. Die Außerirdischen halten eine Tankstellenkassiererin für eine entflohene Prinzessin und wollen sie mit auf ihren Planeten schleppen. Der Freund der holden Weiblichkeit kann das noch verhindern.

Grendels

Böse Aliens in dem Computerspiel → Norns.

Greys

Auch → »Die Grauen« genannt. Sind neben den → »Die Nordischen« die Alien-Spezies, die von Menschen nach Begegnungen am häufigsten beschrieben wird: Diese berühmten, kleinen Wesen sind ca. einen Meter groß, haben große Köpfe, ein langes, schmales Gesicht und ein flaches Kinn und sind sehr blaß, fast so wie ein Geist. Am auffälligsten sind ihre großen, runden Augen mit einem kleinen, stecknadelkopfgroßen rosafarbenen Punkt als Pupille. Ihr Mund ist meist nur ein dünner Strich. Die Körper, die angeblich aus dem Wrack bei → Roswell geborgen wurden, waren Greys.

Grig

Echsenähnlicher Alien in dem gleichnamigen US-Film aus dem Jahre 1984 (Regie: Nick Castle), der den jungen Computerspiel-Fan Alex, der jedes Schwierigkeits-Level im Kampf gegen außerirdische Raumer auf seinem Bildschirm gekonnt knackt, engagiert. Alex soll als geübter Computer-Spiel-Stratege mit einem echten waffenstarrenden Raumkreuzer feindliche Aliens aus dem Weltall entfernen oder verhindern, daß die Galaxien unsicher gemacht werden. Die Literaturvorlage lieferte der SF-Autor → Alan Dean Foster.

Groombridgier

Entstammen der Erzählung »Wir Gekauften« von → Frederik Pohl. Die Groombridgier sind das bestimmende Volk auf dem Groombridge-Stern. Ihr Körper erinnert an große weiße Maden. Sie sind eine reiche Rasse. Sie kaufen auch Menschen in Massen. Ihre Arbeits-Befehle geben sie mit Blitz-Funk an ihr menschliches Eigentum von ihrem Heimatplaneten aus. Für die Kontrolle ihres lebendigen Eigentums werden den gekauften Menschen gewisse Empfänger in das Gehirn implantiert. Die Einnahmen durch ihre Sklaven verwenden sie für neue Investitionen. Ihre Geschäfte auf der Erde werden von einem menschlichen Repräsentanten geregelt. Mit Raketen von Merritt Island aus flogen regelmäßig Frachten aus Pflanzen, Maschinen, Kunstgegenständen oder Werkzeugen zur 12.000 Jahre entfernten Wohnstatt der Grombridiger. Die gekauften männlichen und weiblichen Menschen dürfen nur miteinander schlafen, wenn sie es für das Lustgefühl der Groombridgier tun. Dazu werden die Empfangsgeräte in den menschlichen Hirnen zusammengeschlossen und dann von den Groombridiger übernommen.

Groom-Lake-Basis

Offizieller Name der → Area 51

Groß-Moff Tarkin

Im Original: Grand-Muff. Übler Bursche in dem Kino-Epos → »Star Wars«. Groß-Moff Tarkin terrorisiert vom → Todesstern aus mit staatlicher Willkür sein Sternenreich im Weltraum. Als seine erbitterte Widersacherin erweist sich neben dem irdischen Haudegen Han Solo die attraktive Prinzessin → Leia Organa.

Gründer

Das sind Gestaltwandler in der TV-Serie → »Deep Space Nine«, die im Ruhezustand aus einer quecksilbrigen, zähen Flüssigkeit bestehen. Auf ihrem Heimatplaneten, dessen Position streng geheimgehalten wird, leben alle Gründer vereint in einer Art riesigem Ozean. Nur wenn ein Gründer den Planeten verläßt, trennt er sich vom Ozean und nimmt kurzfristig eine andere, meist menschenähnliche Gestalt an. Die Gründer können aber nicht ewig in menschlicher Gestalt bleiben, sondern müssen sich etwa alle 16 Stunden für etwa eine Stunde zurückverwandeln – vorzugsweise in einem Eimer, so daß sie nicht wegfließen. Durch ihre Fähigkeit zur Gestaltwandlung sind die Gründer, die auch »Wechselbälger« genannt werden, die perfekten Spione.

Grüne Laterne

Richtiger Name: Hal Jordan. Auch Titel der gleichnamigen Comic-Serie (dt.: Aachen 1968 ff) von Neal Adams. Hal Jordan wurde als Testpilot der Ferris Aircraft Co. 1940 mit → Abin Sur konfrontiert, einem außerirdischen Wesen, das auf der Erde notlandet und ihm eine grüne Laterne, eine Superenergiequelle, überreicht, die ihn zu einer Symbiose aus Mensch und Extraterrier macht, der fortan als Wächter des Alls, eine Art Superheld, für das Gute kämpft.

Grunzquieck

Planet der Schweine; rund 700 Millionen Kilometer von der Erde entfernt. Heimatplanet des → Wunderwarzenschweins.

Guattianer

Aliens vom Planeten Guat in der Comic-Reihe → »Starraiders«. Ihr wichtigster Vertreter ist der rebellische wie tapfere → Skrimsh.

Gucky

Kleiner, vorlauter Mausbiber, Anhänger der Rasse → Ilt, der an der Seite von → Perry Rhodan das Weltall durchkreuzt. Eine der populären Figuren der Serie. Im Jahre 1975 auf seinem Heimatplaneten → Trampt heimlich an Bord der »Stardust II« gekommener Ilt, der bald darauf in das Mutantenkorps aufgenommen wird. Der selbsternannte »Retter des Universums« ist ein ausgezeichneter Telekinet, Telepath und Teleporter. Im Lauf der Zeit entwickelt sich eine herzliche Freundschaft zwischen ihm und Perry Rhodan – vor allem aber mit → Reginald Bull, der häufig genug unter Guckys Späßen zu leiden hat. Außer für seine geliebten Mohrrüben kann sich der Mausbiber für stundenlanges Kraulen erwärmen. Als ein regelrechtes Hobby könnte man seine unermüdlichen Versuche bezeichnen, Helden-Epen mit sich selbst in der Hauptrolle zu verfassen. Nach der Heirat mit → Iltu im Jahre 2402 wird Gucky stolzer Vater des kleinen, ebenfalls paranormal begabten Mausbiberjungen → Jumpy. Er erhält wegen der extrem hohen Lebenserwartung seines Volkes von ca. 500 bis 600 Jahren erst 2931 einen Zellaktivator, nachdem er im Jahre 2437 auf dem Planeten Monol einer biophysikalischen Hyperregenerierung unterzogen und dadurch um rund 500 Jahre verjüngt wurde. Wie seine terranischen Gefährten muß auch Gucky im Oktober 1169 NGZ seinen Zellaktivator an → ES zurückgeben. Auch er erhält im Jahre 1173 NGZ von ES einen Aktivatorchip.

Gul Dukat

Oberbefehlshaber der → Cardassianer im → Star-Trek-Ableger → Deep Space Nine.

Guyver

Außerirdisches Wesen in dem gleichnamigen Film (USA, 1994) von Steve Wang, in dem eben jenes Wesen, der Guyver, Besitz vom Körper des Menschen Sean Baker nimmt, der die außergewöhnliche Kraft, die er plötzlich besitzt, zwar nicht versteht, aber nichtsdestotrotz gegen das Böse dieser Welt einsetzt. Kritisch wird's allerdings, als eine andere Alien-Macht einen zweiten Guyver auf die Erde setzt. Ein gigantischer Kampf um die Weltherrschaft entbrandet.

H

H-125

Humanoides Alien-Kind in dem Film »Der Große mit seinem außerirdischen Kleinen«

Hain

Das → Ahnenvolk vom Hainish-Universum im gleichnamigen Zyklus von → Ursula K. Le Guin, das in der Galaxis humanoide Völker (die Erdbewohner inklusive) ausgesät hat, um die eigenständige Evolution ihrer mannigfaltigen Kinder zu beobachten. Ein Szenario, das in der SF nicht selten ist. Anders als bei vielen SF-Zyklen bilden aber diesmal der Mensch und das Verständnis seiner Kultur den Mittelpunkt.

Hale Bopp

Beim Auftauchen des Kometen Hale Bopp am Himmel von Terra vermuteten einige Ufologen: der Komet sei nur Tarnung. Über das Internet verbreiteten sie die Warnung: Hale Bopp sei in Wahrheit ein gigantisches Raumschiff, das eine außerirdische Kriegsflotte anführe. Die Alien-Armada habe den Auftrag, die Menschheit auszurotten. Der Spiegel sah nicht so schwarz: »Der Weltuntergang fällt aus. Hale-Bopp wird in weitem Abstand vorbeiziehen – auf seiner extrem langgestreckten Bahn um die Sonne nähert er sich der Erde nur bis auf 194 Millionen Kilometer«. »Hale-Bopp kocht so früh schon so heftig wie kaum einer vor ihm«, meint der Kometenforscher Hermann Böhnhardt von der Uni München. »Der Komet des Jahrhunderts kommt auf uns zu«, freute sich 1997 das britische Wissenschaftsmagazin »New Scientist«.

Half Life

Populäres Computerspiel (1998) der Firma Valve aus Kirkland/Washington, das dank ausgefeilter 3-D-Animationen bei den Computer-Cracks recht schnell viel Erfolg hatte und in dem der Held Gordon Freeman sich auf seinem Weg durch das Black Mesa Research Facility, einer von der US-Regierung finanzierten Forschungseinrichtung in New Mexiko, mit Robotern und einer Reihe von ekligen Außerirdischen konfrontiert sieht, unter anderem → Houndeyes, → Rutting Chicken, → Barnacles, → Flame Biest, → Ichtheosaurus, → Bugs, → Big Mama, → Nihilanth. Das Spiel stärkt den Glauben an eine Verschwörung amerikanischer Organisationen, die die Existenz außerirdischer Artefakte in ihren Labors geheimzuhalten versuchen.

Haluter

Im Jahre 2400, als die Menschen auf dem Weg sind, in die Andromeda-Galaxis vorzustoßen, trifft → Perry Rhodan auf den Haluter → Icho Tolot. Die Haluter sind gut 3,50 Meter hoch und breit gebaut. Ihr kleiner Kopf sitzt ohne Hals auf dem Rumpf. Ein mächtiger Mund mit spitzen, alles zermalmenden Zähnen wird überragt von drei Augen. Zwei ihrer vier Arme können die Haluter wahlweise auch als ein zweites Paar Beine einsetzen, um so schnell voranzukommen und trotzdem noch »beide Hände freizuhaben«. Ihre Körperstruktur können sie wahlweise ändern und hart wie Stein werden. Dabei sind diese Bestien nicht dumm, sie verfügen über zwei Hirne, die sie auch zu strategischen und taktischen Meistern werden lassen.
Vor über 50.000 Jahren drangen die Haluter in die Milchstraße ein und überrannten das Imperium der → Lemurer. Doch dann änderte sich ihre Geisteshaltung: Die Haluter wurden friedlich. Sie zogen sich auf ihren neuen Heimatplaneten Haluta, etwas außerhalb der Milchstraße, zurück. Nur von Zeit zu Zeit überkommt sie das Bedürfnis, wieder zu kämpfen, die sogenannte Drangwäsche, und dann Gnade dem, der ihnen im Weg steht. Die Haluter werden bald zu wichtigen Verbündeten der Terraner, die allerdings nur einschreiten, wenn der Friede in der Galaxis selbst auf dem Spiel steht. Aus den politischen Händeln der einzelnen Gruppen in der Milchstraße halten sie sich weitestgehend heraus. Kein Volk hätte gegen sie eine Chance.

Hani

Katzenähnliche, würdevolle Geschöpfe in der fünfbändigen Chanur-Saga von → C.J. Cherry. Die Hani sind Aliens, die an hochkomplizierten bedrohten interstellaren Schauplätzen leben. Typisch für den Zyklus ist die realistisch geschilderte außerirdische Kultur der Hani. Der einzeln auftretende Mensch wirkt dagegen eher fremdartig.

Harald

Harald, ein Alien, beobachtet mit einer freundlichen, aber auch rätselhaften Distanz das Geschehen auf der Erde. Neugierig und zugleich teilnahmslos kühl ist sein Wissenschaftlerblick auf die Menschen und ihre Liebesnöte. Der Spielfilm »Harald« wurde von dem deutschen Regisseur Jürgen Egger 1996 gedreht.

Harness, Charles L.

Amerikanischer Anwalt, geboren 1915. Anfangs fand der Autor phantastischer Erzählungen wenig Beachtung, bis er in den 60ern mit dem Roman → »Feuervogel« erstmals Begeisterung bei den Lesern fand. Die wenigen Romane, die er schrieb, zeichneten sich durch hohe Qualität aus.

Hatschi

ZDF-Film (1970) von Regisseur Eugen York. Hatschi ist auch gleichzeitig der Name des humanoiden Außerirdischen in dem Film. Damit Hatschi die Menschen wissenschaftlich erforschen kann, reißt er einem unsympathischen Meckerer einfach den Kopf ab. Er hat den Auftrag nachzusehen, warum bei den Menschen die sogenannte Psycho-Rotz-Drüse immer mehr verkümmert. Eine Lösung kann er nicht finden, denn Hatschi wird jetzt als brutaler Mörder vor Gericht gestellt. Vor den Augen des Staatswaltes setzt Hatschi seinem Opfer wieder den Kopf auf, der daraufhin weitermeckert wie vorher. Als Schmerzensgeld drückt ihm Hatschi sogar selbstproduzierte echte Tausendmarkscheine die Hand. Hatschi hat aber noch viel mehr Fähigkeiten: Er kann sich unsichtbar machen und Materie nach Gutdünken umwandeln. Allerdings, das ist sein Manko, hat er keine Gefühle. Die Medizin, die Hatschi für die Menschen entwickelt, um das Absterben der Psycho-Rotz-Drüse zu verhindern, hat ungeahnte Auswirkungen bei der Verabreichung. Die Menschen müssen nicht nur niesen, sondern drehen durch und landen als völlig Verrückte in der bald überfüllten Nervenheilanstalt. Hatschi muß die Medizin abmildern. Der Staatsgewalt wird der anarchiebringende Alien äußerst unangenehm: Sie läßt ihn von einem Scharfschützen erledigen. Ein anderer Alien holt Hatschi aus der Leichenhalle und erweckt ihn wieder zum Leben. Sie fliegen davon und kehren nie wieder auf unsere Erde zurück.

Hawke, Jeff

Jeff Hawke ist ein normal begabter Brite, der öfters gegen Außeriridische vorgehen muß. Die Aliens, denen Jeff Hawke in seinen Weltraum-

Abenteuern begegnet, sind nicht immer stockdoofe Monster. Im Gegenteil, es sind oft hochbegabte Wesen, mit denen der humorvolle Jeff seine liebe Not hat. Der Comic-Held Jeff Hawke wurde 1955 von William Patterson und Syndey Jordan entwickelt.

Hawk-Girl

→ Hawk-Man

Hawkind

Britische Space-Rock-Band, die sich seit ihrer Gründung im Sommer 1969 ganz der SF-Musik verschrieben hat. Das Album »Hawkind live« aus dem Jahre 1988 beispielsweise enthält die Songs »Master of the Universe« oder »Organ Accumulator«. Dazu paßt, daß die Band im Space-Look auf die Bühne tritt und Aliens mimt.

Hawk-Man

Der tapfere Hawkmanist – in der gleichnamigen Comic-Serie von Dennis Neville und Gardner Fox aus dem Jahr 1940 – ist mit einem goldenen Falkenhelm ausgestattet. Der Gerechte vom Planeten Thanagar sorgt im All und auf der Erde für die Eliminierung sämtlicher Bösewichte. Durch einen Antischwerkraftgürtel und zwei großen Flügeln ist für den Hawkman die fliegende Bewegungsart zwischen den Planeten kaum ein Problem. Hawkmans Zufluchtsort ist ein unsichtbares Raumschiff, das um die Erde kreist. Manchmal hilft ihm auch die hübsche Shayera, das Hawk-Girl.

Heads

In der gleichnamigen Comic-Story (Epic-Comic-Jahrbuch, 1985) von Arthur Suydam leben intelligente Pilze auf einem fernen Planeten. Darauf landet ein → Goon, der von einem feindlichen Volk gejagt wird. Auf der Flucht stolpert der Goon und stürzt ausgerechnet auf die Pilzkönigin. Sie wird tödlich zerquetscht. Der Pilzkönig weint bitter über den Verlust seiner Frau. Aus Rache schlagen die Pilz-Drohnen den Goon tot und säen Pilze auf seinem Körper aus. Aus dem Kopf von Goon wächst eine neue Pilz-Königin heraus.

Heinlein, Robert A.

Einflußreichster amerikanischer SF-Autor, geboren 1907, gestorben 1988. Heinlein schuf eine Reihe von außerirdischen Monstrositäten. Die meisten folgen dem in der trivialen SF beliebten Schema der bösen Invasoren, z.B. in → »Starship Troopers« (dt.: Bergisch-Gladbach 1979) oder in »Das Ultimatum von den Sternen« der grausige → Lumox. Ganz anders dagegen ist der humanoide Marsianer → Michael Valentine Smith, der in dem Roman »Ein Mann in einer fremden Welt« von der menschlichen Anhängerschar zur Christusfigur stilisiert wird. Mit → »The Puppet Master« (dt.: »Weltraummollusken erobern die Welt«, Berlin 1957) schuf er außerdem die Filmvorlage zu dem gleichnamigen Film. Weitere Werke: »Tunnel zu den Sternen«, Berlin 1956; »Der Mann, der den Mond verkaufte«, München 1971.

Heldenkrieger
Als solche präsentieren sich Aliens in dem Roman → »Fußfall« von → Larry Niven und → Jerry Pournelle.

He-Man
Held in der gleichnamigen Comic-Serie (dt.: Stuttgart 1980 ff). He-Man ist ursprünglich eine Gestalt aus der Spielzeugwelt. Später verlagerte er seine Aktivitäten in den Comic-Bereich. Aus dem sanften Blondling → Prinz Adam vom Planeten → Eternia wird nach dem Zauberspruch »Bei der Macht von Grayskull (Ich habe die Zauberkraft)« He-Man, ein athletischer, unbesiegbarer, vielbewunderter Kämpfer für das Gute, der Stärkste der Starken: Er ist der Master of the Universe. Die wichtigsten Attribute He-Mans, der so stark wie einhundert Männer sein soll und sogar sein Schloß Castle Grayskull heben kann, sind sein Powerschwert, ein energiegeladenes Kampfschild, ein undurchdringlicher Brustpanzer sowie der Kampftiger → Battle-Cat. Ihm zur Seite stehen der ebenso extraterrestrische → Moss-Man, → Sy-Klone, → Nocturna, → Vizar, → Hydron, → Icarius, → Tatarus, → Battle-Bird, → Tharkus, → Insyzor, → Weapons-Tronic, → Fisto, → Sorceress, → Stratos, → Buzz-Off, → Snout Spout, → Orko, sie alle bilden die vor allem bei Kindern beliebten »Masters of Universe«. Ihr erbitterter Gegner ist der fiese Oberschurke → Skeletor.

Herald, der Heiler
Wesen mit der stärksten Kirlian-Energie im Universum in dem Roman »Kirlian Querst« (München 1978) von → Piers Anthony. Zum Inhalt: Der zweite Energiekrieg gehört der Vergangenheit an. Für viele ist er nur noch eine böse Erinnerung, die man am besten schnell vergißt. Eines Tages wird von der Erde aus aber eine mysteriöse Erscheinung beobachtet: Ein nebelartiges Gebilde nähert sich unaufhaltsam. Bald schon wird der Felch als das erkannt, was er ist: eine Kriegsflotte von einigen Millionen Raumschiffen. Herkunft: Die feindliche Galaxis Amöbe. Der

Herald der Heiler

Astronom, der dies als erster sieht, erhält einen Super-Schock. Er fällt in eine totenähnliche Starre. Nur Herald, der Heiler, ein Wesen mit der stärksten Kirlian-Aura der Galaxis, den alle Rassen im Universum als Medizinmann anerkannt haben, kann dem Astronomen helfen. Mit der Erscheinung der herannahenden Raumflotte konfrontiert, läßt Herald sich drängen, die Verteidigung zu organisieren. Er verläßt seine über alles geliebte Frau Psyche, die er dank seiner Wunderkräfte eben erst dem Tod entrissen hat, und sucht die marsianischen Ruinen der Ahnen auf. Deren Rätsel gilt es zu lösen, denn mit der Lösung erhält er gleichzeitig das Wissen um die letzten Geheimnisse des Kosmos, womit die Gefahr durch die Kriegsflotte der Amöber gebannt wäre. »Herald, der Heiler« wurde von Piers Anthony geschrieben und erstmals als dritter Band im Clutster-Zyklus 1978 unter dem Original-Titel »Kirlian Querst« veröffentlicht.

Herbert, Frank
Amerikanischer SF-Autor, geboren 1920. Eigentlich amerikanischer TV-Kameramann und Reporter, später Autor des Klassikers und mehrfach mit wichtigen Preisen (Hugo- und Nebula Award) ausgezeichneten → »Dune« (dt.: »Der Wüstenplanet«, München 1978). Obwohl aus dem Roman ein mehrbändiger Zyklus wurde, erreichten nachfolgende Bände nicht den Stellenwert des ersten. Weitere Werke: »Kampf der Insekten«, München 1973; »Hellstroms Brut«, München 1977.

Herren von Everon
Roman (dt.: Rastatt 1981) von → Gordon R. Dickson. Zum Inhalt: Auf dem ersten Blick ist Everon eine Musterkolonie, eine aufblühende Siedlungswelt. Der zweite Blick läßt Narben erkennen, der friedliche Schein erweist sich als trügerisch. Unter der Oberfläche brodelt es. Die Siedler haben sich in zwei Fraktionen aufgeteilt, die einander erbittert bekämpfen. Aber auch dieser Konflikt ist nur ein Zipfel eines tieferliegenden Konflikts, der weit über Everon hinausreicht, nämlich bis zur Erde: Es geht um die Frage, ob der Mensch noch im Einklang mit der Natur steht – oder ob er ihr Krebsgeschwür ist.

Herzliche Grüße vom Erdball
Tschechischer Spielfilm, der von Oldrich Kipsky 1982 in Szene gesetzt wurde. Darin arbeitet Dr. Jansky im Prager Institut für außerirdische Beziehungen. Und siehe da: Zwei Aliens besuchen ihn (die auf seltsame Weise sehr menschlich ausschauen). Sie stellen in ihrem unbremsbaren Wissensdrang alles auf den Kopf: Der Gasherd explodiert, weil sie ihn

mit dem Radio verwechseln, die Gläser werden mit dem Hammer zerdeppert, weil sie die Glasstruktur kennenlernen wollen und das Auto des Doktors kann mit querstehenden Reifen nicht mehr fahren.

Hirogen

Die Hirogen sind eine entfernt humanoid aussehende Spezies mit hundeähnlichen Schnauzen, auf die die Crew der → Voyager trifft. Sie sind im Delta-Quadranten beheimatet. Da die Hirogen von Raubtieren abstammen, ist die Jagd eine ihrer großen Leidenschaften. Vorzugsweise werden von den Hirogen andere intelligente Spezies gejagt, da hier die Herausforderung größer ist als bei »dummen Tieren«. Der Jagdleidenschaft der Hirogen fällt auch die Voyager zum Opfer. Die Voyager-Doppelfolge »Das Tötungsspiel« zeigt ausführlich den Konflikt zwischen den Hirogen und der Besatzung der Voyager.

In der folgenden Staffel traf die Voyager nochmals auf die Hirogen, die diesmal mit der → Spezies 8472 zu sehr beschäftigt waren, um sich um die Voyager ernsthaft zu kümmern, ist doch die Spezies 8472 den Hirogen letztendlich im Kampf überlegen.

Hodis

Unzweifelhaft menschlicher, böser und sexbesessener Kaiser auf dem Planeten → Porno.

Hohlbein, Wolfgang

Deutscher Schriftsteller, geboren 1953. Deutschlands derzeit wohl erfolgreichster Autor phantastischer Literatur. Sein 1993 veröffentlichter Roman »Das Druidentor« rangierte fast ein Jahr lang auf den Bestsellerlisten. Im April 1999 ist von ihm das Buch → »Majestic – Saat des Todes« erschienen, in dem es um eine weltweite Alien-Verschwörung geht. Weitere Werke: Wolfsherz, Bergisch-Gladbach 1998; Azraels Rückkehr, München 1999.

Herren von Everon

Homanx-Commonwealth-Zyklus

Bedeutende SF-Roman-Serie von → Alan Dean Foster. Das Commonwealth umfaßt ein zukünftiges Sternenreich mit vielen individuellen Welten, eine fortgeschrittene Technologie und fremden Rassen, unter anderem die → Thranx und die → Aann. Im Mittelpunkt des brodelnden Homanx-Universums steht aber der Erstkontakt von Menschen mit den Thranx, die später eine Art symbiotisches Verhältnis mit den Menschen eingehen. Geschildert wird die Begegnung zweier unterschiedlicher Rassen vom den Thranx → Ryo.

Homesick Alien

Spätestens seit E.T. wissen wir, daß auch Aliens an Heimweh leiden können. Die Synthi-Gruppe Distain! macht sich der Leiden junger, einsamer Helden aus dem Weltall zum Thema und verbindet antiken Wave-Sound mit modernem Elektro-Pop. Die melancholischen Klangstrukturen, die dabei entstehen, lassen uns tatsächlich mit den verirrten »Aliens all over the world« leiden.

Hordakk

Bärenstarker Schurke und Anführer der machthungrigen »Wilden Horde« auf dem Planeten → Eternia in der Comic-Serie → »He-Man«.

Horty

Junger Protagonist in dem vielfach gelobten Roman »Die lebenden Steine« (München 1974) von → Theodore Sturgeon. Horty, von einem gemeinen Stiefvater gepeinigt, brennt mit Schaustellern durch, wo er Schutz und Freunde findet und sich in die Welt verliebt. Aber Horty ist kein normales Kind. Er ist ein telepathischer Gestaltwandler, »erträumt« von juwelenartigen Außerirdischen, und verkörpert gleichzeitig den wahren menschlichen Geist. Wie in allen von Sturgeons Träumen von der Freiheit besteht die Flucht vor den Tücken unseres sterblichen Zustandes darin, endlich ganz und gar Mensch zu sein.

Hotel Cosmos – Raumschiff der Schläfer

Comic (1969) in der Reihe → »Perry: Unser Mann im All«. Großadministrator Perry Rhodan muß in geheimer Mission zum Planeten Molt. Dort meldet sich in dem Luxushotel Cosmos an. Der Außerirdische Schurke Motron, ein grünbeschuppter Verbrecher, der mittels Bio-Plasma-Technik eine Perry Rhodan-Double hergestellt hat, will mit dieser Rhodan-Kopie die Herrschaft über das Universum an sich reißen. Mittels vierarmiger Kreaturen wirft Motron den echten Perry Rhodan in ein Plasma-Becken und hofft, daß der terranische Großadminstrator des Universums aufgefressen wird. Das schlaue Plasma-Wesen aber spuckt Perry wieder aus. Rhodan befreit das Plasma, das selbst auch jede Gestalt annehmen kann. Das Plasma bildet für Rhodan viele Helfer, und so kann Motron am Ende doch noch unschädlich gemacht werden.

Hotel Galactic

Roman (München 1969) von → William Voltz. Der Roman wird von Kritikern als einer der besten serienunabhängigen Romane des Autors bezeichnet. Flüssig geschrieben bietet das Buch Lesevergnügen von der ersten bis zur letzten Seite – ohne daß ironisch-zeitkritische Seitenhiebe auf bestimmte Tendenzen in unserer eigenen Gesellschaft dabei zu kurz kommen. Im Gegenteil spürt man, daß der Autor (bei fast völliger Auslastung seiner Kapazitäten für die von ihm mitgetragenen Serien »Perry Rhodan« und »Atlan«) den literarischen Freiraum mit Elan und viel Schreibfreude nutzte, den ihm dieser Roman verschaffte.

Inhalt: Die Eingeborenen des Planeten Cradi sind ein unbeschwertes, heiteres Völkchen, das nach dem Prinzip handelt: Leben und leben lassen. Kein Wunder daher, daß Cradi zum Zentrum des interstellaren Tourismus wurde. Aber nicht jeder, der auf den Planeten kommt, fühlt sich dort glücklich. So hat Samuel Flachsbart, der Mann von Terra, schwere Sorgen. Er hat ein völlig desorganisiertes Hotel übernommen – und er scheint der einzige Arbeitswillige unter Millionen Faulenzern zu sein. Selbstverständlich finden sich in Hotel Galactic wieder jene typischen »Voltz-Charaktere«, die er mit besonderer Faszination mit Leben zu erfüllen verstand.

Houndeyes

Außerirdische Kreatur im Computerspiel → Half Life; schaut aus wie eine überzüchtete Dogge, der man anstelle eines Kopfes ein riesiges Insektenauge eingepflanzt hat. Ihr Ziel: Schaden zufügen.

Howard (Film)

Ist eine Ente auf einem eiförmigen Planeten, die in dem gleichnamigen Film (USA 1986) dank des fehlgeschlagenen Laserexperiments eines irdischen Forschers auf die Erde gebeamt wird, und das ausgerechnet nach Feierabend, als er die Zeitschriften »Rolling Egg« und »Playduck« lesen möchte. Howard möchte natürlich nach Hause, doch das Experiment scheitert erneut und bugsiert nun den → Overlord auf die Erde, gegen den Howard seine Fähigkeiten als Superheld unter Beweis stellen muß.

Howard (Literatur)
Roman (dt.: München 1986) von Ellis Weiner zum Film

HRMS
Abkürzung für »High Resolution Microwave Survey« (Überwachung von hochauflösenden Mikrowellen), löste die Vorgängerorganisation → SETI bei der radioastronomischen Erforschung von außerirdischen Zivilisationen ab.

Humanoide
Bezeichnung für einen Außerirdischen, dessen Körperbau Ähnlichkeit mit dem Menschen aufweist.

Hup
(spricht man: Hjüp!) Zwillingsbruder von → Bop. Außerirdischer Krumpkopf mit vielen Händen, der in der Filmkomödie → »Men In Black« in der Einwanderungsbehörde für extraterrestrische Immigranten am Kontrollpult sitzt.

Hüter der Menschheit
→ Atlan

Hutts
Die Hutts sind riesige, unförmige Wesen, riesigen Nacktschnecken nicht unähnlich, in dem Kino-Epos → »Star Wars«. Ihr bedeutendster Vertreter ist → Jabba.

Hutze-Zwergen-Opa
Seltsame Alien-Gestalt, die der Autor → Walter-Jörg Langbein in seinem Buch »Das Ufo-Syndrom« (München 1998) schildert. Bei den Externsteinen im Teutoburger Wald hatte im Sommer 1994 die kaufmännische Angestellte Yvonne Schneider aus Deutschland, deren Namen von dem Berichterstatter geändert wurde, ein sexuelles Erlebnis mit Außerirdischen. Nach ihrem Beischlaf in freier Natur mit ihrem Freund wurde sie in ein Alien-Fahrzeug entführt. In einem kreisförmigen Metall-Saal wurde sie von kleinen Aliens im nackten Zustand mit einer Flüssigkeit eingerieben. An ihrer Haut wurden Saugnäpfe angebracht. Außerdem war ein Kasten im Saal, in dem ein größeres, voll-

behaartes, sehr dünnes, aber durchaus menschenähnliches Wesen lag. Schon als Kind wurde Yvonne Schneider von einer seltsamen Gestalt besucht, das sie mit dem Namen »Hutze-Zwergen-Opa« bedachte.

Hybride

Kreuzung zwischen Mensch und Alien in dem Film → »Das Dorf der Verdammten«, die telepathische Fähigkeiten besitzen.

Hydron

Drahtiger Unterwasser- und Überwasserheld vom Planeten → Eternia. Humanoider Freund von → He-Man in der gleichnamigen Comic-Serie.

I

I married a monster from outer space

Film (USA 1958) von Gene Fowler Jr., der nie in die deutsche Synchronisation gelangte. Darin entführen krakenartige, extraterrestrische Besucher vom Andromeda-Nebel auf der Erde willkürlich Männer, kopieren deren Aussehen und nehmen ihren Platz ein. Ziel ist es allerdings nicht, die Welt zu unterwandern, sondern sich mit den Menschen zu paaren, um so ihr eigenes Überleben zu sichern. Als man hinter das Geheimnis kommt, treten die Aliens ohne Kommentar und böse Rache den Rückzug an. Dafür werden sie am Ende sogar noch abgeschossen.

Icarius

Ein fliegender Kampfmeister mit Düsenantrieb in Flügelform, dessen Raumhelm sogar vor Meteoriten schützt, was ganz praktisch ist, wenn man wie Icarius mit Lichtgeschwindigkeit durch den Raum zischt. Icarius steht → He-Man in der gleichnamigen Comic-Serie gegen den Oberschurken → Skeletor auf dem Planeten → Eternia bei.

Ichtheosaurus

Urzeitliches Viech von einem anderen Planeten, das sich als Riesenhai im Computerspiel → »Half Life« auf leckere Menschenschenkel stürzt.

Ikarie XB 1

Tschechischer Spielfilm von Jindrich Polak aus dem Jahr 1962. Mit dem Raumfahrzeug Ikarie XB 1 wollen Menschen aus verschiedenen Nationen einen Planeten beim Stern Alpha Centauri besuchen. Dort wird intelligentes Leben vermutet. Es gibt einige Hinweise darauf. Viele Zwischenfälle im Sternenschiff ereignen sich auf der Fahrt zu Alpha Centauri: Ein strahlender Stern versetzt die gesamte Schiffsbesatzung in Tiefschlaf, ein Pilot flippt aus und will alle töten, ein Besatzungsmitglied zündet eine Atomwaffe, die in einem alten menschlichen Raumschiffswrack entdeckt wird.

Ilt

oder auch Mausbiber genannt, große rattenähnliche Tiere in der Heftroman-Serie → »Perry Rhodan«. Auffälligstes Merkmal der Ilts ist ihr großer, einzeln stehender Schneidezahn. Sie verfügen über Psi-Eigenschaften. Der beliebteste Ilt ist → Gucky (der sich selber auch förmlich Leutnant Guck nennt, der eine feste Säule in Rhodans Mutantenkorps bildet.

Imperator von Arkon

→ Atlan

In den Krallen der Venus

Amerikanischer Spielfilm (1958) von Regisseur Edward Bernds, in dem die Amazonenkönigin und Herrscherin über die Venus, → Yllana, die drei Raumpiloten Patterson, Turner und Cruze einfangen kann. Sie wurden samt ihrer Raumstation per Energiestrahl auf die Venus transportiert. In dem Schloß von Yllana wird das irdische Trio mit dem Vorwurf konfrontiert, die Erde wolle die Venus angreifen. Talleah, eine Ministerin von Yllana klärt die drei unterdessen darüber auf, daß sie die einzigen männlichen Lebewesen auf der Venus sind. Die Amazonen wollen zudem ihre Königin Yllana stürzen. Patterson, Turner und Cruze sind dabei, als der Umsturz kommt. Yllana findet den Tod. Die Energiekanonen, mit denen Yllana von der Venus aus die Erde zerstören wollte, werden unbrauchbar gemacht. Da hat die Erde aber noch einmal Glück gehabt.

Incoming

Computerspiel (Rage, 1997), in dem es dürftige Aufgaben zu erfüllen gibt. Zwar ist die Grafikpracht des Spieles mehr als beeindruckend (Kritiker urteilten: »Incoming schlägt alles bisher dagewesene!«), aber das bloße Abballern von etlichen Alienschiffen und –fahrzeugen im All kann auf Dauer doch recht eintönig werden.

Incubation

PC-Game (Blue Byte, 1995), in dem die vormals friedfertigen Horden bizarrer, insektoider Aliens (die verblüffende Ähnlichkeit zu dem → Alien aus dem Kinofilm aufweisen) durch ein Virus der irdischen Kolonisten zu tödlichen Kampfmaschinen mutieren.

Independence Day
US-Kinoerfolg des Jahres 1996 vom deutschen Regisseur Roland Emmerich. Da tauchen doch just vorm Unabhängigkeitstag Heerscharen von fiesen Aliens in ihren fliegenden Kisten auf, um die Erde platt zu machen. Beeindruckend (und die wohl beste Szene am ganzen Film) ist die Eröffnungssequenz zu »Independence Day«: Der Mond und sein Krater Mare Tranquilitarits sind zu sehen. Dort landeten, wie wir Ufonauten wissen, in den 60ern die US-Astronauten Armstrong, Aldrin und Collinsvon. Die US-Flagge steckt im Mondstaub. Eine Tafel verkündet: »We came in peace!« – »Wir kamen im Frieden!« Schön wär's. Denn plötzlich bebt der Mond. Die US-Flagge zittert. Auf die Tafel fällt ein Schatten. Die Fußspuren der ersten Astronauten werden verweht. Ein gigantisches Raumschiff fliegt am Mond vorbei. In Richtung Terra. Das Mutter-Schiff der Alien hat einen Durchmesser von rund 500 Kilometer. Das ist der Anfang vom Ende des Films. Denn die Aliens, die die Erde besuchen, kommen nicht im Frieden. Es gehen durch ihre riesigen Waffen die wertvollsten Dinge Amerikas kaputt: das Empire State Building, die Freiheitsstatue, die Stadt Los Angeles, das Weiße Haus. Die Aliens haben mit ihren überlegenen Waffen an die 25 Millionen Menschen – in kurzer Zeit – auf dem Gewissen. Auch andere Großstädte werden weltweit dem Erdboden gleichgemacht. Die Ufos der Aliens sind aber nicht zu zerstören. Ein unsichtbares Schutzschild ist von den Raketen des US-Militärs nicht zu durchdringen. Aus dem Alien-Kreuzer schießen indes flinke Kampf-Ufos hervor und vernichten die US-Luftwaffe fast spielerisch.

Ein widerlicher Tentakel-Alien, der bei einer Verfolgungsjagd im Grand Canyon abstürzt, wird gefangengenommen. Er hat einen muschelförmigen Kopf. Dieser festgenommene Alien wird zur → Area 51 gebracht. Durch Telepathie erfährt der Präsident, daß die Aliens die gesamte Menschheit auslöschen wollen, um die Rohstoffe der Erde gründlich und in Ruhe ausbeuten zu können. Er erfährt auch von einem Ufo, das der Bevölkerung bis dahin verschwiegen worden ist, das seinerzeit bei → Roswell gefunden wurde und an dem seither die Wissenschaftler in der Area 51 werkeln. Glücklicherweise bekommt man gerade in der kritischsten aller kritischen Situationen das Ding ans Laufen. Zwei Pseudo-Helden erhalten einen Schnellkurs im Ufo-Fliegen. Mit Hilfe dieses Ufos können die beiden wackeren Helden einen Computer-Virus in das gigantische Raumschiff der Aliens schleusen. Daraufhin bricht dort alles zusammen und die Aliens sind geschlagen. Da hat die Welt aber noch mal Glück gehabt!

Das Lexikon des Science Fiction Films lästert darüber: »Wie ein irdischer Computerexperte einen außerirdischen Computer mit Viren verseucht, fragt sich freilich niemand. Aber wahrscheinlich arbeiten die auch nur mit Windows 95...« Das Lexikon des internationalen Films schreibt über »Independence Day«: »Ein gigantisches Raumschiff von fernen Planeten bedroht die Existenz der Menschheit und legt mehrere Großstädte in Schutt und Asche, bevor ihm ein umsichtiger US-Präsident, ein todesmutiger Kampfpilot und ein schrulliges Computer-Genie den Garaus machen. Schrill-patriotischer Science-Fiction-Film, der Vorgaben aus Dutzenden von Science-Fiction-, Katastrophen- und Kriegsfilmen zu einem tricktechnisch aufwendigen Zerstörungsabenteuer verarbeitet.«

Independent Alien Network
Organisation, die sich mit der Erforschung der Besucher außerirdischer Intelligenzen in der Geschichte der Menschheit befaßt, weitestgehend im Sinne der → Prä-Astronautik. Ansprechpartner ist Wladislaw Raab, Morassistraße 16, 80469 München. Das Sprachorgan des Independet Alien Network ist der → »Ufo-Report«.

Insassen
Offizieller Ausdruck für die → belebten Wesen, die Menschen während einer Ufo-Sichtung erkennen.

Institute for Extraterrestrial Communication
Name der von → Johannes von Buttlar gegründeten, internationalen Organisation, die Arbeiten und Ergebnisse auf dem Gebiet der interstellaren Kommunikation zu koordinieren versucht.

Insyzor
Intergalaktischer Streiter in der Comic-Serie → »He-Man«. Insyzor hat das Aussehen einer lebenden Rammaschine mit gewaltigen Stoßzahnen.

Intelligenzwolke
Fred Hoyle, ein englischer Astrophysiker, beschreibt ein außerirdisches Lebewesen als hundert Millionen Kilometer große Intelligenzwolke im Weltraum. Sie kann sich vom Sternenlicht ernähren und wird von elektromagnetischen Wellen geformt und gelenkt.

Invasion aus dem Weltall

US-Spielfilm von John Bud Cardos aus dem Jahr 1979. In der amerikanischen Mojave-Wüste spielen sich unerklärliche Dinge ab: Der Architekt Roger Williams und seine Familie sind aus der Großstadt in die einsame Wüste gezogen. Unbekannte Strahlen lassen die Zeit still stehen, Ufos fliegen über Williams Haus. Williams Tochter Jenny nimmt Kontakt zu den grünhäutigen Aliens auf. Sie sind friedlich und zeigen der Familie die Stadt des Lichts, die sie mitten in der trockenen Wüste gebaut haben.

Invasion der Raumschiffe

Titel des 1978 von Alfred Green in Kanada hergestellten SF-Thrillers. Darin scheint die Sonne des Planeten Alpha bald zu verglühen. Die Aliens von Alpha, die → Alphaner, landen unter Führung von → Ramses auf der Erde. Sie planen, die Erdbevölkerung zu vernichten. Die Einwohner Alphas, deren Heimat bald völlig austrocknet, sollen zwischen Nord- und Südpol angesiedelt werden. Jedoch ist der intergalaktische Wächter, der in einer Pyramide unter dem Meer haust, gegen die mörderischen Pläne der Alphaner. Ramses gelingt es, die Technik des Wächters außer Betrieb zu setzen. Der Wächter kann keine intergalaktische Hilfe gegen die Alphaner auf die Erde rufen. Profesor Duncan kann den Supercomputer des Wächters reparieren. Die Alphaner greifen mit ihren Raumkreuzern die kanadische Stadt Toronto an.

Invasion der Supermenschen

Roman (dt.: München 1961) von Lloyd Bigges. Die Supermenschen leben auf einem fremden Planeten, auf dem ein irdischer Raumpilot notlanden muß. Er findet sich dort in einer abgelegenen Anstalt für Geistesgestörte wieder und erreicht erst nach langwierigen Auseinandersetzungen, daß man ihn – wenn schon nicht für intelligent – zumindest für ein kommunikationsfähiges Wesen hält. Die Bewohner dieser fremden Welt sind Supermutanten, die alle erdenklichen übersinnlichen Fähigkeiten (Telepathie, Telekinese, Teleportation) beherrschen und sich der wenigen Gehandikapten ihrer eigenen Rasse schämen. Als sie erfahren, daß ein ganzes Imperium von »Geistesgestörten« in der Galaxis existiert, starten sie einen Feldzug gegen die Erde, um zu verhindern, daß die »Schwachsinnigen« sich ins Universum ergießen. Der Roman symbolisiert die in den 60er Jahren weitverbreitete Furcht des hilflosen Ausgeliefertsein gegenüber sich für unfehlbar haltende Ideologen.

Invasion of the Star Creatures

Gilt als einer der trashigsten Filme des Genres. Wurde 1961 in den USA von Bruno de Sota gedreht. Zwei hübsche Alienfrauen wollen sich die Erde mithilfe von seltsamen, humanoiden Pflanzen untertan machen. Diese → Star Creatures tragen Strumpfhosen, Ping-Pong-Ball-Augen und einen Kartoffelsack über dem Kopf, aus dem einige Gräser sprießen, laut dem Phantastik-Magazin DOOM die »dämlichsten und lächerlichsten Monster der Filmgeschichte«.

Invasion vom Mars

Film (USA 1953) von William Camerion Menzies. Die Eltern von David MacLean, der ein Ufo im Boden verschwinden sieht, sind zuerst ungläubig. Davids Vater ist im nahegelegenen Atomkraftwerk tätig. Er ist beteiligt an der Entwicklung einer neuen Plutonium-Bombe. Alle, die Davids Erzählung glauben und zu dem Ufo gehen, kehren als willenlose Sklaven zurück. Zusammen mit Dr. Pat Blake vom Gesundheitsamt sucht David die Landestelle der Ufos auf. Der befreundete Astronom Dr. Kelston, kann sogar die Army von der Anwesenheit böser Aliens überzeugen. Die US-Armee umstellt den Landeplatz der Außerirdischen. Jedoch sind die Marsianer-Waffen zu übermächtig. David und Pat werden in das Marsianer-Ufo unter der Erde gezogen. Die Aliens sind großäugige Mutanten, die auch David und Blake den Willen rauben möchten. Mit einer marsianischen Strahlenwaffe kann David den Ober-Marsianer, einen grünen, verkrüppelten Gnom in einem Glaskasten außer Gefecht setzen. Der Film gilt heute als einer der Klassiker des SF-Kinos, wenngleich auch er wie viele andere Filme der Zeit (→ »Das Ding aus einer anderen Welt«) einen deutlich politischen Anspruch hat: Selbst nahestehenden Personen muß man mißtrauen, da diese durch subtile Machenschaften des Feindes (= Kommunisten) gefügig gemacht werden können. 1986 legte Regisseur Tobe Hooper ein Remake des Klassikers vor, der in den Kinos jedoch floppte.

Invasoren

Oft treten die Aliens als Invasoren auf der Erde auf. Dazu gibt es zahlreiche Romane und Filme. In beinahe jedem zweiten Computerspiel, das neu auf den Markt kommt, kommen imperialistische Aliens vor, die die Erde für ihre Zwecke mißbrauen wollen. Einer der berühmtesten Romane ist → »Krieg der Welten« von → H.G. Wells. Ein typischer Film zum Thema Invasoren ist → »Kampf der Welten«, der Film zum Buch von Wells.

In Vitros

Galaktische, humanoide Kampfmaschinen in der SF-Fernsehserie → »Space: Above And Beyond«. In Vintros werden aus menschlichen Genen gewonnen und wachsen in Brutkästen heran.

Irdonozur

Mächtiger Kaiser der Mondbewohner in dem Roman → »Der Mann im Mond« von → Francis Godwin, der alle seine Untergebenen an Weisheit, Lebensdauer und Größe übertrifft. Damit ist er ungefähr doppelt so groß wie die → Pylonas, die Fürsten, die bereits vierfach so groß wie das einfache Mondvolk sind.

Jabba: Nicht schön, aber mächtig

J

Jabba

Riesiges, unförmiges Wesen ähnlich Nacktschnecken in der Kino-Trilogie → »Star Wars«. Jabba ist ein Angehöriger der außerirdischen Rasse der → Hutts, und wie sie alle liebt er es, in einem großen Palast zu residieren, umgeben von seinen zahlreichen Helfershelfern und Tänzerinnen. Die Geschäfte von Jabba the Hutt sind zwielichtig. Er steckt in Schmuggelgeschäften, im Kreditgeschäft und vermutlich in allen drecki-

gen Geschäften des Universums. Seine Macht ist vielleicht nicht grenzenlos, aber mit Sicherheit ist er eine Größe, an die auch das Imperium nicht ohne weiteres vorbei kann. Wir lernen ihn erst im letzten Teil von → George Lucas' »Krieg der Sterne«-Trilogie persönlich kennen. Han Solo, der Jabba eine große Summe Geld schuldet, wurde vom Imperium an Jabba ausgeliefert. Doch → Luke Skywalker gelingt es, seinen Freund zu befreien und zu fliehen. Seitdem Lucas 1997 seine Filme überarbeitet und erweitert hat, taucht Jabba aber bereits in »Krieg der Sterne« selbst auf, im Zwiegespräch mit Han Solo, aber eine ganze Nummer kleiner als in »Rückkehr der Jedi-Ritter«.

Jadzia Dax
Angehöriger der → Trill. Symbiotische Lebensform aus Mensch und Wurm in der Fernsehserie → »Deep Space Nine«. Jadzia spielt dort die Hauptrolle, nach seinem Tod als Ezri Dax mit einem anderen Wirtskörper.

Jäger
Die Jäger sind außerirdische Lebewesen in dem Film → »Die Katze aus dem Weltraum«, die den quallenartigen → Schwebern als Beute hinterherjagen. Beide Lebensformen existieren in der Atmosphäre.

Jedi Knights
PC-Action-Game zum Kino-Epos → »Star Wars«.

Jem Hadar
Genmanipulatierte Spezies aus dem aggressiven → Dominion in dem → Star Trek-Ableger → »Deep Space Nine«. Die Jem Hadar sind ebenso aggressiv, da sie als perfekte, widerspruchslose Kampfmaschinen geschaffen wurden. Sie leben von Kindheit an in militärischen Einheiten und werden nur für den Krieg ausgebildet. Angeführt werden sie von den → Vorta.

Jeriba
Echsenartiges Wesen aus dem Film → »Enemy Mine«.

Jerry
Außerirdische Intelligenz in dem Roman → »Sphere« (dt.: Reinbek 1988) von Michael Crichton, die in einem Wrack in den Tiefen des Pazifiks ruht, bis eine Forschungseinheit Herkunft, Design und Energie zu entschlüsseln versucht. Wie die Forscher überrascht feststellen

müssen, kann Jerry Gedanken lesen und die verborgensten Ängste in den Menschen freisetzen, was natürlich zu einer Reihe von Komplikationen bei der Forschercrew führt.

Jesus

Eine der kühnsten Thesen der → Prä-Astronautik ist: Jesus war ein Außerirdischer. Im Johannes-Evangelium 14,2 ist der Ausspruch Jesu wiedergegeben: »Im Haus meines Vaters sind viele Wohnungen. Wäre es nicht so, hätte ich es euch gesagt...« Die Prä-Astronautik fragt jetzt: Wenn diese Worte als Gleichnis astronomische und exobiologische Wahrheiten enthalten – woher hatte Jesus seine Kenntnis? Die Geschichte eines götterähnlichen Wesens, das für die Menschen gestorben und wieder auferstanden sei, wird auch von den westafrikanischen Dogon aus Mali erzählt. Sie nannten es Nommo – dennoch gab es nicht nur einen Nommo, sondern viele solcher Geschöpfte mit dem Gesamtbegriff der Nommos. Wenn diese außerirdischen Besucher – wie auch die Mythen berichten – mehrmals, im Abstand von Jahrhunderten und Jahrtausenden zur Erde zurückfanden, konnte sich für die Priesterschaft die Vorstellung einer möglichen Auferstehung herausbilden. Gestützt wird die Vermutung, daß außerirdische Besucher durch Mißdeutung zu → Göttern wurden, auch durch eine Vielzahl mehrdeutiger Hinweise in der Bibel, z.B. zu → Abraham.

Jonzz, Jonn

→ Martian Man-Hunter

Jordan, Hal

Richtiger Name von → Grüne Laterne.

Jor-El

Vater von → Superman. Humanoider auf dem Planeten → Krypton. Trägt wenig zur Handlung der Comic-Serie bei.

Jumpy

Mausbiberjunge und Nachwuchs von → Gucky, dem treuen Gefährten von → Perry Rhodan.

Junici

Hübscheste Humanoide vom Planeten → Moran in der Heftroman-Serie → »Raumschiff Promet« von → Kurt Brand.

K

Kabuto

Fernsehturmhohes, King-Kong-artiges Monstrum, daß in dem Spiel → »Giants – Citizen Kabuto« von den → Sea Reapers geschaffen wurde, um die Invasoren der → Meccaryns zu vernichten.

Kal-El

Tatsächlicher Name von → Superman.

Kampf um Endor

→ Ewoks (Film)

Kampfstern Galactica

1978 entstandener Pilotfilm von Regisseur Richard A. Colla zur gleichnamigen, amerikanischen TV-Serie. Sie schildert den finalen Überfall der roboterartigen → Zylonen auf den Planeten eines menschlichen Imperiums. Unter dem Kommando von Commander Adama, dargestellt von Lorne Greene, bricht der Riesenraumer Galactica mit einer Flotte von Hilfsschiffen voller Flüchtlinge auf, um eine Kolonie namens Erde zu finden, mit der man seit Ewigkeiten keinen Kontakt mehr hat. Natürlich nehmen die Angriffe der Zylonen kein Ende. Als dem Riesenraumer der Treibstoff ausgeht, stößt man auf »Die lebende Legende«, den stahlharten Commander Cain, der mit seinem Superraumschiff Pegasus ebenfalls dem Überfall der Zylonen entgangen ist. Gemeinsam klaut man den Zylonen den dringend benötigten Treibstoff. Die Zylonen planen unterdessen die völlige Vernichtung der letzten Menschen, aber das kann natürlich von den Helden der Galactica, allen voran die Pilotinnen Sheba und Cassiopeia und ihr Captain Apollo und dessen Gefährten Starbuck, erfolgreich abgewendet werden. Am Ende trifft man schließlich auch auf die langersehnte Erde. Nach dem Pilotfilm erschienen noch zwei weitere Folgen in Spielfilmlänge: »Mission Galactica: Angriff der Zylonen« (USA, 1978) unter der Regie von Vince

Edwards und Christian I. Nyby und »Das Ende einer Odyssee« (USA, 1981) von Sidney Hayers, Sigmund Neufeld und Barry Crane, die aber nur Zusammenschnitte der Serie waren.

Karawane der Tapferen

→ Ewoks (Film)

Katze

→ »Die Katze aus dem Weltraum«

Kazon

Humanoide Lebensform, auf die die → Voyager in ihrem → Star-Trek-Universum trifft. Die Kazon besitzen »blumenkohlähnliche« Auswüchse an den Köpfen (oder sollen das etwa Frisuren sein?). Sie sind in siebzehn verschiedene Gruppierungen, sog. »Sekten« unterteilt, die untereinander hoffnungslos zerstritten sind. Die Sekten selbst sind intern sehr autoritär aufgebaut; alle Mitglieder einer Sekte müssen sich dem Sektenführer bedingungslos unterwerfen. Innerhalb der Kazon-Gesellschaft werden Konflikte oft mit Gewalt ausgetragen. Die Kazon beherrschen ein größeres Gebiet im Delta-Quadranten. Da die Voyager zu Beginn ihrer Reise im Kazon-Gebiet auftaucht, bekommt sie es mehr als einmal mit den Kazon zu tun, zumal die Kazon auf die technischen Einrichtungen der Voyager scharf sind. Mit Hilfe der intelligenten Ex-Marquee-Frau Seska haben sie auch beinahe Erfolg.

Als die → Borg zum ersten Mal auf die Kazon treffen, entschließen sie sich, diese nicht zu assimilieren, da die Kazon nichts Brauchbares haben, das man der Borg-Kultur hinzufügen könnte. Somit bleiben die Kazon als eine der wenigen Rassen von der Assimilierung durch die Borg verschont, wenn auch aus einem wenig schmeichelhaften Grund.

Kennerin

Im Weltraum passiert viel. Warum soll es da nicht auch Flüchtlinge, Vertriebene, Gejagte geben? Die Kennerin-Sippe in dem Roman → »Die Flüchtlinge« (München 1978) weiß von Martan Randall aus eigener Erfahrung, wie bitter es ist, ohne Heimat zu sein. Jason Kennerin zögert deshalb keine Sekunde lang, der verfolgten Minderheit eines anderen Planeten Asyl auf Aerie anzubieten, jener Welt, auf der sich die Kennerins ein neues Zuhause aufgebaut haben. Auch die rätselhaften Ureinwohner Aeries scheinen nichts gegen die Ansiedlung der Flüchtlinge zu haben Aber nicht alle denken so...

Kerrigan
Galaktische Herrscherin mit messerscharfen Klingen in dem PC-Action Game → »Star Craft«.

Kes
Angehörige der → Ocampa in der vierten Generation der → Enterprise (gespielt von Jennifer Lien). Sie versah ihren Dienst als Assistentin des Doktors auf der Krankenstation. Dabei entwickelte sie immer mehr Profil und enorme spirituelle und telepathische Fähigkeiten. Da die Rolle jedoch nach Ansicht der Voyager-Produzenten nicht allzu viel hergab, wurde Kes in der vierten Staffel ausgetauscht gegen die → Borg-Frau → Seven of Nine.

Khasch
Außerirdische Wesen im → Tschai-Zyklus, die ständig mit den → Dirdir, → Pnume und → Wankh im Clinch liegen.

Kilrathi
Feindliche Wesen im populären Computerspiel → »Wing Commander«

Kinder des Weltraums
US-Film aus dem Jahr 1958 (Regie: Jack Arnold). Darin versuchen Außerirdische den Grund für die menschlichen Niederträchtigkeiten zu ergründen. Auf eine Antwort stoßen sie nicht (warum auch, wenn wir Menschen es selbst nicht einmal wissen!), dafür aber erkennen sie, daß alle Boshaftigkeit von den Erwachsenen ausgeht, und die ihre Zeit damit vertreiben, Wasserstoffbomben zu bauen. Die Aliens wollen das natürlich verhindern, indem sie die Kinder auf ihre Seite ziehen. »Die Atombome als ultimative Vernichtungswaffe«, so bemerkt das Phantastik-Magazin DOOM süffisant, »scheint also auch unseren technisch haushoch (!) überlegenen Besuchern Respekt einzuflößen.«

King, Stephen
Amerikanischer Schriftsteller, geboren 1940. King kam überwiegend durch Horrorromane zu ungeahntem Erfolg. Einige seiner Werke bewegen sich im Grenzbereich zur SF. Eindeutig außerirdischer Herkunft sind → »Tommyknockers« und → »Es«, die → Langoliers sind galaktische Raum-Zeit-Fresser. Weitere Werke: »Friedhof der Kuscheltiere«, Hamburg 1985; »Sara«, München 1998.

Klaatu

Menschenähnlicher Abgesandter einer galaktischen Zivilisation in der vielzitierten Story → »Abschied vom Herrn« (Vorlage zum Film: → »Der Tag, an dem die Erde stillstand«) von → Harry Bates. Klaatu kommt auf die Erde und versucht die Politiker zur Aufgabe des atomaren Wettrüstens zu bewegen. Klaatu, äußerlich kaum vom Menschen zu unterscheiden, dient dank seiner Warte außerhalb der menschlichen Gesellschaft als Warner vor einer gefährlichen Entwicklung und daher als Vermittler von Sozialkritik.

Klamip

Der schwertzüngige Klamip ist ein skurriles Wesen aus dem Comic »Kosmos von Valerian und Veronique«. Durch einen kräftigen Druck kann man die Zunge des Klamips ausfahren. Beim Kauf eines Klamips wird ein Stein zum Schleifen der Zunge auf Wunsch mitgeliefert.

Klesh

Humanoide Wesen auf dem Planeten Mansalvat in der → »Ler-Trilogie« von → M.A. Foster. Einst Sklaven auf dem Planeten Morgenröte, haben sie hier ihre eigene bizarre, chaotische und gewalttätige Zivilisation entwickelt.

Klingon Academy

PC-Adventure-Spiel (Interplay, 1999), in dem der Spieler in die Rolle des Klingonen → Torek schlüpft, um sich diverse Kampftechniken beibringen zu lassen. Das Training umfaßt die Unterweisung in unterschiedliche Taktiken, den Ehrencode der Klingonen sowie die Leitung eines Kampfschiffes. Auf dasselbe geht es dann auch relativ schnell, erst ein kleines, dann auf einen Kreuzer mit 280 Mann, später sogar auf einen schweren Kreuzer. Hat der Spieler die Ausbildung erfolgreich absolviert, übernimmt er eine kleine Flotte und hat eine Reihe von Missionen zu erfüllen.

Klingon Honor Guard

Computerspiel (MicroProse, 1997), das wesentlich aus den Ideen des → Star-Trek-Universums schöpft. Im Mittelpunkt steht das Reich der → Klingonen. Der Spieler ist in der Haut eines Leibwächters, der in ein Attentat verwickelt wird. Bei den Ermittlungen gerät er in eine gefährliche Intrigengeschichte, die das gesamte klingonische Reich erschüttern könnte. Ein Ausweg muß gefunden werden.

Klingonen

Die Klingonen sind eines der am häufigsten auftretenden Völker in der wohl erfolgreichsten SF-Fernsehserie der Welt: → »Star Trek« – abgesehen vielleicht von den → Vulkaniern. Auch die Klingonen sind humanoid. Zu erkennen sind sie an der charakteristischen Knochenplatte auf der Stirn, wobei allerdings diese Hornplatte bei den Klingonen der Original-Enterprise-Serie fehlte – eine Abweichung, die nie genau erklärt wurde. Weitere charakteristische Merkmale sind buschige Augenbrauen sowie, bei den Männern, Spitzbärte. Ihre Sprache ist tief und voller Rachenlaute.

Die klingonische Gesellschaft ist auf den Begriffen von Kampf und Ehre aufgebaut. Bereits die Kinder erhalten eine Kampfausbildung, meist mit einer Art Krummschwert, dem Bath'leth. Das Leben der Klingonen wird durch eine Vielzahl meist kriegerischer Traditionen und Rituale geregelt. Im Mittelpunkt der Traditionen steht dabei die Familie bzw. die »Häuser«. Am meisten Ansehen genießen dabei diejenigen Familien, deren Vertreter sich in Kriegen und Raumschlachten besonders hervortaten. Die Klingonen beherrschen ein recht großes Sternenreich, das von dem sog. »Hohen Rat« regiert wird, der von Vertretern der einflußreichsten Familien gebildet wird. In diesem erlauchten Gremium geht es vordergründig besonders ehrenhaft und traditionell zu; hinter dem Rücken der Gesellschaft aber wird hier auf gänzlich unehrenhafte Weise intrigiert, und so mancher Dolch landet unversehens im Rücken eines Kriegers (und das nicht nur im übertragenen Sinne!).

In der ersten Star Trek-Serie waren die Klingonen ein offensichtliches Symbol für die Sowjetunion, weshalb sie oftmals die → Föderation in militärische Konflikte verwickelten. Am deutlichsten wird diese Parallele im Kinofilm »Star Trek VI: Das unentdeckte Land«. In diesem Ende der Achtziger Jahre gedrehten Streifen beschließt der klingonische Kanzler Gorkon (sic!) eine Reform – oder sollte man gleich Perestrojka sagen? – der klingonischen Gesellschaft. Zu diesem Zweck beginnt er Friedensverhandlungen mit der Föderation, die letzten Endes erfolgreich verlaufen. Als Ergebnis dieser Verhandlungen werden die Klingonen zu Verbündeten der Föderation – wenn auch nicht immer zuverlässig. In »Star Trek – das nächste Jahrhundert« wird gar ein Klingone zu einer der Hauptpersonen: → Worf, der später sogar zum Sicherheitschef der → Enterprise aufsteigt. Immer wieder gerät seine klingonische Erziehung in Konflikt mit den Werten der Föderation. Ab der vierten Staffel wird Worf nach → Deep Space Nine versetzt, woraus etliche »Klingonen-Episoden« resultieren. Auch auf der → Voyager ist eine (Halb-) Klingonin mit von der Partie, die temperamentvolle und technisch geradezu geniale Chefingenieurin → B'elanna Torres.

Kluth

Neben → Trigan Protagonist in der Comic-Serie »Trigan«, die die altgriechische Kultur einer technisch hochmodernen, außerirdischen Rasse auf dem Planeten Trigan schildert.

Kneesa

Süße, kluge und sanftmütige Prinzessin der → Ewoks in der gleichnamigen Comic-Serie.

Kobolde

Auch Goblins genannt. Kobolde wurden bei vielen Gelegenheiten gesehen. Es sind kleine, ungefähr einen Meter große, grüne Wesen, die für gewöhnlich riesige, kahle Köpfe und große Augen haben. Zum ersten Mal angeblich 1955 gesichtet. Für den SF-Autor → Frederic Browns waren die Gnome Anlaß zu einer amüsanten → Marsianer-Parodie mit der Erzählung »Die grünen Teufel vom Mars«.

König der Wasserwelt

Roman (dt.: München 1967) von → Jack Vance, in dem auf einem blauen Planeten (nicht die Erde!) ein → Fisch ansässig geworden ist, der die Menschheit versklavt hält. Sein Lokalkolorit erhält der Roman aus dem Umstand, daß es auf dem Wasserplaneten kein Land, sondern nur Inseln aus Schwimmpflanzen gibt.

Kontaktler

Menschen, die von sich behaupten, daß sie in ständigem Kontakt zu angeblich außerirdischen Wesen stehen.

Kontrolle

Oberste Instanz, die in dem Roman → »Feuervogel« von → Charles L. Harness das Leben aller Planeten beherrscht. Im Grunde ist diese sogenannte »Kontrolle« aber nur ein telepathischer Computer. Trotzdem ist er sehr, sehr mächtig, eine übermächtige Technologie im dunklen Herzen des Universums. Mit dem »Projekt Cancelar« verfolgt »Kontrolle« einen gigantischen Plan. Falls er erfolgreich ist, winkt als Lohn Unsterblichkeit – für Kontrolle. Den Preis zahlen die anderen: Das Universum, jegliches Leben wird vernichtet. Und es gibt nichts, was die Menschen dagegen tun könnten. Aber es gibt noch eine andere, versteckte Kraft im Universum. Und diese Macht plant die Vernichtung von Kontrolle. Aber sie ist in Auflösung begriffen. Bevor sie jedoch verschwindet, bringt sie ihre letzten Trumpfkarten ins Spiel: einen magischen Ring, ein Elexier, einen Mann und eine Frau, die sich lieben, sowie ein beseeltes Raumschiff. Aus diesen Bestandteilen soll die Waffe geschmiedet werden, die der gigantischen Technologie des von Kontrolle regierten Universums die Stirn bieten und sie besiegen soll...

Kookr

Echsen-König in dem Comic → »Planeten-Story«. Kookr kann seine Augen an langen Stielen ausfahren und hält dadurch stets Ausschau nach den → Gornischthelfer, die er in seiner Hummersuppe verzehren möchte.

Kosmoboy

Richtiger Name: Rokk Krinn. Extraterrestrischer Superheld vom Planeten Braal in der Comic-Serie → »Legion der Superhelden«. Er kann mittels seiner magnetischen Kräfte Gegenstände in der Luft schweben lassen, die dann mit heftigem Getöse auf die Bösewichter hinabstürzen.

Krell

Ureinwohner auf dem Planeten Altair 4 in dem Kinofilm »Alarm im Weltall«. Die Krell besitzen eine Maschine, die die geheimen Wünsche materialisiert, was den auf dem Planeten landenden Menschen niederträchtige Offenbarungen beschert.

Krieg der Sterne

→ Star Wars

Krieg der Welten (Computer)

PC-Strategiegame (Rage-Software/GT Interactive), das 1998 aus Anlaß des 100jährigen Geburtstags der Romanvorlage von → H.G. Wells veröffentlicht wurde. Anders als in der Literaturvorlage sind die Marsianer durch genügend Widerstand durchaus in die Flucht zu schlagen. Andererseits kann sich der Spieler auch dafür entscheiden, in die Rolle der technisch besser ausgerüsteten Marsmenschen zu schlüpfen. Diese sind der Beschreibung von Wells angeglichen. Das Geschehen findet – ebenfalls wie in der Literaturvorlage – in Großbritannien statt. Auch → Jeff Wayne ließ sich durch das Vorhaben der Programmierer neu inspirieren und komponierte auf Grundlage seines Musicals einen modernen Soundtrack für das Spiel.

Krieg der Welten (Film)

Originaltitel: Kampf der Welten. Kinofassung (USA, 1952) von Byron Haskin, der zwar nicht an die Romanvorlage von → H.G. Wells heranreicht, jedoch zu der damaligen Zeit durch die außergewöhnlichen Special Effects begeisterte. Auch Haskin verlegt die Story geographisch, diesmal nach Kalifornien. Die dreibeinigen Angriffsmaschinen der Marsianer werden in dem Film im übrigen durch die zu jener Zeit viel populäreren fliegenden Untertassen ersetzt. Die ledersackähnlichen Marsianer (Wells) werden im Film als krötenartige Kreaturen dargestellt. Auch die Atombombe kommt zum Einsatz.

Krieg der Welten (Hörspiel)

Werkgetreue Hörspielfassung von Orson Wells. Einzig markanter Unterschied zur literarischen Vorlage ist, daß Wells die → Marsianer in New York statt in London niedergehen ließ. Als angebliche Live-Sendung am 30.10.1938 vom New Yorker Sender CBS ausgestrahlt, rief es im ganzen Land eine Panik hervor.

Krieg der Welten (Literatur)

Weltberühmter Roman von → H.G. Wells, erschienen in Buchform 1898 (dt.: Wien 1901). Wells macht die Landung Außerirdischer, der → Marsianer, zum Thema. In der Nähe von Woking, Surrey, geht ein Flugkörper nieder, ein Raumschiff vom Mars, dem fremdartige Außerirdische entsteigen, seltsame, ledersackähnliche Gestalten, die aus Gehirn, Händen und einem Kreislaufsystem bestehen und die sich mittels einer Art Transfusion vom Blut anderer Lebewesen ernähren. Diese Wesen beginnen sofort ihre Körper zu montieren, riesenhafte Arbeits- und Kampfmaschinen, deren Hitzestrahlen die friedlichen Zuschauer niederbrennen. Die Marsianer sind dem Erdbewohnern technisch weit überlegen. Jede Nacht landen weitere Flugkörper, immer mehr Kampfmaschinen eilen mit ameisenhafter Beweglichkeit übers Land, verbrennen kurzerhand ganze Armeen, radieren mit ihren Waffen alles Leben aus. Erst irdischen Bazillen, gegen die die Marsianer keine Abwehrkräfte besitzen, retten die Menschheit vor der Versklavung. Wells brachte mit dem Roman Kritik am Imperialismus und Warnung vor allzu großem Fortschrittsoptimismus an.

Noch heute zehren die Verfasser primitiver Fernsehserien und Gruselfilme von Wells' menschenfeindlichen Invasoren aus dem All, ungeachtet jener Science-Fiction-Autoren, die sich – optimistischer als Wells – ernsthaft Gedanken darüber machen, ob und wie eine friedliche Begegnung mit außerirdischen Intelligenzen stattfinden könnte.

Krieg der Welten (Musical)
Stimmungsvolle Rockoper aus dem Jahr 1979 von → Jeff Wayne, die zu den gelungensten Literaturadaptionen der Popmusik gehört und bis heute nichts von ihrer Faszination verloren hat.

Krinn, Rokk
→ Kosmoboy

Kristallprinz
→ Atlan

Krypton
Heimatplanet von → Superman

Kubrick, Stanley
Amerikanischer Regisseur, geboren 1928, gestorben 1999. Mit der → Arthur C. Clarke-Verfilmung → »2001« schuf Kubrick in den 60er Jahren eine Filmlegende und prägte das SF-Genre auf Jahre hinaus. Weitere Filme waren »Dr. Seltsam oder Wie ich lernte, die Bombe zu lieben«, »Spartacus«, »Full Metal Jacket«, »A Clockwork Orange« und »Shining«.

Küchenschabe
Monströses, aufgeblähtes, schleimspeiendes Alien in der Form einer Schabe im Film → »Men In Black«, das illegal auf die Erde reist und dort das Reich der → Arquillianer an sich reißen möchte. Das wissen die Helden, die Men In Black, natürlich geschickt zu vereiteln.

Kwisatz Haderach
Galaxisübergreifender Heilsbringer im Roman → »Dune« von → Frank Herbert, den der hochausgebildete Frauenorden der → Bene Gesserit sozusagen als Überwesen kreieren möchte. Dieser Supermutant soll die Geschichte der Menschheit, die an sich keine Logik besitzt, aus ihrer Wirrnis und Dekadenz befreien und lenken.

Kybernoiden
Tyrannisches Alien-Völkchen, die ein wenig an den Terminator erinnern, auf dem Planeten → Lugubrios in dem Action-Game → Skout.

L

Lafferty, R(aphael) A(loysius)

Amerikanischer SF-Autor, geboren 1914, der mit dem Erzählung → »Wir kommen wieder!« nicht nur die nervigen → Skandier schuf, sondern auch noch eine spaßige Satire. Weitere Werke: »Neunhundert Großmütter«, Frankfurt 1974.

Langbein, Walter Jörg

Evangelischer Theologe, geboren 1954. Autor der → Prä-Astronautik. Wichtigste These: »Der Mensch ist das Produkt außerirdischer Wissenschaftler. Heilsbringer aus dem All sind diese aber nicht. Wir müssen unsere Probleme selbst lösen. Erst dann besteht die Chance, daß Menschen als intelligente Gesprächspartner akzeptiert werden.« (aus: »Astronautengötter«, Luxemburg 1979). Er unterstützt mit dieser These nicht unwesentlich → Erich von Dänikens Theorie vom → Götterschock.

Langoliers

Raum- und zeitfressende Monster in dem Roman »Langoliers« (dt.: München 1990) von → Stephen King. Inhalt: ein normaler Linienflug gerät außerhalb Raum und Zeit in eine tote Landschaft, die die Langoliers, kreisrunde, bösartige, zuckende, wabernde Wesen, mitsamt dem restlichen Raum-Zeit-Kontinuum einfach auffressen.

Lara

Mutter von → Superman. Weibliche, humanoide Gestalt vom Planeten → Krypton, die bis auf die Geburt des Helden keinen wesentlichen Beitrag zu den Comic-Geschichten des Superheldens leistet.

Laserkill – Todesstrahlen aus dem All

US-Film (1979) von Michael Rae. Zwei intergalaktische Polizisten, Echsen-Aliens, haben einen galaktischen Gangster auf die Erde gejagt und niedergestreckt. Die Strahlenpistole des getöteten Gangsters nimmt schließlich der irdische Detektiv Duncan in Besitz.

Laßwitz, Kurd
Bedeutendster und meistgelesener deutscher SF-Autor, geboren 1848, gestorben 1910. Laßwitz ist heute weitestgehend unbekannt. Sein Meisterwerk → »Auf zwei Planeten« gehört zum Eindrucksvollsten, was diese Literaturgattung in Deutschland je hervorgebracht hat und idealisiert die Begegnung der Menschen mit → Marsianern in ethischer und philosophischer Vollendung. Weitere Werke: »Bilder der Zukunft«, Breslau 1979; »Aspira«, Leipzig 1905.

Lawrence, Don
Britischer Comic-Zeichner, geboren 1928. Schöpfer der Kult-Comic-Serie → »Trigan«. Aus seiner Feder stammt auch »Storm«, eine Fantasy-Comic-Serie.

Le Guin, Ursula K(roeber)
Bedeutende amerikanische SF-Autorin, geboren 1929. Schöpferin des Hainish-Zyklus, in dem – wie in vielen anderen wichtigen Werken der SF – die → Hain humanoide Völker, darunter auch den Menschen, in der Galaxie ausgesät haben. Überhaupt haben gesellschaftliche Aspekte in ihren Romanen eine besondere Bedeutung: In dem Roman → »Winterplanet« treten die → Estraven, Zwitterwesen, auf, die stets auf ein Neues über ihre weitere Entwicklung entscheiden müssen. In dem Roman → »Planet der Habenichtse«, das als ihr reifstes Werk gepriesen wird, knüpft sie an die sozialutopische Tradition der SF an. Weitere Werke: »Der Magier der Erdsee«, München 1979; »Ein Fischer des Binnenmeeres«, Bellheim 1998.

Leben
Biologen sprechen bei der Erfüllung von mindestens drei Grundeigenschaften von existierendem Leben: Stoffwechsel, um Energie zu gewinnen, Fortpflanzung und Vererbung (muß durch einen genetischen Code gegeben sein), Veränderungsmöglichkeit des genetischen Codes, um eine Evolution möglich zu machen. Wenn diese Bedingungen erfüllt sind, kann es auch Alien geben, meinen Wissenschaftler, andere Alien-Forscher lassen dies offen, »weil außerirdisches Leben vielleicht viel mehr Möglichkeiten hat, als wir je ahnen.«

Leeloo

Humanoider, sehr attraktiver, sehr weiblicher Klon außerirdischer Wesen in dem Kinofilm → »Das fünfte Element«.

Legion der Superhelden

Amerikanische Comic-Serie (dt.: Stuttgart 1960 ff). Die Legion bildet eine Gruppe von Teenager-Superhelden mit verschiedensten Superfähigkeiten, die sich dem Kampf für das Gute (und gegen das Böse) sowohl auf der Erde als auch im Universum verschrieben hat. Gelöbnis: »Ich verpflichte mich, meine Superkraft nur zum Besten aller Menschen und nicht zum persönlichen Vorteil einzusetzen, ohne irgendeine Belohnung zu erwarten, und anderen Legionären, die in Gefahr sind, nach besten Kräften zu helfen.« Der Legion gehören neben Superboy, das ist → Superman in jungen Jahren, weitere extraterrestrische Helden an, z.B. → Blitzjunge, → Brainiac 5, → Duo Girl, → Kosmoboy, → Phantomgirl, → Saturngirl, → Ultraboy.

Leguane

Außerirdische, echsenartige Bösewichter in der US-TV-Serie → »V – Die außerirdischen Besucher«. Die Technik der Außerirdischen ist, natürlich, sehr fortgeschritten: große Raumschiffe und kleine Gleiter, Laserkanonen und vieles mehr, mit dem sie versuchen, sich erst unser Vertrauen zu erschleichen, um dann hinterhältig die Macht über die Menschheit zu erlangen.

Lem, Stanislaw

Polnischer Autor, geboren 1921. Verfasser des richtungsweisenden → »Solaris«. Lem stellt ohne Zweifel eine Ausnahmeerscheinung in der SF dar. Er vereint erstaunliches interdisziplinäres Wissen, philosophischen Tiefsinn und literarisches Geschick mit intelligenten Themen zu unterhaltender SF-Literatur. Weitere Werke: »Der Unbesiegbare«, Berlin 1967; »Transfer«, Düsseldorf 1974.

Lemurer

Galaktische Rasse und Vorläufer der Menschheit, die sogenannte Erste Menschheit in der Heftroman-Reihe → »Perry Rhodan«. Auf ihrem Vorstoß in die Andromeda-Galaxis sehen sich die Terraner um Perry Rhodan mächtigen Gegnern gegenüber, den sogenannten »Meister der Insel« (MdI). Nachdem sie bereits zahllosen Gefahren begegnet waren, setzen die MdI eine ihrer mächtigsten Waffen ein, eine Zeitmaschine. Perry Rhodan und seine Männer werden über 50.000 Jahre in die Vergangenheit geschleudert und finden sich in der Milchstraße wieder. Dort entdecken sie das bislang unbekannte lemurische Imperium, die sogenannte Erste Menschheit. Bald erfahren sie mehr: in dieser Zeit haben die Menschen ein Weltraumreich aufgebaut, das sowohl die gesamte Milchstraße wie auch die Andromeda-Galaxis umfaßt. Die Hauptwelt ist die Erde, damals noch Lemuria genannt. Als die Herrschaft über die beiden Galaxien gesichert scheint, wird das Imperium von den → Halutern angegriffen, den Abkömmlingen der → Ulebs aus M-87. Den Bestien gelingt es in kurzer Zeit, das lemurische Imperium zu zerstören. Im wahrsten Sinne des Wortes bomben sie die Erde wieder in die Steinzeit zurück. Andere Kolonien der Lemurer, allen voran → Akon, vergessen ihre Wurzeln und gründen eigene Imperien, aus denen später die → Arkoniden hervorgehen. Während das Imperium in der Milchstraße restlos vernichtet wird, gelingt es den Lemuriern in der Andromeda-Galaxis, ihre Herrschaft zu sichern und unabhängig von der Milchstraße weiterzuleben. Aus diesen Lemurern werden die → Tefroder, eines der Hilfsvölker der MdI. Perry Rhodan gelingt es, die Tefroder aus dem Bann der MdI zu ziehen und sie mit dem anderen beherrschenden Volk Andromedas, den methanatmenden → Maahks, auszusöhnen.

Der Zyklus »Meister der Insel«, in der diese Geschichte erzählt wird, erschien Mitte der 60er Jahre und gilt als einer der Höhepunkte der Perry Rhodan-Serie überhaupt.

Lensmen-Saga

Sechsbändiger, einflußreicher Romanzyklus (dt.: München 1968 ff) von → E.E. Smith, der noch heute zu den Bestsellern der SF gehört. Die guten → Arisier stoßen vor zwei Milliarden Jahren auf die abgrundtief bösen → Eddorier und nehmen sich vor, in den nächsten paar tausend Äonen eine Kultur zu erschaffen, die fähig ist, den unausweichlichen, sich immer wiederholenden Angriffen der Jünger Eddores, der abgrundtief bösen Horden Boskones, abzuwehren. Zu den alliierten Völkern, die die Arisier aus Algen gezüchtet haben, gehören natürlich auch die Menschen, die Hauptthelden der Lensmen-Saga, deren Körper und Geist mit Hilfe der »Lens«, einem linsenförmigen Gerät gestärkt wird. Im Verlauf jedes Bandes bekämpft und besiegt der jeweilige, menschliche Held eine riesige galaktische Organisation von Bösewichtern und entdeckt am Anfang der jeweiligen Fortsetzung, daß diese nur Teil einer größeren, noch geheimeren, noch tödlicheren galaxisumspannenden Organisation war, hinter der die Eddorier stecken. Was viele SF-Leser gern als den »immerwährenden Kampf zwischen Gut und Böse« erkennen, entpuppt sich als Umschreibung für die ideologische Auseinandersetzung zwischen Kapitalismus und Kommunismus. Die ersten Bände der Lensmen-Saga entstanden in den zwanziger Jahren, zu einer Zeit also, in der die Sowjetunion erst kurze Zeit existierte und der Kommunistenhaß ähnliche Blüten trieb wie in den fünfziger Jahren.

Ler

Titelgebende, genetisch veränderte Menschen, deshalb humanoide Wesen in der → »Ler-Trilogie« von → M.A. Foster. Die Ler forschen in einem schier endlosen Kreuzzug durch die Galaxie alten Mythen nach, die mit sagenumwobenen Legendengestalten zu tun haben

Ler-Trilogie

Dreibändige SF-Reihe von → M.A. Foster. Eigentlich ist Meure ausgezogen, um das Abenteuer im Weltraum zu suchen und fremde Planeten kennenzulernen. Deshalb heuert er auch auf dem Raumschiff der Sporm an. Aber das Schiff ist in besonderer Mission für die → Ler unterwegs, und diese Mission ist gefährlicher, als es zunächst den Anschein hat. Die Ler forschen alten Mythen nach, die mit der Legendengestalt der Sanjirmil zu tun haben. Aufklärung erhoffen sie sich auf jenem Planeten, der von allen Raumschiffen gemieden wird und dem allerlei merkwürdige Dinge nachgesagt werden: Mansalvat. Hier wurden wilde, seltsame Menschen ausgesetzt, Menschen, die einer verbrecherischen genetischen Zuchtauswahl entstammten. Einst Sklaven auf dem Planeten Morgenröte, haben sie hier ihre eigene bizarre, chaotische und gewalttätige Zivilisatilon entwickelt. Man nennt sie die → Klesh. Die Expedition erreicht Monsalvat, aber sie erleidet dort Schiffbruch. Meure und die anderen sehen sich schutzlos der rauhen Wirklichkeit des Planeten und seiner erbarmungslosen Bewohner ausgesetzt. Aber es gibt noch andere Dinge, die ihnen zu schaffen machen, mysteriöse Dinge, die gefährlicher sind als die Menschenjäger des Klesh. Da ist ein Mann, dessen Geist seit Jahrhunderten in einem »Geschichtenerzähler« gefangen ist und nur darauf wartet, ein Chaos zu entfachen. Und irgendwo im Hintergrund lauert eine Macht, die ihre eigenen Pläne mit dem Planeten hat. Und nicht nur mit ihm...

Das alles schildert Autor Foster in dem letzten Band der Trilogie »Stunde der Klesh« (dt.: München 1979). Ihm vorangegangen sind »Morgenrötes Krieger« (dt.: München 1976) und Die Zan-Spieler (dt. München 1977). Sie alle sind rasante und vielschichtige Abenteuerromane.

LGM

Sigel für Little green men. In den 50er und 60er Jahren spöttische Bezeichnung für Außerirdische. Heute, nachdem die Forschung nach extraterrestrischem Leben den Namen → SETI trägt und auch im Rahmen der → Prä-Astronautik auf Anerkennung stößt, hat man die, wohlgemerkt unbekannten, fremden Zivilisationen mit → ETCs betitelt.

Liquid Sky

Dumme Alien-Klamotte, die 1982 von Slava Tsukerman in den USA gedreht wurde. In dem Penthouse des Models Margaret hält sich ein Alien auf, der sich anscheinend durch Orgasmus-Energie am Leben hält. Die frustrierte Margaret sorgt durch ihren häufigen Partner-Wechsel für genügend Orgasmus-Energie. Der Energie-Einzug des Aliens bringt allerdings für die männlichen Sex-Partner des nymphomanen Models immer den Tod.

Liraun

Humanoides Mädchen der → Cian vom Planeten der → Weiunnach in dem Roman → »Fremde« von → Gardner R. Dozois

Lobo

Ist in der gleichnamigen Hochglanz-Comic-Reihe (Stuttgart, 1998) der letzte des friedliebenden, fröhlichen Weltraumvolkes der → Czarnianer, die ihre enorme Intelligenz ausschließlich zum Wohle aller einsetzen – bis Lobo geboren wird! Denn Lobo, die Verkörperung alles Bösen, hat den Wunsch einzigartig zu sein und rottet seinen gesamten Planeten aus. Danach versetzt er als Kopfgeldjäger die Bösewichter des Universums in Furcht und Schrecken. Lobos Einfallsreichtum, gepaart mit seiner ungeheuren Körperkraft, macht ihn zu einem harten Brocken, selbst → Superman bezieht Prügel. Dazu kommt noch, daß sein Körper nahezu jede Verletzung in kürzester Zeit zu heilen vermag, seine raubtiergleichen Sinne und seine unvergleichlichen Talente im Kampf, bei dem er am liebsten seinen Fleischerhaken einsetzt. Lobo hat eine Reihe von echten Vorlieben: Bier, Schießereien, Bier, Prügeleien, Bier, Mädchen, Bier, seine Raketen-Harley, Bier, seinen räudigen Pittbull, Bier, seine Weltraum-Delphine, Bier, Heavy-Metal-Death-Rock-Musik und natürlich Bier. Mit anderen Worten: Lobo herrscht! Lobo, aus den Kultwerkstätten des amerikanischen DC-Verlages, ist also vor allem Satire. Wo sonst Helden in bunten Schlafanzügen das Gute predigen, lebt Lobo das gnadenlose Lustprinzip: »Große Macht bringt große Verantwortunng? – Alles Quatsch!!! – Große Macht bringt... Riesen-

Spaß!!!« Lobo ist das Arschloch, das jeder von uns manchmal gerne sein möchte. Er säuft, rülpst, reiert und macht jedes Mädel mit den übelsten Macho Sprüchen an.

Logray

Auch Logrey. Knuddeliger, kundiger, alter Zauberer mit langem, weißen Bart. Wichtigster und beliebtester Protagonist in der Comic-Serie → »Ewoks«. Den Freunden von → »Star Wars« bestens bekannt.

Longyear, Barry B.

Deutscher Autor, geboren 1942. Er veröffentlicht seit 1978 Science Fiction und stieg wie ein Komet am SF-Himmel auf. Mit »Mein lieber

Lobo: Der letzte des fröhlichen Weltraumvolkes der Czarnianer

Freund«, der Kernnovelle des Romans → »Erbfeinde« gelang ihm das bisher einmalige Kunststück, auf Anhieb den »Nebula«, den »Hugo« und schließlich noch den »John W Campell Award« zu erringen. Longyear, der inzwischen zu »Erbfeinde« eine Fortsetzung verfaßte, machte ferner durch eine Trilogie von sich reden, die sich mit dem Schicksal eines Zirkusunternehmens im All sowie eines daraus entstehenden Zirkusplaneten beschäftigt.

Lord Pluton

Brutaler Aristokrat vom Planeten Mongo in der Comic-Reihe → Flash Gordon.

Lordadmiral der USO

→ Atlan

Lords

Die Lords sind in dem Roman → »Welten wie Sand« von → Philip José Farmer Schöpfer ganzer Galaxien, sogenannte Halbgötter. → Robert Wolff ist einer von ihnen, und muß sich gegen eine böse Intrige seines Vaters zu Wehr setzen.

Lork

Der kleine grüne Alien namens Lork futtert gerne Druckerschwärze, Buchstaben und Tinte. Ähnlich wie Arno »Bücherfresser« Schmidt. Die Menschen setzen den nützlichen Lork zuerst bei der Altpapierverwertung ein. Als es Ärger gibt, wird Lork von diesem schönen Posten entlassen. Lork zieht jetzt unkontrolliert durch die Welt und frißt alles: Tageszeitungen, Magazine und Bücher. Das ist schlimm, weil den Menschen dadurch das Lese-Futter ausgeht. Das Detektivbüro Schlaumeier & Co. wird beauftragt, den gemeingefährlichen Lork einzugangen. Das Lernspiel auf CD-Rom wurde von Cornelsen entwickelt und wird auch von Cornelsen vertrieben.

Louis und seine außerirdischen Kohlköpfe

Französischer Film (1981) von Regisseur Jean Giralt, in dem ein wohlbeleibter und sehr menschlicher Alien vom Planeten Oxo für die französische Kohlsuppe schwärmt, die er bei seinem Aufenthalt auf der Erde in Frankreich kennenlernen. Die Oxo-Aliens, gerufen von Claude (Louis de Funes) und Francis, da diese dank ihrer Kohlsuppe abends im Garten stets intergalaktisch laut furzen, wollen die beiden auf ihren Planeten mitnehmen, weil sie so gute Kohlsuppe kochen können. Dort würden sie nicht nur durch ihre leckere Suppe reich, sondern auch 200 Jahre alt werden. Weil der Bürgermeister auf den Grundstück von Claude einen Freizeitpark errichten lassen will, nehmen die beiden Weingenießer das Reiseangebot durch den Weltraum an.

Louis unheimliche Begegnung mit den Außerirdischen
Französische Filmkomödie mit Louis de Funes aus dem Jahr 1978. Wachtmeister Cruchot, dargestellt von de Funcs, der in dem südfranzösischen Küstenort und Promi-Paradies St. Tropez, arbeitet, kommt hinterhältigen Aliens aus Metall auf die Spur, die sich in jede beliebige Person verwandeln können. Besonders gern verwandeln sie sich in Polizisten. Kein Wunder, daß zahlreiche Verwechslungen passieren. Nur nach Kontakt mit Wasser können die Aliens entlarvt werden, denn dann rostet das Metall.

Lovecraft, Howard Phillips
Einflußreicher amerikanischer Schriftsteller, geboren 1890, gestorben 1937. Begründer der Weird Fiction. Lovecraft ist einer der bedeutendsten Horror-Autoren der Jahrhundertwende und Schöpfer des → Cthulhu-Mythos, einem Monster aus den Tiefen des Weltraums, daß noch Jahrzehnte nach Lovecrafts Tod viele Autoren maßgeblich beeinflußte. Weitere Werke: »Stadt ohne Namen«, Frankfurt 1973; »Der Fall Charles Dexter Ward«, Frankfurt 1977.

Lucas, George
Amerikanischer Filmregisseur und Produzent, geboren 1944. Mit dem mittelprächtigen »American Graffiti« schaffte Lucas den Einstieg ins Filmbusiness, bevor ihm 1977 mit → »Star Wars« der große Wurf gelang: Mit dem dreiteiligen Weltraumepos, ein Märchen von einer Prinzessin und einem Imperium, prägte er das SF-Kino für viele Jahre. »Die Tricks sind toll, die Action erfrischend, das Tempo atemberaubend«, urteilte der amerikanische SF-Kenner John Clute. Andere Kritiker indes sahen in der Space Opera lediglich ein »einfältiges Abenteuer«, das doch eh nur den Gesetzen des Geschichtenerzählens gehorcht: Der Waisenknabe, der Kumpan, der Mentor, die Suche, die Gefährten, der Schurke und die Inthronisierung der Prinzessin«. Egal: Mit den Fortsetzungen und einem gewaltigen Merchandising hat Lucas über eine Milliarde Dollar umgesetzt. Und: Das für den Film zusammengestellte Trick-Team löste sich nicht wie üblich nach Abschluß der Dreharbeiten auf, sondern gründete die inzwischen renommierte Firma »Industrial Light & Magic«, die in den folgenden Jahren für alle Tricks

in den erfolgreichen Kassenknüller »Zurück in die Zukunft«, »Terminator II«, »Jurassic Park«, → »Star Trek«, → E.T. und → Cocoon verantwortlich war.

Lugubrios

Von den → Kybernoiden tyrannisierter Planet in dem PC-Game → »Skout«.

Lumox

Achtbeiniges Souvenir eines Weltraumforschers in dem bekannten Roman »Das Ultimatum von den Sternen« (dt.: München 1966) von → Robert A. Heinlein, das auf der Erde grausige Zerstörungen anrichtet, in dem es sich von Metall ernährt und zum Frühstück sogar ein Automobil frißt.

Lydia

Gleichermaßen machthungrige Befehlshaberin der Echsen-Armee in der TV-Serie → »V – Die außerirdischen Besucher«.

Lytheon

Planet der → Schwarzen Königin, auf dem die irdische Agentin → Barbarella in dem gleichnamigen Kinofilm landet.

M

M'threnni

Fortgeschrittene, jedoch einsiedlerische Rasse in dem Roman → »Capellas goldene Augen« von Christopher Evans, die der menschlichen Kolonie auf Gaia Rohstoffe liefert. Die Abgesandte der M'threnni leben zurückgezogen in einem weißen Spiralturm inmitten der Stadt Helixport.

Maahks

Neben den → Tefroder zweite regierende, methanatmende Rasse, auf die das Team von → »Perry Rhodan« bei seinem Vorstoß in die Andromeda-Galaxis trifft.

Mac

Bärtiger Alien in dem britischen Spielfilm → »Zebo, der Dritte«.

Majestic – Die Saat des Todes

Roman (Köln 1999) von → Wolfgang Hohlbein. Deutschlands erfolgreichster Fantasy-Autor berichtet in dem Buch von einer weltweiten Alien-Verschwörung: Die Ermordung John F. Kennedys am 22. November 1963 erschüttert die Welt. Das Entsetzen scheint grenzenlos, und doch ahnt die Menschheit nicht, wie nah sie am endgültigen Abgrund steht. Eine fremdartige Macht bemächtigt sich Washingtons wichtigster Entscheidungsträger und setzt alles daran, die Welt ins Chaos zu stürzen. Mit einem Schlag sollen alle wichtigen Staatsoberhäupter der zivilisierten Welt ausgelöscht werden. Der undurchsichtige J. Edgar Hoover mit seinem FBI und John F. Kennedys Bruder Robert sind ebenso in die Affäre verstrickt wie → »Majestic 12«, das geheime Forschungsprogramm der amerikanischen Regierung zur Aufklärung extraterrestrischer Aktivitäten. Als der Kampf hinter den Kulissen mit gnadenloser Härte entbrennt, ist nur eines sicher: Es gibt absolut keinen Grund mehr, irgend jemandem zu trauen. Der junge Majestic-Agent

John Loengard gerät zwischen die Fronten. Als er das ganze Ausmaß der außerirdischen Verschwörung begreift, ist es fast zu spät. Mit dem Mut der Verzweiflung stemmt er sich gegen Mächte, die ihn zu verschlingen drohen. Zusammen mit seiner Geliebten Kimberley mobilisiert er in letzer Sekunde Kräfte, die denen seiner Gegner ebenbürtig zu sein scheinen. Bis er in den Augen eines vertrauten Menschen die Saat des Todes entdeckt...

Majestic 12

Tatsächlich existierende, geheime Organisation, bestehend aus zwölf Militärs, Spitzenwissenschaftlern und Geheimdienstlern, die nicht nur seit 1974 UFO-Abstürze untersuchen, sondern seit 1964 angeblich in direktem Kontakt mit Außerirdischen stehen sollen. Auf diese Spekulationen baut die TV-Serie → »Dark Skies«, derzufolge Majestic 12 schon lange für eine Integration humanoider Aliens in unserer Gesellschaft gesorgt haben soll.

Majic 12

→ Majestic 12

Man of Distinction

Erzählung (1951) von → Frederic Brown, in der ein Trunkenbold von Außerirdischen entführt wird, die ihn als repräsentativen Bürger der irdischen Zivilisation ihren Artgenossen präsentieren wollen. Da der Säufer aber nur torkelt und wankt, seine Widerstandskraft dank hochprozentiger Getränke gleich Null ist, verlieren die Außerirdischen relativ schnell ihr Interesse an einer Versklavung der Menschheit, die sie seitdem für geistig und körperlich minderbemittelt halten.

Man of Tomorrow

Besser bekannt als → Superman

Mann zweier Welten

Roman (dt.: München 1989), den → Frank Herbert kurz vor seinem Tod in Zusammenarbeit mit seinem Sohn Brian fertigstellte. In diesem Buch ist die Erde eine Schöpfung von → Wemply, dem Reisenden – so wie alle Welten den genialen Erzählungen der → Dreen entspringen. Von Wemplys Welt kamen aber schon immer nur Ärger und Verdruß, und man beschließt, diese mißratene Schöpfung zu vernichten – aber der Versuch scheitert. Als unterdessen der junge Dreen Ryll ein Erzählerschiff stiehlt und damit eine Spitztour macht, stößt er im Hyper-

Mann zweier Welten:
Die Erde ist eine Schöpfung von Wemply, dem Reisenden

raum mit dem Schiff des Erdenmenschen Lutt zusammen. Ryll und Lutt werden bei der Kollision so schwer verletzt, daß nur noch genügend Protoplasma für einen Körper übrigbleibt, den sie sich fortan teilen müssen. Von nun an ist Ryll/Lutt ein Mann zweier Welten, die fast nichts gemein haben und bei denen die Geschmäcker weit auseinandergehen, was die geistigen und vor allem die fleischlichen Genüsse betrifft. Das beinhaltet natürlich eine Menge unterhaltender Aktionen.

Männer in Schwarz

Vor allem in den USA haben Zeugen angeblicher Landungen von Außerirdischen behauptet, ihnen seien im Anschluß an die UFO-Sichtungen und Alien-Begegnungen unheimliche Männer in schwarzen Anzügen (→ Men In Black, → MIB), mit schwarzen Hüten und Sonnenbrillen begegnet. Manche sagen, sie seien von ihnen bedroht worden. Allgemein gibt es zwei Thesen über die Schwarzen:

1) Es sind große, humanoide Wesen, die wie FBI-Agenten aus den 50er Jahren gekleidet sind;

2) Es sind die Handlanger einer großen Verschwörung, die die Existenz von Außerirdischen geheimzuhalten versucht. Die zweite These führte schließlich auch zum Kinofilm → »Men in Black«.

Mantrique

Ein abscheulicher Flugsaurier, der als Sklave der bösen Hexe → Morag in der Comic-Serie → »Ewoks« den kleinen, kauzigen, außerirdischen Bären das Leben schwer macht.

Maraudern

Bärbeißige Bösewichter in dem Film → »Karawane der Tapferen«, die den → Ewoks Böses antun.

Marodeur

Einer von zahllosen, extraterrestrischen Gegenspielern von → Superman.

Mars Attacks!

Titel eines erfolgreichen US-Marsianer-Klamauks aus dem Jahr 1996, in dem Jack Nicholson, Glenn Close, Pierce Brosnan, Danny DeVito und viele andere Superstars eine Rolle spielen. Zum Inhalt: Aus den → Mars-Kratern schweben riesige Kriegsschiffe, die Untertassen ähnlich sehen, und drehen sich mit hoher Geschwindigkeit um die eigene Achse. Eine riesige Armada aus 3000 feindlichen Raumschiffen nähert sich der verschlafenen Erde. An Bord befindet sich eine gefährliche Armee hochintelligenter Krieger vom Mars mit einem überdimensionalen Kopf, so grün wie ein Salatkopf. Mit einem Übersetzung-Computer, der 227 Phoneme, 48 Diphthonge und 290 andere Laute besitzt, die in einem Oktavbereich von 4,5 aufgeschlüsselt werden, wird der Kontakt zu den anfliegenden → Marsianern aufgenommen. Die ersten Marsianer-Worte aus dem Übersetzungs-Computer sind: »alle grünhäutig, vor achthundert Jahrhunderten. Ihre Körpersäfte schließen die Geburt von Mischlingen ein. Denn die grundlegende Wahrheit ist Selbstbestimmung des Kosmos, denn dunkel ist das Wildleder, das wie die Erntezeit niedermäht.«

Viele Menschen wollen die Landung der Marsianer auf der Erde sehen: Ufo-Beobachter, New-Age-Hippies, Hellseher, Astrologen, Trekkies, Raver, Delphinschwimmer, Wiedergeborene, → Prä-Astronautiker und viele Journalisten. Soldaten breiten auf dem Landeplatz der Marsianer ein Segeltuch aus mit dem Text: »Willkommen auf der Erde!« Das Musikkorps des 17. Marineinfanterieregiments steht für ein Begrüßungs-Ständchen bereit. Das erste Ufo der Marsianer landet. Am Boden des Ufos öffnen sich Luken. Metallbeine fahren aus. General Casey von der US-Armee streckt die Hand zu Gruß aus. Der Botschafter der Marsianer geht zurück, verschränkt die Arme und guckt sehr feindlich drein. Der Marsianer spricht durch den Übersetzungs-Computer: »Wir kommen in Frieden.« Die Menschheit hält jetzt die Außerirdischen mit den roten Augen für ganz liebe Wesen. Als ein Hippie aus Freude eine weiße Taube fliegen lässt, wird diese von den Marsianern mit der Strahlenpistole abgeknallt. Dem General wird ein Loch in den Körper gebrannt. Der Hippie wird mit einem Protonenstrahl in zwei Teile zerlegt. Die marsianischen Todesstrahlen mähen alle umstehenden Menschen um. Dieses Marsianaer-Gemetzel geht in die Mensch-

Mars Attacks! Absoluter Trash.

heitsgeschichte als das »Massaker von Pahrump« ein. Die Hubschrauber der US-Armee werden abgeschossen. Das Musikkorps wird mit einem grünen Feuerball verdampft. Die US-Flagge wird zerfetzt. Der UFO-Landeplatz ist von brennenden Wracks der Jeeps, Hubschrauber und Panzer übersät. Wohnmobile sind nur noch Asche. Die Marsianer sammeln zwischen den menschlichen Leichen Souvenirs ein. Auch den verkohlten Kadaver der abgeballerten Friedens-Taube.

Die Erdenmenschen halten den blutigen Zwischenfall für ein Mißverständnis. Vielleicht ist das Fliegenlassen von weißen Tieren bei den Marsianern eine Kriegserklärung? Doch diese Außerirdischen lügen! Sie kommen nicht in friedlicher Mission. Die Erde wird von den Marsianern besetzt. Irgend jemand findet heraus, daß die marsianischen Krieger durch gräßliche Country-Musik getötet werden können. Lautsprecher werden auf Panzer und Hubschrauber, unter die Flügel von Düsenjägern montiert. Die Mars-Regimenter fallen alle tot um, als die good ol' Country-Musik an ihr Ohr dringt. Country-Music aus dem Ghetto-Blaster läßt die Marsianer-Köpfe explodieren.

»Mars Attack!« ist ein absoluter Trash-Film, der auf eine Trading-Card-Serie der 50er Jahre beruht. Ihr folgten zu Beginn der 90er Jahre rund 15 Comic-Hefte, die ein wenig anders als der Film endeten: In den Comic-Strips einigen sich Mensch und Marsianer, und die Erde ist ab da zweigeteilt – die eine Hälfte für die Menschen, die andere für die Marsianer.

Mars braucht Frauen

1966 in den USA von Larry Buchanan gedrehter Spielfilm, in dem humanoide Marsmenschen, vom Aussterben bedroht, auf der Erde auf Frauenjagd gehen. Nicht weiter erwähnenswert.

Mars

Erster der äußeren Planeten in unserem Sonnensystem. Seine dünne, größtenteils aus Kohlendioxid bestehende Atmosphäre weist nur geringe Mengen Wasserdampf und Spuren von Sauerstoff auf und ist daher für pflanzliches und tierisches Leben nicht geeignet. Für die Astronomen der Vergangenheit stellte der erdnaheste Planet mit seinen rätselhaften Kanälen eine besondere Faszination dar. Ende letzten Jahrhunderts entdeckte der Mailänder Astronom → Giovanni Schiaparelli mit seinem kleinen Fernrohr auf dem Mars seltsame geographische Strukturen, die aussahen, als wären sie künstlich angelegt worden. Er nannte sie – mangels besseren Wissens – vorsichtig Kanäle. Die von Schiaparelli 1878 veröffentliche Mars-Karte wurde angesichts des menschlichen Bedürfnisses, sich eine empfindsame Geschichte des Sonnensystems zu schaffen, schließlich zur Weltsensation und näherte erstmals den Glauben an außerirdisches Leben auf dem Mars. Der reiche Amerikaner Percival Lowell, seit der Mitte seines Lebens der Astronomie zugewandt, interpretierte Schiaparellis Kanäle 1896 als ein gigantisches künstlich angelegtes Bewässerungssystem, mit dem die Bewohner, die → Marsmenschen das Wasser der vereisten Polkappen in die trockene Äquatorgegend umleiten würden.

Diese und andere Thesen verleiteten wiederum eine Vielzahl berühmter SF-Autoren zu abenteuerlichen Geschichten über die → Marsianer. Die Aufnahmen der Oberfläche durch amerikanische Mariner-Sonden (1971 weiche Landung d. sowj. Sonde Mars 3, 1976 d. am. Sonden Viking 1 u. 2) zerstörten endgültig den Glauben an ein fremdes Leben auf dem Mars; der Planet entpuppte sich als steriler Frostbrocken. 1977 wurde das Relief eines Gesichtes von der Sonde Viking 1 überspielt und untermauerte noch einmal die Thesen außerirdischen Schaffens. Das Gesicht ist (behauptet die populäre Mythologie) vor Äonen dort gemeißelt worden, um uns einzuladen, zu warnen, aufzumuntern oder unsere Hilfe zu erbitten. Doch es ist eindeutig nur eine zufällige Naturformation: ein aus den Schatten von Hügeln und Tälern bestehendes Muster, das wie ein menschliches Gesicht wirkt.

Marsianer (Film)

Marsmenschen haben seit Anbeginn des SF-Films eine Rolle gespielt. Manchmal bitter ernst, manchmal auch nur hoffnungslos albern. Wie zum Beispiel in Tim Burtons Junk-Klamotte → »Mars Attacks!«, in dem die Marsianer nichts anderes als gackernde Kohlköpfe sind, die die Menschheit aufgrund eines dämlichen Mißverständnisses (sie glauben, die Friedenstaube ist eine Kriegserklärung!) niedermeucheln. → Frederic Browns »Die grünen Teufel vom Mars« (siehe auch → Marsianer (Literatur) wurde ebenfalls verfilmt, und zwar 1989 als Videofassung von Regisseur David Odell. Neben den typisch destruktiven Scherzen der → Gremlins-artigen Wesen, die bereits das Buch auf unterhaltsame Weise bietet, offenbart der Film einige deutliche Seitenhiebe in Richtung → Spielberg-Maschinerie. Weitaus ernster ist die Verfilmung von → »Die Mars-Chroniken«, zu denen → Ray Bradbury die literarische Vorlage lieferte. Die Marsianer, dargestellt als ohrenlose Wesen, die sich auf akustische Weise verständigen, werden durch Windpocken, eingeschleppt durch irdische Eindringlinge, vernichtet.

In eine ganz andere Richtung, vergleichbar mit postmodernen Sitcoms, geht die US-Serie → »Mein Onkel vom Mars«, die von 1963 bis

1966 in Deutschland lief. Bill Bixby mimt darin einen harmlosen Amerikaner, der eines Tages auf einen Marsianer stößt, den er in seinem Haus aufnimmt und als seinen → »Onkel Martin« ausgibt. Was anfangs nicht sonderlich problematisch ist, gleicht der Marsianer den Menschen auf verblüffende Weise. Brenzlig wird's nur dann, wenn der Onkel seine Antennen ein- und ausfahren läßt. Die Serie erlebte jüngst, im Mai 1999, eine gelungene Kinoadaption.

Marsianer (Literatur)
oder Marsmenschen, meist grobschlächtig dargestellt, fiktive Lebewesen auf dem Planeten Mars. Literarisch erstmals 1898 vom Romanautor → H.G. Wells, in der Science-Fiction-Erzählung → »Krieg der Welten« verarbeitet. Wells stellt die Marsianer als häßliche, menschenmordende, gefährliche Gestalten dar, die nur aus Gehirn, Händen und einem Kreislaufsystem bestehen und die sich mittels einer Art Transfusion vom Blut anderer Lebewesen ernähren. Für den bedeutendsten deutschen SF-Autor → Kurd Laßwitz sind die Marsianer in seinem Roman → »Auf zwei Planeten« Ebenbilder des Menschen, ihm dabei aber moralisch wie technisch überlegen und stellen das Ideal des Menschen dar.

Für → Ray Bradbury boten die allgemeinen Vorstellungen von Marsianern dagegen Anlaß zur Satire, so in seinem Buch »Zementmixer« (amerik.: 1940): Die Marsianer, durch die ständige Lektüre amerikanischer Schund-SF-Magazine (deren Inhalt sie für bare Münze nehmen), in denen ständig alle Invasionen vereitelt werden, zutiefst in ihrer militärischen Ehre gekränkt, rüsten eine Kriegsflotte aus, um die Erde im Handstreich zu unterwerfen. Erstaunt müssen sie jedoch feststellen, daß keiner der stahlharten SF-Heroen auftaucht, um sie abzuwehren. Im Gegenteil: Man empfängt sie mit großer Freundschaft, und nur der Marsianer Ettil durchschaut das üble Spiel der Menschen, deren überzüchtete Luxuskultur die marsianische Aggression langsam aber sicher absorbiert.

Eine weitere Parodie ist → Frederic Browns »Die grünen Teufel vom Mars«(dt.: Berlin 1959), wo kleine, grüne Gnome, auch → Goblins genannt, vom Mars über die Erde herfallen, die die Menschen in arger Weise mit Worten peinigen, sich in alle Dinge einmischen und in boshafter Weise jegliches Privatleben unmöglich machen. Um dem großschnauzigen Psychoterror der grünen Zwerge zu entgehen, landet die Welt schließlich im Suff, bis die nervenaufreibenden Invasoren endlich – ohne einen Schuß abgegeben zu haben – wieder verschwinden.

Auf die Spitze treibt die Marsianer-Phobie allerdings → Mark Clifton in seiner Geschichte »Wir sind keine Wilden!«, in der vor dem Weißen Haus ein außerirdisches Raumschiff landet, die Mannschaft der Marsianer hinausklettert, eine Flagge in den Boden pflanzt und der Kommandant eine Papyrusrolle entfaltet und wie weiland Christoph Kolumbus die von ihm »entdeckte« Erde für irgendeine galaktische Majestät in Besitz nimmt.

Weitaus trauriger ist das Schicksal der Marsianer in Ray Bradburys umstrittenen Werk »Die Mars-Chroniken«. Das Buch bietet ein eindrucksvolles Bild von der schrittweisen Kolonisation des Mars durch die Erde, wobei der Planet ausgeplündert wird und die letzten überlebenden Marsianer sterben.

Die heute allgemein verbreitete Vorstellung von Marsianern entspricht eher dem Bild → Greys.

Marsmenschen greifen an

Eigentlicher Titel des Comic (1986) von Luc Cornillon ist: »Marsmenschen greifen an, und andere haarsträubende Erlebnisse des Reporters Eddy«. Eddy ist nämlich der Starreporter der Zeitschrift Clarington Post. Er ist immer auf der Jagd nach Sensationen und Skandale. Im August 1949 ruft ein Farmer aus seinem Schaukelstuhl Eddy bei der Clarington Post an und berichtet, er habe ein Ufo landen sehen. Eddie fährt umgehend aufs Land, um die Ufos zu fotografieren, möglichst mit Insassen. Bevor er sich versieht, haben ihn die echsenähnlichen Aliens mit einer Spezial-Pistole an Bord ihres Raumschiffes gebeamt. Reporter Eddy erklärt der Ufo-Besatzung voller Angst, und das ist typisch amerikanisch: »Sie wollen mich vernichten? Ich warne Sie, ich bin Amerikaner! Wenn sie mich ausschalten, stellen sich alle Journalisten wie ein Mann gegen Sie, um mich zu rächen...« Der grünhäutige Marsmensch im roten Weltraumanzug entgegnet: »Irdischer Irrtum. Wir sind nur auf Erkundungsfahrt.« Eddy, ganz rasender Reporter, läßt sich mit zwei Aliens im Ufo fotografieren. Als die Aliens nicht mit ihm mitten in New York landen wollen, damit er der berühmteste Reporter aller Zeiten werden kann, will Eddy den marsianischen Ufo-Piloten überwältigen, das Ufo nach New York entführen und dort – möglichst unter den Augen der Welt – im Central Park landen. Da haben die Marsmenschen aber wirklich die Nase voll und werfen den nervenden Reporter aus ihrem Ufo. Seinen Fotoapparat verwechselt er beim abrupten Abgang mit einem Sendegerät der Aliens. Alle Beweise von seiner Begegnung mit den Erkundern vom Mars sind somit futsch. Das hat man davon, wenn man den Hals nicht voll bekommt.

»Marsmenschen greifen an
und andere haarsträubende Erlebnisse des Reporters Eddy«

Marsmenschen

→ Marsianer

Mars-Meteorit

In dem Mars-Meteoriten ALH84001, der auf der Erde gefunden wurde, fanden David MacKay und sein Team von der NASA wahrscheinlich Versteinerungen und chemische Spuren, welche von Bakterien stammen könnten. Hat es also doch Leben auf dem Mars gegeben?

Mars-Odyssee

Beliebter Roman (dt. München 1970) von → Stanley Weinbaum, in dem es dem Autor auf faszinierende Art gelingt, fremdartige Lebewesen darzustellen. Bis zu der Veröffentlichung von »Mars-Odyssee« waren Aliens meist als schleimtriefende, blutrünstige Monster beschrieben worden, die mit Vorliebe irdischen Helden ihre Blondinen raubten, als ätherische utopische Wesenheiten, als dem Menschen ungeheuer überlegen, als machtgierige Invasoren oder patriarchale Schutzengel. Weinbaum entwarf Wesen, die für sich etwas Eigenes, etwas in sich Logisches darstellten, etwas, das von dem Menschen vollkommen fremd sein mochte, und nicht mit seinen ureigensten, maßlos verstärkten Charaktereigenschaften besetzt war. Weinbaums Aliens wie die Tentakelpflanze, die ihre Opfer hypnotisiert, das faßförmige Lebewesen, deren Junge zwischen zwei Alten heranwachsen, der populäre Marsianer → Tweel oder der → Pyramidenbauer besitzen diese Eigenständigkeit.

Martian Man-Hunter

Richtiger Name: Jonn Jonzz (sein ursprünglicher, marsianischer Name ist für Erdbewohner unaussprechlich). Extraterrestrischer, über zwei Meter großer Superheld, der letzte Überlebende einer nicht-humanoiden Rasse vom Mars. Er besitzt übermenschliche Kräfte: die Fähigkeit, sich mit Supertempo zu bewegen, zu reagieren und durch Telekinese zu fliegen. Er kann seine Form, sein Aussehen und die Kleidung durch Gedankenkraft verändern und sich für kurze Zeit sogar unsichtbar machen. Er besitzt telepathische Fähigkeiten und einen Röntgenblick. Er bildet nach einem gemeinsam durchstandenen Abenteuer mit den extraterrestrischen Helden → Grüne Laterne, → Superman und den irdischen Superhelden Batman, Flash, Wonder Woman u.v.a. die → »Gerechtigkeitsliga«, eine starke Vereinigung aus Menschen und Aliens gegen das Böse auf der Erde.

Marty, the Martian

Kleiner, grüner Vogel vom Mars, der, mit einem römischen Legionärshelm bekleidet, stets seinen weltberühmten Freund, Schweinchen Dick (auch Porky oder Pelle genannt) umschwirrte und ihm im Kampf gegen alle Widrigkeiten in Haus und Hof beistand. Die Comic-Abenteuer, den amerikanischen Warner-Bros-Studios entstammend, erschienen vielfach in Heftserien, Taschenbuchausgaben und Alben, u.a. in einer ersten Welle begleitend zu den Fernsehcartoonausstrahlungen 1972-1978 und in einer zweiten Welle Mitte der 80er Jahre im Condor Verlag und in den 90er Jahren im Ehapa Verlag.

Marvel

Amerikanischer Comic-Verlag, der in den 60er Jahren viele extraterrestrische Superhelden schuf, die auf die Erde kamen und dort ihren Kampf gegen das intergalaktische Böse aufnahmen, u.a. → Superman, → »Transformers«, → Silver Surver oder → He-Man. Marvel steht – neben dem New Yorker DC-Verlag – seit dem als Synonym für galaktische Invasoren und Helden.

Martian Man Hunter: Extraterrestrischer Superheld

Ma-Supernova
Rothaariges, einäugiges Alien-Weib auf einem fernen Planeten in dem Comic → »Die Aasgeier des Kosmos«, der 1997 von Godard und Ribera in der Reihe »Die Vagabunden der Unendlichkeit« erschienen ist.

Matmos
Ein lebendiger, eigenwilliger See auf dem Planeten → Lytheon im Kinofilm → »Barbarella«, der jeden gierig verschluckt, der ihm zu nahe kommt. Als die Rebellen auf dem Planeten zu übermächtig werden, läßt seine Herrin, die → Schwarze Königin, ihn aus seinem Gefängnis frei, und er verschlingt ganze Städte.

Mausbiber
→ Gucky

Maya
Das enorme Wissen des Volks der Maya in Mexiko führen Anhänger der → Prä-Astronautik auf die regelmäßigen Besuche außerirdischer Wesen zurück. → Erich von Däniken interpretierte im Rahmen seiner Forschungsreisen auch die Zeichnungen auf dem Deckel eines Maya-Grabmales in diese Richtung. Er erkannte darin einen Astronauten in einer Raumkapsel, dessen Hände auf einer Steuervorrichtung ruhen. Eine Reihe von → Felszeichnungen läßt für Alien-Forscher Rückschlüsse auf die Besuche extraterrestrischer Reisender zu.

MdI
→ Meister der Insel

Mean Green Mother from Outer Space
Oscar-nominierter Song aus dem Musical → »Der kleine Horrorladen«

Maya: Rückschlüsse auf die Besuche extraterrestrischer Reisender

Meccaryns

Sieben draufgängerische Chaoten, die laufend dumm und dämmlich plappern, während sie im PC-Game → »Giants – Citzien Kabuto« gegen das gewaltige Monster → Kabuto kämpfen müssen.

Meccs

→ Meccaryns

Medusa

Abgeleitet von: Meduse. Quallenförmiges Ungeheuer aus der griechischen Mythologie, das in dem Roman → »Das Milliardengehirn« auf die Erde zuschwebt und sich an unser Bewußtsein heften möchte.

Megatron

Anführer der abtrünnigen, machthungrigen Androiden der → Deceptions in der Comic-Reihe → »Transformers«.

Megophia

Gigantisches Lebewesen in dem Comic → »Aquablue«, dessen Panzer härter ist als jeder irdische und außerirdische Stahl oder sonstige Metall-Legierung. Megophia wurde jedoch von einem machthungrigen Piratenführer mithilfe einer Neutronenbombe innerlich getötet und zu einem Weltraum-Piratenschiff umfunktioniert.

Mein Onkel vom Mars

Amerikanische TV-Serie aus den 60ern, in der ein humanoider → Marsianer als der angebliche Onkel eines durchschnittlichen Amerikaners für Verwirrung sorgt. Der Titelsong der Serie sagt alles: »Mein Onkel vom Mars macht die tollsten Sachen, mein Onkel vom Mars bringt die Leute zum Lachen...« Im Mai 1999 startete mit → »Der Onkel vom Mars« eine Kino-Adaption der Serie.

Meine Stiefmutter ist ein Alien

Richard Benjamins Komödie wurde 1988 in den USA gedreht. Darin mimt Kim Basinger die schöne Außerirdische Celeste, die auf die Erde kommt, um einen gefährlichen Konflikt zu verhindern. Sie heiratet einen Radioastronomen (Dan Aykroyd). Nach vielen kuriosen Ereignissen entdeckt dessen Tochter (Alyson Hannigan), was es mit der Stiefmutter wirklich auf sich hat.

Meister der Insel
Mächtiger, extraterrestrischer Gegner von → Perry Rhodan, der diesen mittels einer Zeitmaschine 50.000 Jahre in die Vergangenheit katapultiert, wo die Terraner schließlich auf die Rasse der → Lemurer stoßen.

Melmac
Heimatplanet von → Alf.

Men In Black (Film)
Mit 7,3 Millionen Besuchern erfolgreichster Kinofilm in 1997, von Regisseur Barry Sonnenfeld in Szene gesetzt. Ganz USA ist voller Aliens. Viele von ihnen tarnen sich in menschlichen Körpern, andere dagegen arbeiten in der Einwanderungsbehörde für außerirdische Immigranten, wie z.B. die Geschwister → Hup und → Bop. Es könnte eigentlich heißen: »The United States of Aliens«. Gottseidank räumen die MIBs (Men In Black, siehe auch → »Männer in Schwarz«), ein Spezialkommando für und gegen Außerirdische, die auf der Erde Asyl suchen, sich illegal aufhalten, nur durchreisen oder hier Urlaub machen, kräftig auf. Es geht um das Arquillianische Reich, die Galaxie der → Arquillianer, die derzeit in einem Katzenhalsband versteckt ist. Eine monströse → Küchenschabe will genau diese Galaxie in Besitz nehmen. Das schafft natürlich Aufregung, bei der viele Alien-Monster in wabbeliges Gelee zerschossen werden.

Mephisto
Extraterrestrischer Herrscher über die Hölle, die diesmal nicht irgendwo im Innern der Erde schlummert, sondern sich in den Fernen der Galaxis verbirgt. Finstere, durch und durch böse, dem Namen entsprechend teuflische Züge tragende Figur in der Comic-Serie → Silver Surver.

Meskliner
Vielbeiniges, vierzig Zentimeter langes Wesen vom Planeten Mesklin im Roman »Unternehmen Schwerkraft« von → Hal Clement. Mesklin ist eine bizarre, diskusförmige Welt, die aufgrund ungeheurer Rotationsgeschwindigkeit eine große Gravitation besitzt. Als irdische Forscher deshalb eine abgestürzte Meßsonde von unschätzbaren Wert nicht bergen können, kommt ihnen der Meskliner → Barlenann zur Hilfe, der auch der schrecklichen Schwerkraft von 700 Ge trotzen kann.

Metal Fatigue
Echtzeitstrategiespiel für den PC (Zono/Psygnosis, 1997), in dem sich drei Brüder zerstritten haben und mit den von ihnen gegründeten Unternehmen auf vier Planeten fern der Erde zurückziehen, um dort Rohstoffe und außerirdische Technologien an sich zu reißen, mit denen man dann herrlich gegeneinander kämpfen kann.

Metaluna IV antwortet nicht
US-Streifen von 1955, bei dem Joseph Newman die Regie führte. → Metaluna ist der untergangsgeweihte Heimatplanet einer Rasse, die gegen die → Zaghoner Krieg führt. Der Anführer auf Metaluna ist der humanoide → Monitor, dargestellt von Douglas Spencer. Die Bewohner von Metaluna müssen unter der schützenden Oberfläche ihres Planeten hausen, weil sie von den Zahgoner mit Atombomben bedacht werden. Metalunas Schutzschirm scheint nicht mehr lange zu halten, weil die Energie dazu immer knapper wird. Monitor möchte sein Volk daher evakuieren und auf der Erde ansiedeln. Das können die Menschen aber noch gerade eben verhindern, haben wir doch schon mit unseren eigenen Atombomben Probleme genug. Metalunas Energieschirm bricht zusammen, und die Zahlgoner zerbomben den Planeten samt seiner Bewohner. Einzig ein grobschlächtiger Mutant überlebt und macht den Terranern noch etwas zu schaffen. Aber wer wären die Menschen, wenn sie nicht auch das in den Griff bekommen könnten?

MIB
→ Men In Black

Ming, der Gnadenlose
Ostasiatisch anmutender, übler Diktator auf dem Planeten → Mongo, der in der Comic-Reihe → »Flash Gordon« die Erde in die Luft sprengen will. Und weil ein ostasiatisch anmutender Alien auch im fernen Weltraum einen ostasiatischen Namen tragen muß, heißt der Außerirdische flugs Ming.

Mission Galactica: Angriff der Zylonen
→ »Kampfstern Galactica«

MJ 12
→ Majestic

Mollusken
Wurmartige Aliens in dem Roman → »The Puppet Master« von → Robert A. Heinlein, der damit auch die Vorlage zum gleichnamigen Film schuf.

Mond
Der Erdtrabant ist Heimatplanet der ersten Außerirdischen der SF. Mondbewohner tauchten bereits in den Werken der Renaissance, etwa bei Kepler und → Francis Godwin oder → Cyrano de Bergerac auf. Einer der bekanntesten Mondromane ist bis heute aber → »Die ersten Menschen auf dem Mond« von → H.G. Wells. In den meisten Fällen nennen sich die Mondbewohner → Seleniten.

Mondbasis Alpha 1
→ »Space: 1999«

Mond-Mädchen
Blaßes, aber nichtsdestotrotz überaus attraktives Mädel vom Mond in der Comic-Serie → »Dick Tracy«. Moon Maid, so ihr richtiger Name, verfügt über ungeahnte Kräfte, mit der sie ein ums andere Mal den irdischen Tolpatsch-Detektiven aus der Klemme helfen kann.

Mondstaaten und Sonnenreiche
Utopischer Doppel-Roman aus dem Jahre 1648 bzw. 1650 (dt.: München 1913, neu: München 1986) von → Cyrano de Bergerac. Cyranos Werk gilt als ein Gipfelpunkt der utopischen Literatur des Barock. Das Leben auf dem Mond war in Kreisen junger Intellektueller seiner Zeit ein Neugier erregendes Lieblingsthema. Die phantastische Möglichkeit eines Aufenthalts auf diesem Erdtrabanten inspirierte den musischen Haudegen Cyrano zu seiner Beschreibung eines fiktiven Mondbesuchs. Mit einem von Raketen angetriebenen Luftfahrzeug erreicht der Autor beim dritten Startversuch vom Marktplatz in Quebeck (Kanada) aus den Bereich der Anziehungskraft des Mondes und wird, nachdem die Antriebsraketen ausgebrannt sind und die »Raumkapsel« zur Erde zurückgefallen ist, von ihm angesogen. Er landet in der Gegend, in der sich das irdische Paradies befindet, wird daraus jedoch wegen seiner respektlosen Bemerkungen gegenüber den biblischen Gestalten, die dort versammelt sind, vertrieben und gerät nun in die Gewalt des kentaurenartigen Mondvolks. Man hält ihn für einen Affen und steckt ihn zu einem anderen »Affen« in den Käfig. Cyrano erkennt in seinem Mitgefangenen den Spanier Domingo Gonzales – den Mondreisenden aus

→ Francis Godwins Roman → »Der Mann im Mond«. In der Folge entfacht Cyrano eine Reihe philosophischer Diskurse.

Alles in allem läßt sich sagen, daß Cyrano keine grotesken, die irdische Wirklichkeit parodierenden Einrichtungen antrifft, sondern sowohl auf dem Mond als auch später auf der Sonne allegorische Idealstaaten (Reich der Vögel, Reich der Bäume) findet, wie sie das traditionelle Charakteristikum utopischer Romane sind.

Mondvolk

1) Mondvölker gibt es in vielen Bereichen der Literatur und des Films. Meist werden sie → Seleniten genannt.

2) Kentaurenartige Wesen auf dem Mond, die in → »Mondstaaten und Sonnenreiche« von → Cyrano de Bergerac dem Autor auf seiner Reise auf den Erdtrabanten begegnen.

3) Wahre Riesen, nämlich zwei Mal so groß wie die Menschen, sind die Mondvölker im Roman → »Der Mann im Mond« von → Francis Godwin, der 1638 erschienen ist und somit als erster phantastisch-utopischer Roman der Literatur gilt. Vierfach so groß wie Menschen sind in diesem Roman die → Pylonas, die Fürsten der Mondvölker, sechsfach so groß wie Menschen ist → Irdonozur, der Kaiser des Mondvolks. Sie verständigen sich in der Hauptsache durch musikalische Akzente.

Mongo

Heimatplanet diverser Rassen, z.B. die → Brazor und anderer Völker, die → Ming, der Gnadenlose in der Comic-Reihe → »Flash Gordon« beherrscht.

Mongul

Hulk-ähnliches Monster, eher unbedeutender Gegenspieler von → Superman in der gleichnamigen Comic-Serie.

Monitor

Name des humanoiden Anführers einer dem Untergang geweihten Rasse auf dem Planeten → Metaluna in dem Kinofilm → »Metaluna IV antwortet nicht«. Monitor möchte sein Volk auf der Erde ansiedeln, weil nur dort Rettung vor den bösen → Zaghonern zu erwarten ist.

Monolith

Ein gewaltiger, schwarzer, kristalliner Monolith wird in dem Spielfilm → »2001« in der Steinzeit auf die Erde geschickt, um die Intelligenz der Menschen zu fördern, damit diese schneller mit den hochintelligenten Aliens vom Jupiter in Kontakt treten können. Manche SF-Cracks behaupten, der Monolith selbst stelle die schlaue, außerirdische Rasse dar.

Mons
Heimatplanet von → No in dem Hörspiel → »No, aus dem All«.

Monster aus dem All
US-japanischer Film (1968) von Kinja Fukusaku., in dem der ahnungslose Astronaut Jack Rankin, der auf der Raumstation Gamma 3 arbeitet, eine kleine Menge Urschleim von einem Asteroiden in seine Raumstation mitbringt. Die Folge: Die Menschen, die auf Gamma 3 den Urschleim berühren, werden zu ekligen Monstern. Nur noch Rankin und Captain Elliott sowie die Ärztin Lisa Benson können als letzte der Raumstation-Besatzung dem grünfarbenen Urschleim und den todbringenden menschlichen Monstern entkommen. Sie sprengen die Raumstation und vernichten so die schreckensbringende Masse aus dem Weltall und die durch sie zu monströsen Killern verwandelten Menschen.

Monster des Grauens greifen an
Spielfilm (Japan 1969) von Godzilla-Erfinder Inoshiro Honda, in dem eine außerirdische Entität namens → Yog auf die Erde aufmerksam wird, nachdem sie ein terranisches Raumschiff zum Jupiter beobachtet. Sie läßt kleine Säugetiere zu Amöben-Ungeheuer mutieren, die für Yog die Welt erobern sollen, was findige Nippon-Forscher indes vereiteln können.

Monster Magnet
1995 veröffentlichte die New Yorker Hardrock-Band das Album → »Dopes to Infinity«, eine krachende Hommage an die Wesen dort oben im All.

Moon Maid
→ Mond-Mädchen

Morag
Böse, krummbucklige Tulgah-Hexe in der Comic-Serie → »Ewoks«. Ihr zur Seite stehen ihr der Sklave → Mantrique und → Skee.

Moran

Planet im fernen Galaxisgürtel. Heimatplanet von → Arn Borul. Der Planet wurde bei dem sinnlosen Angriff schrecklicher Ungeheuer aus dem All zerstört. Nur wenige der Bewohner Morans überlebten den Terror und fristen in einem weitverzweigten Höhlensystem unter der Erde des Planeten ihr Dasein. Der Moraner Arn Borul ist ihr bedeutendster Vertreter und wird gemeinsam mit den getreuen Freunden Ele Veek und Gol Szal auf die Suche nach einem neuen Planeten geschickt. Dabei stranden sie auf der Erde.

Morap

Intergalaktische Rasse in dem Buch → »Star Fall« von → David Bischoff. Die Morapner bauen gemeinsam mit den Menschen ein interstellares Raumschiff, ähnlich dem Traumschiff.

Morganthus

Planet in dem US-Streifen → »Planet des Schreckens«. Morganthus ist ein Friedhof für Raumschiff-Wracks, auf dem Monster ihr Unwesen treiben.

Mork (vom Ork)

Amerikanische SF-Serie (1978-1982), in der Robin Williams den sehr humanoiden, beinahe schon poppigen Außerirdischen Mork spielt, der von seinen Geschwistern vom Planeten Ork zur Erde geschickt wird, um die menschlichen Gefühle zu studieren. Er landet in Boulder, Colorado, und verliebt sich nach und nach in das Mädchen Mindy. »Die alberne, improvisiert wirkende, tiefgründige Serie zeigt, daß echte SF auch im Fernsehen funktionieren kann.« (John Clute: »Die illustrierte Enzyklopädie der SF«).

Morap

Moss-Man
Partner von → He-Man in der gleichnamigen Comic-Serie. Herr der Wälder auf dem Planeten → Eternia und Meister der Tarnung.

Mothman
→ Mottenmann

Motron
Außerirdischer, grünbeschuppter Schurke in dem Band → »Hotel Cosmos – Raumschiff der Schläfer« in der Comic-Reihe → »Perry: Unser Mann im All«. Motron will mittels einer per Bio-Plasma-Technik hergestellten Perry Rhodan-Kopie die Weltherrschaft übernehmen.

Mottenmann
Auch Mothman genannt. Der Mottenmann ist eine große, Furcht erregende Alien-Gestalt, die 1966 zum ersten Mal von Menschen in West Virginia gesehen worden sein soll. Sie hat riesige Fledermausflügel, Schwimmhäute zwischen den Zehen und keinen Kopf. Der Mottenmann tauchte überraschend am Nachthimmel auf, um die Menschen zu Tode zu erschrecken. Experten glauben allerdings, daß Mothman ein ähnlicher Mythos ist wie das Ungeheuer von Loch Ness oder der Yeti.

Mr. Johnson
Alien mit dunkler Brille vom Planeten Davanna, der sich in dem Spielfilm »Gesandter des Grauens« (USA 1956) vom Horror-Spezialist Roger Corman auf der Erde tummelt. Er ist extrem lärmempfindlich. Mr. Johnsons Problem: Die Bewohner auf Davanna leiden an einer Blutkrankheit. Wie ein → Vampir zapft der Davanna-Johnson den Menschen das Blut ab und sendet es zu seinem geplagten Heimatplaneten. Kein Wunder, daß in Johnsons Stadt immer mehr blutleere Menschen tot aufgefunden werden. Johnsons Komplizen bei dem intergalaktischen Blut-Diebstahl sind der Arzt Rochelle und dessen Assistentin Nadine. Als Notfall wird eine weitere Außerirdische von Davanna zu Mr. Johnson geliefert. Sie braucht ganz schnell eine Blut-Tranfusion. Aus Versehen erhält sie das Blut eines tollwütigen Hundes. Dabei stirbt sie unter großen Schmerzen. Der Polizist Harre Sherbourne, der die geheimnisvollen Todesfälle untersucht, entdeckt den vampirischen Täter von Davanna. Dieser will mit Nadine, der Freundin des Polizisten, nach Davanna fliehen. Allerdings macht ihm kurz vorher die laute Polizeisirene den Garaus. Einige Zeit später taucht am Grab von Mr.

Johnson wieder ein Fremder von Davanna auf... Den Davanner Mr. Johnson spielte Paul Birch.

Mr. Mxyzptlk
Bösartiger Kobold aus der 5. Dimension. Gegenspieler von → Superman.

Mr. Spock
→ Spock

Mudokons
Außerirdische Rasse in dem Computergame → »Oddworld: Abes Odyssee«, die sich in Ermangelung weiterer Ressourcen selbst zum Fleischgrundstoff verarbeitet.

Mull
Haariges, kürbisköpfiges Monster mit Glubschaugen und dreifingrigen Klauen, das in dem Film → »Frankenstein meets the Space Monster« von den → Marsianern auf die Menschheit losgelassen wird.

Münchhausens Abenteuer auf dem Mond
Französischer Zeichentrickfilm aus dem Jahr 1983 von Jean Image, in dem der Baron Münchhausen 1789 zum Mond fliegt, um dort von den → Seleniten das Geheimnis des ewigen Lebens zu erfahren.

Munchies
Wesen auf dem Planeten → Oddworld in dem gleichnamigen Computerspiel, die zu leckeren Meech Munchies verarbeitet werden.

Mutant – Das Grauen im All
Spielfilm aus den USA (1982) von Regisseur Allan Holzmann. Darin frißt ein Genmonster auf dem Planeten Xarbia Menschen. Die terranischen Wissenschaftler, die auf Xarbia arbeiteten, um neue Nahrungsquellen für die Erde aufzutun, vernichten das Ungeheuer mit einem medizinischen Trick: Sie reichen dem Menschenfresser eine verkrebste Menschenleber, die kurz vorher einem Wissenschaftler herausoperiert wurde. Die Krebszellen töten das Genmonster.

Mutanten
Als solche werden Marsianer in dem Film → »Invasion vom Mars« dargestellt.

Mutanten von Xanaia

Titel des dritten Bandes aus der Comic-Reihe »Hans«, die von Rosinski und A.P. Duchanteau geschrieben und gezeichnet wird und in der Edition Stripspiegel erscheint. Zum Inhalt: Auf dem Planeten Xanaia leben die Mutanten. Durch Erpressung schafft es der machtbesessene Valsary, der möglichst viele Wesen gerne wie Schachfiguren hin und her schiebt, Hans und Orchidee auf Xanai zu schicken. Die Mutanten sind Wesen, die auf Xanaia in tiefen Höhlen leben, auf der Flucht vor den Unbarmherzigen. Hans und Orchidee sollen diese Mutanten vernichten. Die Mutanten sind jedoch Schlammwesen, die sich aus Schlamm herausformen können, und die sich schnell mit Hans und Orchidee verbünden.

Mutter

Populäre Story von → Phillip José Farmer aus dem Jahr 1959. Der Inhalt: Eddie Fetts und seine Mutter Dr. Paula Fetts sind auf dem dämmrigen Planeten Baudelaire abgestürzt und versuchen dort zu überleben. Eddie und seine Mutter gehen deshalb auf die Jagd. Als ein Geruch in ihre Nasen dringt, der den sensiblen Eddie an die Paarungszeit bei Affen erinnert, wird er von etwas Dünnem, Elastischem ergriffen. Eddie verschwindet von Tentakeln gezogen in einen finsteren, eiförmigen Raum. Er hat rund 30 Fuß Länge und 12 Fuß Breite. Er ist ca. 109 Fuß hoch. Darin befinden sich noch blaue und rote Röhren, die aussehen wie riesige Venen und Arterien. Ihm gegenüber erblickt Eddie zehn Wesen, die aussehen wie eine Mischung aus Schwein und Schnecke. Aus Tausenden Vertiefungen treten winzige Zähne hervor. Eddie nennt die Wesen → Sluggos. Sie haben ihren Mund oben am Kopf und sind die Brut eines riesigen Lebewesens. Und er, Eddie, ist auch im Leib der Sluggo-Mutter. Eddie nennt sie → Polypherma, weil er sich vorkam wie Odysseus bei Polypherm in der Höhle. Irgendwann ähnelt

Die Mutanten von Xanaia

Eddie immer mehr den Babys seiner Sluggo-Mutter. Er wird haarlos und läuft nur noch auf allen Vieren in der überdimensionalen Gebärmuter herum.

Mysteriot
Heimatplant insektoider Aliens in dem Film → »Weltraumbestien«

Mysterons
Marsianer in der Puppen-Serie → »Captain Scarlett and the Mysterons«

Eddie Fetts und seine Mutter Dr. Paula Fetts sind auf dem dämmrigen Planeten Baudelaire abgestürzt und versuchen dort zu überleben ...

N

Nah, Jo

→ Ultraboy

Naked Lunch

Film (GB/Kanada, 1991) von David Cronenberg nach gleichnamiger Erzählung von William S. Burroughs, in dem sich der Junkie Bill Lee eine Überdosis Insektengift injiziert und auf seinem darauffolgenden Trip auch einem grünhäutigen, echsenartigen Alien begegnet, der sich ihm als sein Verbindungsoffizier vorstellt und seine Frau als nichtmenschliche Agentin verrät. Lee tötet sie daraufhin, wenn auch mehr aus Versehen, und flüchtet. Bizarrer Surrealismus, der im Grunde nichts mit der SF zu tun hat.

Navia, Dr. Luis E.

Kolumbianischer Professor, geboren 1940. Sein besonderes Interesse gilt der Astronomie. Zahlreiche seiner philosophischen Publikationen unterstützen die Theorien der → Paläo-Astronautik.

Naxos

Sumpfiger Planet in dem Roman → »Die Tore von Eden« von → Brian Stableford, auf dem eine irdische Expedition auf höchst mysteriöse Bewohner trifft.

Nazca

Auf einer Fläche von über 500 Quadratkilometern ist die Hochebene von Nazca im Süden von Peru durch, in den trockenen Erdboden eingegrabene, schnurgerade, bisweilen viele Kilometer lange, Linien bedeckt, die einander mehrfach kreuzen und die vom Erdboden aus weder überblickt noch gedeutet werden können, aus der Luft aber auf den ersten Blick den Eindruck eines Flughafens vermitteln. Für Anhänger der → Prä-Astronautik ein weiterer Beweis der Theorie, daß von den Menschen als → Götter verehrte extraterrestrische Wesen in der Frühzeit unserer Erde regelmäßig einen Besuch abstatteten. Diese Annahme werde bestätigt durch Gruben, die am Ende der Start- und Landebahnen gefunden wurden, deren Böden einer starken Hitze ausgesetzt waren. Eine große Anzahl der Linien stellt außerdem riesige Tierbilder mit Längen von 50 bis 100 Metern dar. Südlich der Ebene von Nazca fand man jüngst erst ein etwa zwanzig Meter hohes Scharrbild, das ein kleines Wesen vom Typ → Greys darstellt und die Anzeichen auf Besucher aus dem All abermals verdichtet.

NB 3

Kürzel für Nahbegegnung der Dritten Art, auch → CE 3. Es bezeichnet den Fall, in dem man einer außerirdischen Gestalt von Angesicht zu Angesicht steht.

Neelix

Angehöriger der → Talaxianer in der Star-Trek-Voyager-Serie. Stellt eine krude Mischung aus Fisch, Mensch und Zottel dar, den die → Voyager im Rahmen ihrer Reise durch den Delta-Quadranten in einem galaktischen Schrotthaufen aufsammelt, und der seitdem die Crew mit allerlei kulinarischen Raffinessen seines Heimatplaneten verwöhnt. Er wird sogar »Moraloffizier« und ist für Klatsch und Tratsch an Bord zuständig. (Gespielt wird er von Ethan Pillips.)

Nerys, Kira

Hübsche Protagonistin in dem → Stark-Trek-Ableger → »Deep Space Nine«. Angehörige der → Bajoraner. Einzig die geriffelte Nase ist freilich ein Schönheitsmanko.

Neurovoren: üble Bösewichter

Neurovoren

Sind die üblen Bösewichter, die den → Quetzalianern in dem Roman »Der Wein des Frevels« das Leben schwer machen. Dabei wollen die Quetzalianer doch wirklich nur in Frieden leben.

New World

Aufbau-Strategiespiel für den PC (Interplay, 1997). New World spielt im → Star-Trek-Universum, genauer im Jahre 2292, als durch eine Störung im Raum-Zeit-Kontinuum neue Welten entdeckt werden, die sich ziemlich genau zwischen den Territorien der → Föderation, des Imperiums der → Romulaner und der Machtzone der → Klingonen befinden. Alle drei Rassen senden sofort Wissenschaftler, Geologen und natürlich auch Militärs in das unerforschte Gebiet, um sich die dortigen Bodenschätze unter den Nagel zu reißen und die Überreste der dortigen Alien-Kultur genau zu untersuchen. Der Spieler entscheidet sich für eine der drei Rassen und beginnt mit dem Aufbau seiner Kolonie.

Newton, Thomas J.

Unter dem Namen Thomas J. Newton agiert ein Alien in dem 1975 gedrehten Streifen → »Der Mann, der vom Himmel fiel«, der nach dem Roman → »Spion aus dem All« von Walter Trevis gedreht wurde.

Nihilanth

Extraterrestrisches Obermonster im Computerspiel → »Half Life«. Es mutet an wie ein deformierter Embryo, ein Buddha oder ein Humanoide mit übergroßem Wasserkopf, der ständig in der Luft schwebt und alle möglichen Versuche unternimmt, die Helden ins Aus zu katapultieren (was seltsamerweise ziemlich häufig gelingt).

Nija

Humanoide Alien vom Planeten Dessa in dem Film → »Die Frau aus dem All«

Niven, Larry

Bedeutender amerikanischer SF-Autor, geboren 1938. Nivens erster großer Romanerfolg stellt gleichsam den Auftakt zu einem gewaltigen Roman-Zyklus dar, den der → »Ringwelt«. Von ihm stammt auch der Roman → »Der fliegende Zauberer«. Weitere Werke: »Der Splitter im Auge Gottes«, München 1977; »Luzifers Hammer«, München 1980)

No

Kleines Wesen mit dem Aussehen eines Vogelmenschen in dem WDR-Hörspiel → »No, aus dem All«. No stammt vom Planeten → Mons, der genau fünfeinhalb Milliarden Kilometer von der Erdensonne entfernt liegt.

No, aus dem All

WDR-Hörspiel von Anna Christine Bergmann, das 1996 zur Aufführung kam. Darin treffen die beiden Mädchen Maya und Jenny auf das vogelartige Alien → No vom Planeten → Mons. No ist auf die Erde gekommen, um einen im Zweiten Weltkrieg zerstörten Sender zu reparieren, mit dem Nos Spezies seit vielen Jahrhunderten Musik fremder Planeten auf Mons importiert. Diese brauchen sie, da man dort Töne als Flugbahnen benutzt. Als No den Sender repariert hat, bekommen seine Angehörigen auf Mons es jedoch mit der Angst zu tun, denn die Musik hat sich auf der Erde in den letzten 50 Jahren erheblich gewandelt: Da gibt es HipHop, Techno, Heavy Metal, und das ist eindeutig zu heftig für eine geruhsame Flugbahn.

Nocturna

Mitkämpfer von → He-Man in der gleichnamigen Comic-Serie. Geheimnisvoller Held mit einem Zauberhelm, der eines Tages jäh aus den Tiefen des Weltalls auftaucht.

Nommo

Gesamtbegriff für die kulturbringenden, amphibischen Götter der westafrikanischen Dogon. Entsprechend der → Prä-Astronautik waren diese Götter Wesen aus dem All.

Nordics

→ Nordische

Nordische

Auch Nordländer oder Nordics genannt, sind neben → »Die Grauen« die am häufigsten gesichteten Außerirdischen. Es sind humanoide Wesen, ungefähr zwei Meter groß, blond und blauäugig. Sie erinnern in ihrem Erscheinungsbild an Skandinavier und sind bekannt für ihr gutes Aussehen. Das Verhalten wird als liebevoll und allwissend beschrieben, sie sprechen häufig über die Bedeutung des friedlichen Zusammenlebens im Universum und ganz besonders auf der Erde.

Nordländer
→ Nordische

Norns
Computer-Spiel (Cyberlife/GT Interactive), in dem der Spieler auf dem Planeten Albia die Eier der gleichnamigen Norns ausbrüten muß. Die Norns müssen in der Folgezeit gepflegt und ausgebildet werden. Sonst haben sie keine Chance gegen die bösen Grendels.

Notlandung im Weltraum
US-Spielfilm (1964) von Byron Haskin, der sich arg an die Geschichte von Robinson Crusoe anlehnt. Wie Robinson erleidet der Raumfahrer Chistopher Draper über dem Mars Schiffbruch und muß sich mit seinem Rhesus-Äffchen Mona nach seiner Havarie mit den Meteorschwärmen auf dem roten Planeten durchschlagen. Sie richten sich auf dem Mars eine Höhle ein. Draper kann beobachten, daß Aliens vom Orion die Marsianer als Sklaven für Bergbau benutzen. Draper freundet sich mit einem Marssklaven, der vor den Orion-Wesen fliehen kann, an und nennt ihn Friday (sic!). Friday und Draper ziehen sich in das marsianische Höhlensystem zurück, um sich der Beschießung durch die Orion-Wesen zu entziehen. Ein Sternenschiff von Terra kann das ungleiche Paar schließlich retten.

Nowland, Philip
Amerikanischer SF-Autor, geboren 1888, gestorben 1940. Geistiger Vater des Comic-Helden → Buck Rogers, der Nowlands Roman »Armageddon 2419 A.D.« entsprang.

O

Oak

Putziges, galaktisches Bordtier im Raumschiff »Comet« von → »Captain Future«. Oak ist eine Mischung aus Schildkröte und Teddybär. Er kann die Struktur seiner Körperzellen verändern, dadurch im Ernstfall Tarnfarben annehmen.

Obi-Wan Kenobi

Ehemaliger Jedi-Ritter in dem Kino-Epos → »Star Wars«, der mit den Rebellen sympathisiert, dem Oberhelden → Luke Skywalker ein Laserschwert schenkt und gegen das Imperium des Bösewichts → Groß Moff Tarkin kämpft. Was ihm gar nicht gut bekommt, denn am Ende des ersten Teils muß sich Obi-Wan Kenobi von → Darth Vader entkörperlichen lassen. Das ist aber halb so schlimm, denn später taucht Obi-Wan Kenobi als Geist wieder auf und kann auf diesem Wege seinen Helden im Kampf gegen das Böse im Sternenreich beistehen.

Ocampa

Die Ocampa sind in der Serie → »Star Trek« auf der → Voyager eine menschenähnliche Spezies, die sich von den Menschen vor allem durch ihren schnellen Lebenszyklus unterscheidet: sie sind bereits mit zwei Jahren erwachsen, werden nur sieben bis neun Jahre alt. Sie leben in unterirdischen Kolonien und haben emphatische Fähigkeiten. An Bord der Voyager befindet sich in den ersten vier Staffeln eine Ocampa: → Kes.

Octaman

Wegen seiner Ähnlichkeit mit einem Octopus wird der Alien in dem Film → »Die Bestie aus der Tiefe«, der in einem Sumpfgebiet haust, von den Menschen Octaman genannt.

Oddworld: Abes Odysee

Computerspiel (GT Interactive, 1997), in dem der Held Abe wie viele seiner Artgenossen in einer gigantischen Fleischfabrik auf dem Planeten Oddworld arbeitet. Bisher produzierte man dort leckere Meech Munchies, appetitliche Paramite Pies und knackige Scrab Cakes. Als jedoch alle → Munchies, → Paramites und → Scrabs ausgerottet sind, geht es mit dem Umsatz bergab. Fortan werden Abes Artgenossen, die → Mudokons zu Fleisch verwurschtet. Daß denen das nicht gefällt, ist klar, also flieht Abe und macht sich auf die beschwerliche Reise durch die Fabrik. Ab da übernimmt der Spieler Abes Kontrolle.

Odo

Gestaltwandler und Wechselbalg aus dem → Dominion in dem Stark Trek-Ableger → »Deep Space Nine«, der auf der Station seinen Dienst als Sicherheitschef versieht. Odo hat die Seiten gewechselt und seine Loyalität gehört der → Föderation, was den → Gründern, seine ursprüngliche Rasse, gar nicht gefällt.

Oinkelfomp

Vater des → Wunderwarzenschweins auf dem Planeten → Grunzquieck

Oliver, Chad(wick) (Symmes)

Amerikanischer SF-Autor, geboren 1928. Oliver schrieb mit dem Roman → »Brüder unter fremder Sonne« (dt.: München 1964) ein von vielen Seiten gelobtes Stück SF. In ihm schildert Oliver die Schwierigkeiten und Konflikte beim Kontakt mit fremdartigen Kulturen. Außerordentlich detailliert gelingen ihm dabei antrophologische Theorien, die bereits seinen berühmten Zeitgenossen → Carl Sagan und → Stanislaw Lem zu hohen SF-Würden verhalfen.

Omera

Ein nomadisierendes Volk jenseits der Randwelten in der TV-Serie → »Space Cops«. Brutale Killer der Omera haben es auf den Planeten → Altor abgesehen, auf dem der ehemalige NYPD-Cop Patrick Brigan seinen Dienst schiebt.

Onkel Martin

Extrovertierter → Marsianer in der TV-Comedy-Serie → »Mein Onkel vom Mars« aus den 60er Jahren. Darin muß ein Marsianer mit seiner Flugscheibe auf der Erde notlanden und kommt bei dem arbeitslosen Reporter Tim unter. Den Nachbarn stellt sich der Marsianer mangels besseren Wissens als »Onkel Martin vor«. 1999 erlebte die Fernsehreihe ein Kinoremake unter dem Titel → »Der Onkel vom Mars«.

Orania

Russischer Spielflim aus dem Jahr 1974 von Budimir Metalnikow. Dr. Evans, ein Biologe, wird darin bei einem Flugzeugabsturz von Aliens des Planeten Orania gerettet. Eigentlich ist es den Oraniern untersagt, in das Geschehen auf der Erde einzugreifen. Weil sie es trotzdem tun, versuchen sie in dem Gedächtnis von Dr. Evans die Erinnerung an ihre wunderbare Hilfe auszulöschen. Das gelingt aber nur teilweise. Dr. Evans will die beiden Orania-Wesen finden, um sich mit ihnen zu unterhalten und von ihren technischen Fähigkeiten, die das Können der Erdenmenschen weit übertrifft, mehr zu erfahren. Dummerweise sterben Dr. Evans und der Oranier → Orante bei einem typischen Verkehrsunfall, und alle Pläne haben sich für die Zukunft erledigt.

Orante

Telephatisch begabtes Wesen vom Planeten → Orania in dem gleichnamigen Spielfilm.

Organa, Leia

In der Spielfilm-Trilogie → »Star Wars« ist Leia Organa eine hübsche, allzu menschliche Prinzessin vom Planeten → Alderaan, deren Senatorin sie auch ist. Leia leistet erbitterten Widerstand gegen den üblen Herrscher ihres Sternenreichs und dessen rechte Hand, → Darth Vader. Zur Hilfe kommen ihr die Sternenkrieger → Luke Skywalker und Han Solo, der mysteriöse Jedi-Ritter → Obi-Wan Kenobi und der → Wookie → Chewbacca.
Gespielt wird Prinzessin Leia von Carrie Fisher.

Orion Burger

Eine kosmische Fastfoodkette mit dem Namen Orion Burger entdeckt in dem gleichnamigen PC-Game (Sanctuary Woods, 1995), daß die Menschheit der ideale Rohstofflieferant für das dringend benötigte Hamburgerhack ist. Das darf natürlich nicht sein, und dafür muß der Spieler sorgen. Urkomische Aliens sorgen für reichlich Unterhaltung, was die Thematik sowieso schon tut.

Ork

Heimatplanet von → Mork

Orko

Kleiner, lustiger Zauberer am Hof von → Prinz Adam, der als Superheld → He-Man auf dem Planeten → Eternia den Kampf gegen → Skeletor aufnimmt. Orkos Zaubertricks gehen dabei aber meist in die Hose, was seinen Unterhaltungswert in der Comic-Serie enorm steigert.

Overlord

Skorpionähnliches Monster in dem Film → »Howard«. Der Overlord verschlägt es mittels eines fehlgeschlagenen Laserexperiments auf die Erde, wo er in einen weiblichen Körper huscht und damit viele fiese Dinge anstellt.

Oxo

Heimatplanet der Oxoianer, die in dem Film »Louis und seine außerirdischen Kohlköpfe« für die französische Kohlsuppe schwärmen.

P

Paläo-Astronautik

Bezeichnet die Untersuchung von möglichen astronautischen Vorfällen in der Vergangenheit, auch → Prä-Astronautik oder → Weltraumarchäologie genannt.

Paläo-SETI-Forschung

Die Paläo-SETI-Forschung ist ein anderer Begriff für eine Forschungsrichtung, die in der populären Literatur meist → Prä-Astronautik genannt wird.

Pan Tau

Seriöser, schwarzbefrackter Außerirdischer in der gleichnamigen TV-Serie aus Tschechien, die vor allem den 70er Jahren großen Erfolg bei den kleinen Fernsehzuschauern hatte. Eines Tages sitzt Pan Tau während eines ganz normalen Fluges auf der Tragfläche einer Boeing und reist mit zur Erde. Pan Tau ist zwar stumm, doch dafür kann er wunderbare Dinge mit seinem Hut, einer schwarzen Melone, anstellen. Alles was man sich wünscht, zaubert er herbei. Ein wunderbarer Alien, der dazu noch aussieht wie ein Mensch. Wenn's diesem Menschen aus dem All mal zu bunt wird oder Bösewichter ihn suchen, dann kann er sich kleinschrumpfen und in die Jackentasche seiner Freunde stecken lassen.

Pangborn, Edgar

Amerikanischer Autor, geboren 1909, gestorben 1976. Wahrte Zeit seines Lebens Distanz zur SF, wenngleich eine Reihe seiner Erzählungen zur SF zählen. Sein Roman → »Der Beobachter« gewann 1955 sogar den Internationalen Fantasy Award. Weitere Werke: »Gute Nachbarn und andere Unbekannte«, München 1973.

Paramites
Kleine Wesen auf dem Planeten → Oddworld in dem gleichnamigen Computerspiel, die zu appetitlichen Paramite Pies verwurschtet werden.

Parasiten
Beliebte Darstellung von Aliens in Film und Literatur, z.B. → »Die Dämonischen«, → »Die Körperfresser« oder → »The Puppet Master«, in dem die Außerirdischen sich ähnlich einem Virus in den Körper der Menschen einnisten.

Peacemaker
Film (USA 1990) von Kevin S. Tenny, in dem der außerirdische, humanoide Cop, der Peacemaker Townsend, einem flüchtigen Alien-Killer auf die Erde folgt. Dabei wird er von der irdischen Polizei niedergeschossen, kann sich aber regenerieren. Ein Umstand, den auch der Alien-Killer beherrscht, so daß es wie ein Kampf ohne Ende ausschaut. Am Ende geht der Killer in einer Leuchtreklame in Flammen auf. Ende gut, alles gut.

Pe-Ellianer
Intelligente Alien-Rasse in dem Roman → »Das Auge des Königs« von Philipp Mann. Sie sind menschenähnlich, dreieinhalb Meter groß und aufrecht gehend, aber sie sind insektenhaften Ursprungs und machen in ihrem Leben wiederholt Häutungen durch, bevor sie ihr höchstes Erwachsenenstadium erreichen: Häutungen, die sie psychisch und physich verändern. Obwohl es zunächst den Anschein hat, als hätten sie keine nennenswerte Technologie aufzuweisen, verfügen sie über Kräfte, die verhindern, daß irdische Raumschiffe in gewisse Raumbereiche eindringen.

Edgar Pangborn-Buch

Perilia
Herrscherin über das Königreich des Dunkeln in der Comic-Serie → »Sailor Moon«. Ihr Ziel ist die Vernichtung des Silberkönigreiches der Prinzessin → Serenity auf dem Mond.

Perry – Unser Mann im All
Deutscher Comic-Ableger (Rastatt, 1968ff) der Heftroman-Reihe → Perry Rhodan. Von dem italienischen Comic-Studio Giolitti nach Texten deutscher Autoren (K.H. Scheer, Bernt Kling, Dirk Hess) entwickelt. Von den Comics gab es Mitte der 90er Jahre Reprints. Neben den bekannten Außerirdischen wie → Atlan, → Gucki, gab es in der Comic-Reihe einige Geschöpfte, die in der Romanreihe nicht auftauchten, z.B. der Fiesling → Gralmutant. Ein empfehlenswerter Perry-Comic ist auch Band Nr. 10 mit dem Titel → »Hotel Cosmos – Raumschiff der Schläfer«.

Perry Rhodan (Film)
Natürlich suchte der terranische Held auch den Weg auf die Leinwand. In einer deutsch-italienisch-spanischen Koproduktion wurde die literarische Vorlage des Band 1 der Heftroman-Serie (Unternehmen Stardust) verfilmt. Kritiker werfen dem Film allerdings zu große Abweichungen vor, so daß bis heute »SOS aus dem Weltall« die einzige Verfilmung blieb.

Perry Rhodan (Literatur)
Erfolgreichste Heftroman-Reihe der Welt. Erscheint wöchentlich seit September 1961 in der Verlagsunion Pabel Moewig Rastatt, dazu in weiteren 64 Hardcover, über 400 Taschenbüchern, zahlreichen Sonderbüchern, Spielen, CD-Roms, Musik-CDs und speziellen Subreihen, u.a. → »Atlan«. Auch in Japan, USA, Kanada, Rußland, Litauen, Holland, Frankreich, China, Tschechien erscheinen die Taschenromane, bisher in einer Gesamtauflage von insgesamt mehr als 1 Milliarden verkaufter Exemplare. Das Heft Nr. 2000 der wöchentlichen Serie, die inhaltlich inzwischen im 49. Jahrhundert angelangt ist, erscheint am 21.12.1999. Die Heftroman-Reihe schuf zwei der beliebtesten Aliens, die beide zu den besten Freunden der Menschheit gehören: der Humanoide → Atlan sowie der Mausbiber → Gucky.
Zum Inhalt der Serie: Im Jahre 2102 haben die Terraner das erste Lineartriebwerk entwickelt, mit denen sie die Erforschung der Galaxis im größeren Maße fortsetzen können. Dabei entdeckt Perry Rhodan das Blaue System, das Heimatsystem der → Akonen. Bei den Akonen

handelt es sich, wie der Terraner erfährt, um die Vorfahren der → Arkoniden, der ersten Alien-Rasse, die Rhodan auf seinem Mondflug kennengelernt hat. Die Akonen sind eines der Völker, die nach dem Untergang der → Lemurer vor rund 50.000 Jahren ihr eigenes kleines Sternenreich aufgebaut haben. Doch irgendwann rebellierte eine der Kolonien und erklärte sich für unabhängig. Das akonische Reich zerfiel im Bürgerkrieg, die Rebellen, die Arkoniden, bauten ihrerseits ein Imperium auf. Die Akonen hingegen entwarfen einen gigantischen Schutzschirm um ihr Sonnensystem und wählten die freiwillige Isolation. Diese

Perry Rhodan

dauerte bis zu Rhodans Eintreffen. Die Akonen, wie die Arkoniden menschenähnlich, sind zumeist listig und arrogant, jedoch nicht degeneriert wie ihre arkonidischen Nachfahren. Rhodan sind sie von Anfang an feindlich gesinnt und stellen seit ihrer Entdeckung über Jahrhunderte hinweg einen der größten Feinde der Menschheit dar (ein bißchen entsprechen sie den → Romulanern bei → »Star Trek«).

Pflanzen

Außerirdische, die wie Pflanzen aussehen, verlassen in dem Film → »Die Dämonischen«, später auch in dessen Remake → »Die Körperfresser kommen« als Sporen ihren absterbenden Heimatplaneten und machen sich als Treibende im Sonnenwind auf den Weg zur Erde. Was sie dort anrichten, sagt der Filmtitel hinreichend aus.

Phantasmagoria II

Horror-Adventure-Spiel für den PC (Sierra, 1996), das über weite Strecken mit viel Monstern und Blut aufwartet. Erst gegen Ende muß sich der gepeinigte Held noch gegen ein übles Alien zur Wehr setzen.

Phantom-Girl

Richtiger Name: Tiny Wazzo. Extraterrestrische humanoide Superheldin vom Planeten BGZTL in der 4. Dimension in der Comic-Serie → »Legion der Superhelden«. Als Superheldin kann sie feste Materialien durchdringen.

Philips, Gene Montague

Alien-Forscher, geboren 1926. Gründer der → Ancient Astronaut Society, die weltweit Aktivitäten auf dem Gebiet der → Prä-Astronautik koordiniert.

Phlogs

Riesige, unförmige Gestalten auf dem Planeten → Endor in der Comic-Serie → »Ewoks«. Die Phlogs reagieren äußerst unfreundlich, wenn man sie ärgert. Aber wer tut das nicht?

Plan 9 from Outer Space

Anerkannt schlechtester SF-Film aller Zeiten vom US-Trash-Filmer Edward D. Wood aus dem Jahre 1959. Zum Inhalt: Damit die Erdenbürger nicht das ganz Universum mit ihrem Atommüll verseuchen, werden die zwei Aliens → Eros und → Tanna zum Blauen Planeten gesandt. Ausgerechnet auf einem Friedhof in Kalifornien setzt ihr Raumschiff (ein Bungalow!) auf. Da Plan 1 bis Plan 8 (die Vermeidung weiterer Atomkatastrophen) nicht richtig funktionieren wollen, beginnen die beiden dämlichen Aliens laut Plan 9 ihrer Vorgesetzten, die Toten zum Leben zu erwecken, um sie gegen die atomfreundlichen Menschen einzusetzen.

Planet der Abenteuer

→ Tschai-Zyklus

Planet der Habenichtse

Roman (dt.: München 1976) von → Ursula K. Le Guin, in der sie das Leben des reichen, kapitalistischen Planeten → Urras und seiner Bewohner schildert. Doch das Leben ist getrübt, denn in unmittelbarer Nachbarschaft kreist der Planet → Anarres, auf dem Urras-Rebellen leben und – zum Trotz – eine anarchistische Gesellschaft gegründet haben. Einer dieser Habenichtse flieht nach Urras, muß aber schnell wieder zurückkehren: Reichtum allein macht eben nicht glücklich.

Planet der Stürme

Gemeint ist in dem gleichnamigen Film des sowjetischen Regisseurs Pavel Klushantzew aus dem Jahre 1962 die → Venus. Beim Warten auf ein Rettungskomando hören zwei sowjetische Kosmonauten auf der Venus einen weiblichen Hilfe-Ruf. An einer Felswand entdecken die Kosmonauten die Zeichnung von menschenähnlichen Lebewesen. Das deutet darauf hin, daß die Venus nicht nur von gefährlichen Flugsauriern, sondern auch von menschengleichen Aliens bevölkert wird. Bedingt durch günstige Planetenkreisbahnen müssen die Kosmonauten mit der eingetroffenen Rettungstruppe von der Erde abfliegen, bevor sie das Alien-Rätsel auf der Venus lösen können.

Planet der toten Seelen

Roger Corman brachte diesen US-Streifen 1957 in die Kinos. Zum Inhalt: Sämtliche Versuche, mit einem Raumschiff von der Erde aus, in das Weltall zu gelangen, werden von mißtrauischen Aliens verhindert. Durch die starken Strahlen ihres Elektromagneten werden die irdischen Raumschiffe angezogen und zerstört. Nachdem die Terraner ihre Weltraum-Reisen nicht aufgeben wollen, lassen die Aliens den Menschen wissen, daß sie mit ihrer Geduld am Ende sind und gleich den gesamten Globus untergehen lassen. Raumschiff-Experte Dr. Van Ponder, von den Aliens ferngelenkt, wird von dem Astronauten Dave Boyer entlarvt. So kann van Ponder eine geplante Raumstation, mit der die

Aliens bekämpft werden sollen, nicht mehr verhindern. Alles hat also wieder ein Happy-End.

Planet des Schreckens

US-Spielfilm von Roger Corman aus dem Jahre 1980. Auf der Suche nach dem irdischen Raumkreuzer Remus erkundet das Raumschiff Quest den Planeten Morganthus. Er ist ein einziger Friedhof für Raumschiff-Wracks. Einmal dort gestrandet, kann keiner diesen tückischen Planeten verlassen was auch für die Astronauten der Quest gilt. Alle möglichen und unmöglichen Monster töten nämlich nach und nach die Besatzungsmitglieder. In einer mysteriösen Pyramide, die von den unbekannten Ureinwohner herrührt, entdeckt der letzte Mann der Quest das Geheimnis der wahrscheinlich ausgestorbenen Aliens: Es ist ein Gerät, das die eigenen Ängste der Raumfahrer materialisiert; nicht die Monster, sondern die eigenen Alpträume haben sie also umgebracht.

Planet of Blood

1997 drehte Regisseur Curtis Harrington den gleichnamigen Film, in dem eine irdische Astronauten-Mannschaft von einem außerirdischen Raumschiff ein SOS-Zeichen auffängt. Eine grünhäutige, blonde Alien-Frau, die sich von Blut ernährt, fällt undankbar über ihre braven Retter her. Allerdings verträgt die Alien-Vampirin das menschliche Blut nicht und stirbt durch eine tückische Blutkrankheit, auch Hämophilie genannt. Das hat man davon, wenn man nicht Danke sagt!

Planeten-Story

In dem Bildband »Planeten-Story« (1980) von → Harry Harrison und Jim Burns muß der irdische Schienenbau-Roboter RRAGG (Abkürzung für Railroad An Ground Grader) über einen fremden Planeten ein schier unendliches Gleis für einen Zug legen. Das tut er auch, allerdings ohne Rücksicht auf die Aliens, die dort leben. RRAGG trifft schließlich auf den Echsen-König → Krookr, der Muskusisch spricht. Er wird durch Versprechungen zum Verbündeten. Dann treffen die Gleisbauer aber auf die → Gornischthelfer in ihren eindrucksvollen Ballonen. Die Gornischthelfer sind krabbenartige Wesen. Krookr und sein Volk verwenden sie ständig für ihre Hummer-Suppe. Das kann RRAGG nicht durchgehen lassen und hilft den Gornischthelfern, Krook niederzumachen. In der Wüste treffen sie auf ein Riesen-Insekt, ein Dünenroller, der fortwährend nur »jeccchh« macht. Das Insekt ist so groß, daß RRAGG keine andere Wahl hat und diesmal weit drumherum bauen muß. In dem Land Kru angekommen, begrüßen rattenartige Wesen die Gleisarbeiter. König Ratz und seine Frau Sqieke haben sogar ein Büffett zum Empfang aufgebaut. Nicht ungeschickt: Im Beisein seiner Rattentruppe verlangt König Ratz schließlich Zoll für die Durchfahrt. Die Weltraum-Geschichte erinnert bewußt an die rücksichtslosen Gleisbauer im Wilden Westen, die mit ihren dampfenden Stahlrössern die Landschaft der Indianer zerstörten.

Pnume
Geheimnisvolle Rasse von einer anderen Welt im → »Tschai-Zyklus« von → Jack Vance.

Pohl, Frederik
Amerikanischer SF-Autor, geboren 1919. Einer der meistausgezeichneten Schriftsteller der 70er Jahre. Sein größter Verdienst liegt in der Einführung sozialkritischer, die amerikanische Werbung satirisch behandelnder Themen in die SF der 50er Jahre.
Mit den → Groombridgier in der Erzählung »Wir Gekauften« schuf er recht abstruse Aliens. Weitere Werke: »Die Zeit der Katzenpfoten«, Düsseldorf 1970; »Invasion vom Sirius«, München 1976.

Polypherma
Gewaltiges Mutter-Viech der → Sluggos in dem Roman → »Mutter« von → Phillip José Farmer.

Porno
Sinniger Planeten-Name im Film → Flesh Gordon.

Pournelle, Jerry
Amerikanischer SF-Autor, geboren 1933. Gemeinsam mit → Larry Niven hat Pournelle eine Reihe nicht unbedeutender Romane wie das verstörende Epos → »Fußfall« um Aliens als sogenannte → Heldenkrieger geschrieben. Aus ihrer gemeinsamen Feder stammt auch → »Der Splitter im Auge Gottes«. Weitere Werke: »Mars, ich hasse dich«, Bergisch-Gladbach 1980; »Flucht vom Planet der Affen«, München 1976.

Powermaster Optimus Prime
Bekanntester → Transformer in der gleichnamigen Comic-Serie. Er trägt ein enorm wichtiges Computerprogramm in sich, das die Entwicklung neuer Androiden erlaubt, und sorgt somit für das Fortleben der Androiden.

Prä-Astronautik

Auch Paläo-Astronautik. Prä-Astronautik ist kein etabliertes wissenschaftliches Fach, dessen Existenzberechtigung unbestritten wäre. Unter dem Oberbegriff vertreten inzwischen aber eine Reihe bekannter und berühmter Wissenschaftler, Forscher und Anhänger weltweit, zum Teil in der internationalen → Ancient Astronaut Society formiert, folgende Thesen: Unterschiedliche Fragen und Phänomene in der Vergangenheit unserer Erde sind lösbar, zieht man die Möglichkeit mehrerer Landungen kosmischer Besucher in Betracht.

Die Prä-Astronautik schuf mit dieser Theorie einen gemeinsamen Nenner, der sich vom Diskussionsbeitrag zur Randwissenschaft entwickelte. Die Theorien stützen sich weitestgehend auf mythologisch, als auch historisch abgesicherte Artefakte, auf archäologische Funde und Phänomene. Schlichte → Felszeichnungen, aber auch bautechnische Hochleistungen alter Kulturen, die gigantischen Pyramiden Ägyptens und Mittelamerikas, die riesigen »Landebahnen« auf der peruanischen Hochebene von → Nazca, die Megalithen von Stonehenge oder die rätselhaften Steinfiguren auf den Osterinseln führen für die Anhänger der Prä-Astronautik zu der zentralen Fragestellung der Prä-Astronautik: Waren die Götter Astronauten, Raumfahrer, Besucher von anderen Planeten?

Woher stammen die exakten astronomischen Kenntnisse alter Völker? Welches Wissen bergen die geheimnisvollen Mythen, Kulte und Rituale zahlloser Völker und Stämme in aller Welt? Trotz vieler Mythen und Rätsel ist eine definitive Antwort auf keine der Fragen bislang gefunden worden. Prominentester Fürsprecher der Prä-Astronautik ist der Deutsche → Erich von Däniken, Autor des umstrittenen Buches → »Götterschock«.

Praying Mantis

→ Gottesanbeterin

Predator (Comic)

Natürlich gibt es für alles, was erfolgreich ist, ein Crossover-Marketing, und deshalb erschien von 1991 bis 1992 im Hethke-Verlag eine halbwegs erfolgreiche Comic-Reihe zum Predator.

Predator (Film)

Bedeutet auf Deutsch: Raubtier. Als solches geht das monströse Alien-Vieh mit den Infrarotaugen im 1987 in den USA von Regisseur John McTiernan gedrehten Film »Predator« zur Sache. Zu allem Übel besitzt das Ekelpaket einen großen Vorteil: Dank einer Tarnkappe bleibt es dem menschlichen Auge unsichtbar.

In der grünen Hölle von Südamerika, auch Dschungel genannt, geschieht Schreckliches: Als Major Dutch Schaefer (dargestellt von Arnold Schwarzenegger) mit seiner Söldnertruppe einige US-Geiseln aus der Hand von Terroristen befreien will, findet er nur noch furchtbar zugerichtete Leichen vor. Der Predator ist im Dschungel unterwegs, und er frißt mit Vorliebe Menschen. In einem martialischen Showdown kann Major Schaefer den Predator niedermachen und seine Kollegen rächen.

Predator II (Film)
Im Jahr 1990 findet der Kinoerfolg ein entsprechendes Sequel, diesmal ausgeführt von Regisseur Stephen Hopkins. Darin schlachtet der Predator, das unsichtbare Wesen aus dem All, in den Hochhausschluchten von L.A. nach und nach Polizisten ab, und nur Cop Harrigan, dargestellt von Danny Glover, stellt sich dem mordenden Alien in den Weg, und zwar in dessen Raumschiff, wo sich Harrigan plötzlich von einer Schar Predators umgeben sieht. Doch sie zollen dem Polizisten ihren Respekt, überreichen ihm eine Waffe und entschwirren ins All.

Predator vs. Alien
Comic von Randy Stradley und Phil Norwood sowie Jimmy Palmiotti. Darin muß sich der junge Predator namens → Two-Stripes bei einer Jagd auf seinem Heimatplaneten bewähren. Er soll ein junges → Alien vom Typ → H.R. Giger erledigen.

Somit prallen zwei der gefährlichsten Weltraum-Monster aufeinander. Two-Stripes obsiegt und kann seinem Anführer → Top-Knot den Alien-Kopf auf seinem Elektro-Speer präsentieren. Jetzt ist Two-Stripes endlich erwachsen und kann auch größere Gemetzel-Aufträge entgegennehmen..

Pretenders
Britische Pop-Gruppe um die Sängerin Chrissie Hynde, die 1979 mit dem Titel → »Space Invaders« den Song zum ersten Alien-Computerspiel des PC-Zeitalters lieferte. Zu hören sind neben den zeittypischen Gitarrenriffs ab und zu die Ballergeräusche des Computers.

Prinz
→ Der kleine Prinz

ALIENS
VS
PREDATOR
DAS DUELL

Prinz Adam

Richtiger Name von → He-Man in der gleichnamigen Comic-Serie. Humanoider Thronerbe des Herrscherhauses auf dem Planeten → Eternia. Prinz Adam ist ein blonder, hochgewachsener Jüngling, ausgesprochen sanftmütig, liebenswert, den schönen Künsten zugeneigt, hilfsbereit, Freund von jedermann, vor allem aber von der hübschen Prinzessin → Teela. Im Kampf gegen die gierigen Machenschaften des Bösewichts → Skeletor, der die Macht über Eternia erlangen möchte, verwandelt sich Prinz Adam in He-Man.

Pygar

Vogelmensch vom Planeten → Lytheon in dem Kinofilm → »Barbarella«, der der Agentin Barbarella tapfer im Kampf gegen die lesbische Herrscherin, die → Schwarze Königin, zur Seite steht.

Pylonas

Fürst der Mondbewohner in dem Roman → »Der Mann im Mond« von → Francis Godwin, der ungefähr viermal so groß ist wie ein normaler Mensch.

Pyramidenbauer

Eigentümliche, sich unendlich langsam bewegende Siliziumkreatur in dem Roman → »Mars-Odyssee« von → Stanley Weinbaum, die beständig Sand frißt und fertige Ziegelsteine ausscheidet, die es zu Ketten von Pyramiden aufschichtet.

Predator vs. Alien

Q

Q

Die Q sind im → Star-Trek-Universum eine Spezies quasi-gottähnlicher Wesen, die gegenüber den Menschen meist in humanoider Gestalt auftreten. Sie sind unsterblich, was dazu führt, daß sie sich oftmals langweilen. Daher bereisen die Q das Universum und setzen ihre gottähnliche Macht dazu ein, anderen Lebewesen die verschiedensten und abgedrehtesten Streiche zu spielen. Der Wohnort der Q ist das sog. »Q-Kontinuum«, ein Ort außerhalb von Raum und Zeit. Einem Menschen, der das Kontinuum besucht, erscheint es als eine Sammlung surrealistischer Metaphern, nicht unähnlich einem Gemälde von Salvadore Dali. Einer der Q hat es besonders auf die → Enterprise unter Captain Picard abgesehen. Er besucht sie im Laufe der Serie mehrmals, wobei die Crew, die stets unter seinen »Zaubereien« leiden muß, ihn mehr als einmal dorthin wünscht, wo der Pfeffer wächst. Q gibt ein ernsthaftes Anliegen vor: er will beweisen, daß die Menschheit zu unreif ist, um das Universum zu bereisen. Zu diesem Zweck versetzt er einmal durch bloßes Fingerschnippen die Enterprise um 7.000 Lichtjahre, wodurch es zum ersten Kontakt der Enterprise mit den → Borg kommt. Prompt wird die Enterprise von den Borg angegriffen und beinahe zerstört; erst ein weiteres Fingerschnippen von Q rettet sie. Die meisten Episoden mit Q verlaufen wesentlich humorvoller.

Aber auch die → Voyager bleibt im Delta-Quadranten von seinen Streichen nicht verschont. Q hat es hier besonders auf Captain Janeway abgesehen, will sogar ein Kind mit ihr, was seine Frau (ebenfalls Q genannt) aber gar nicht lustig findet...

Quake

Computerspiel der Firma ID (1997), in dem bösartige Aliens mit einer ultimativen Waffe planen, die Menschheit zu unterjochen. Bei einem Angriffsflug auf die feindlichen Stellungen stürzt ein kleines Schiff zwischen den äußeren Anlagen der Alienfestung ab. Allein auf sich gestellt, muß der Spieler nun den Piloten, der unglücklicherweise nur mit einer einfachen Strahlenwaffe ausgestattet ist, ins Zentrum der Alienmacht schleusen. Bis dahin gibt es einiges zu erleben.

Quark

Prominenter Barkeeper im beliebtesten Treffpunkt für Aliens aller Art auf → »Deep Space Nine«. Angehöriger der → Ferengi-Lebensform.

Quetzalia

Heimatplanet der → Quetzalianer in dem Roman »Der Wein des Frevels« von James Morrow.

Quetzalianer

Bewohner des Planeten → Quetzalia in dem Roman »Der Wein des Frevels« von James Morrow. Für die Quetzalianer gab es eine Zeit, in der Gewalt, Mord, Totschlag und Vergewaltigung an der Tagesordnung waren und die Kunst der Selbstverteidigung nicht nur eine edle Tugend, sondern eine Notwendigkeit zum Überleben darstellte. Doch nun ist der Planet frei von jeglicher Technologie, und die Bewohner beherrschen die Philosophie der Gewaltlosigkeit. Aber auch die Quetzalianer leben hinter ihrer schützenden Mauer nicht im Paradies. Sie werden bedroht von den → Neurovoren, die auf der anderen Seite in der öden Wüste des Planeten leben – bis es eines Tages, ausgelöst durch die Bewohner der Erde, die auf Quetzalia landen, zu der alles entscheidenden Auseinandersetzung kommt. Parallelen zu Millers »Lobgesang auf Leibowitz«, Huxleys »Schöne neue Welt«, ja sogar Swift sind nicht von der Hand zu weisen.

R

R2-D2
Roboter-Freund von Prinzessin → Leia Organa auf dem Planeten → Alderaan in dem Kino-Epos → »Star Wars«. R2-D2 ähnelt irgendwie einer Cola-Dose auf Füßen, aber das tut bis heute seiner Popularität keinen Abbruch.

Ra
Ägyptischer Gott und Vorlage für ein außerirdisches Wesen in dem US-französischen Kinofilm → »Stargate«. Darin wird getreu der → Prä-Astronautik die These aufgestellt, daß das außerirdische Wesen Ra vor vielen Jahrtausenden bereits auf der Erde war und von den Ägyptern – gemäß heutiger Überlieferung – als Gottheit verehrt wurde.

Rabe
Ein Rabe ist in dem Fernsehfilm → »Vom anderen Stern« (BRD 1982) ebensolches und seinem Frauchen Lilly auf wundersame Weise behilflich.

Radd, Norrin
Auch → Silver Surver

Ramses
Humanoider, mordlustiger Anführer der → Alphaner in dem Kinofilm »Invasion der Raumschiffe«

Ranzz, Garth
→ Blitzjunge

Ratz
König einer rattenartigen Truppe in dem Comic → »Planeten-Story«

Raumpatrouille Orion

Richtiger Titel: »Raumpatrouille – Die phantastischen Abenteuer des Raumschiffes Orion«. Deutsche Kult-TV-Serie (WDR, 1966) von Rolf Honold und W.G. Larsen. Der Serie liegt ein beliebtes SF-Schema zugrunde: Auf der Erde gibt es keine Nationalstaaten mehr, es gibt nur noch die Menschheit, ihre Siedlungen auf dem Meeresboden und ihre Kolonien im Weltraum. Man siedelt auf fernen Sternen. Mit unvorstellbaren Geschwindigkeiten durcheilen Raumschiffe das Milchstraßensystem. Eines dieser Raumschiffe ist die Orion, ein gewaltiger Raumkreuzer unter der Leitung von Commander Cliff Allister McLane, unvergeßlich dargestellt von Dietmar Schönherr. Als McLane ein mutiges, aber verbotenes Landemanöver auf dem Planeten Rhea wagt, wird er trotz seiner Verdienste im Zweiten Stellaren Krieg samt Crew und Schiff für drei Jahre zum Patrouillen-Dienst verdonnert. Als »Aufpasser« bekommt er eine Beamtin des Galaktischen Sicherheitsdienstes GSD an Bord, die strenge Tamara Jagellovsk (Eva Pflug). Gemeinsam bilden sie den winzigen Teil eines gigantischen Sicherheitssystems, das die Erde vor möglichen Bedrohungen aus dem All schützen soll. Natürlich lassen diese Gefahren nicht lange auf sich warten: eine außerirdische Macht, die der → Frogs, will erst irdische Kolonien im All erobern, später sogar eine Invasion auf die Erde vorbereiten.

Raumschiff Promet

Dt. Heftroman-Reihe, die vom Autor → Kurt Brand von 1972 bis 1974 als Alternative zu den herkömmlichen, seiner Meinung nach eingefahrenen SF-Serien entwickelt wurde. Bei dem Versuch, für seine Artgenossen einen neuen Heimatplaneten zu finden, strandet → Arn Borul auf der Erde und freundet sich mit den Menschen an, die mit ihm eine Raumtour unternehmen. Die Heftroman-Reihe wird gerade als Paperback neu aufgelegt (Windeck 1998 ff).

Raumschiff Venus antwortet nicht

Film (DDR/Polen 1959) von Kurt Maetzig, in dem durch den Einfluß von Atomkräften die Bevölkerung der Venus ausgestorben ist. Nur noch eine tote Stadt erinnert an die Existenz der fremden Rasse auf dem relativ nahen Planeten unseres Sonnensystems. Mit dem Raumschiff Kosmokrator, der mit einer internationalen Besatzung ausgestattet ist, versucht die Erde, das Venus-Volk aufzuspüren. Die atomverseuchten → Venusier waren scheinbar aggressive Intelligenz-Wesen, die schon seit einiger Zeit versuchten, Terra zu erobern. Ein riesiger Komet, der in

Raumschiff Promet

die sibirischen Tundra krachte, war eine der ersten Versuche, die Erde zu destabilisieren.

Rebo

Der → Saturnese Rebo hat ein gelbe Haut und einen Raumhelm, der wohl nicht unabsichtlich an den aufgestellten Kamm eines Kampfhahns erinnert. Rebo ist ein gewalttättiger Mann vom Saturn, der ständig neue Welten erobern will. Auch die Erde. Jedoch hat der Saturn-Bewohner namens Rebo die Rechnung ohne den klugen italienischen Wissenschaftler Marcus gemacht. Dieser kann den kriegslüsternen intergalaktischen Kampfgockel besiegen. Der italienische Comic Saturno Conta la Terra wurde im Winter 1937 von Federico Pedrocci und und Cesare Cevattini gemacht und im Mondadori-Verlag veröffentlicht.

Red Planet Mars

US-Film von Harry Horner aus dem Jahr 1952, der zwar das Alien-Kommunisten-Gerüst zum Thema hatte, aber eine ganz andere Variante als die der bösen Invasion wählte. Ein ehemaliger Nazi und Kriegsverbrecher, jetzt auf der Seite der Kommunisten, will darin die Welt ins Chaos stürzen, indem er das Gerücht verbreitet, die Marsmenschen seien alle Kommunisten. Daß diese sich diesen bösen Vorwurf nicht gefallen lassen, ist klar. Sie beweisen, daß sie jeden Sonntag zur Kirche gehen und waschechte Republikaner sind. Die Welt atmet wieder auf, die UdSSR bricht zusammen.

Ren Dhark

Seit dem ungeahnten Erfolg der → Perry Rhodan-Serie Anfang der sechziger Jahre versuchten viele Serien vieler Verlage, ein Stück vom Kuchen abzubekommen. Aber bis heute gelang dies keiner einzigen. Als einer der erfolgreichsten Versuche gilt die Ren Dhark-Serie, die Mitte der sechziger Jahre vom Martin Kelter-Verlag, einem der großen Heftroman-Veröffentlicher, herausgegeben wurde. Konzipiert wurde die Serie vom ehemaligen Perry Rhodan-Autoren → Kurt Brand. Insgesamt erschienen 98 Hefte der Serie, bevor diese eingestellt wurde. Mitte der siebziger Jahre erschien eine zweite Auflage der Serie. An eine Fortsetzung wurde aber nicht gedacht, auch, als Ende der achtziger Jahre eine dritte Auflage, diesmal in zeitgemäßerer Aufmachung, veröffentlicht wurde.

Zur Zeit der dritten Auflage entstand der Ren Dhark-Club, der sich bald aufmachte, die Serie auf eigene Faust weiterzuführen. Dieses »Projekt 99« wurde nach der ersten neuen Heftnummer von den Rechteinhabern, den Erben des 1991 verstorbenen Kurt Brand, lizensiert und erlebte einen überraschenden Erfolg. Das »Projekt 99« läuft auch heute noch (Kontaktadresse: Heinz Mohlberg, Hermeskeiler Str. 9, 50935 Köln). Mittlerweile hat der Hansjoachim Bernt-Verlag damit begonnen, die alten Abenteuer der Ren Dhark-Hefte redigiert in Buchform herauszubringen. Inzwischen erscheinen auch hier Bücher mit neuen Abenteuern von Ren Dhark (die aber inhaltlich nichts mit dem »Projekt 99« zu tun haben).

Reptoids
→ Echsen

Return from Witch Mountain
Film (USA 1978) von John Hough aus den Disney-Studios, in dem zwei außerirdische Kinder von bösen Erdlingen entführt werden. Tapfere, irdische Kinder können sie aber befreien.

Rex Star
→ Flash Gordon

Riesen
Auch Giants genannt. Riesen sind Aliens, die sich vor allem in russischen Breitengraden hoher Beliebtheit erfreuen und von den Menschen mehrfach gesichtet wurden. Die Giants sind mehr als drei Meter groß, tragen silberne Anzüge und kupferfarbene Schuhe. Sie haben drei Augen, ein weißes rechts und links sowie ein rotes in der Mitte.

Ringwelt
Ein gigantisches Bauwerk, das die Menschen in dem gleichnamigen Roman-Zyklus von → Larry Niven im All aufspüren. Es ist die Hinterlassenschaft einer verschwundenen Rasse, das als Ring mit einem Durchmesser von rund 300 Millionen Kilometern um einen Stern errichtet wurde. Die Menschen, die sich dort ausbreiten, begegnen zunehmend auch anderen Rassen, z.B. den → Chirpsithras.

Robot-Monster
Film (USA 1954) von Phil Tucker, in dem im Auftrag eines mächtigen Außerirdischen, der sich »Der Große« nennt, ein Cyborg namens → Ro-Man auf die Erde gesandt wird. Bis auf einige Mitglieder der Familie eines Höhlenforschers macht Ro-Man die gesamte irdische Zivilisation nieder.

Rock Aliens

Grottenschlechter Musikfilm (USA 1984) von Regisseur James Fargo. In der Kleinstadt Speelburgh landet ein gitarrenförmiges Raumschiff mit den titelgebenden Rock Aliens. Sie nehmen sich der verkannten, irdischen Sängerin Dee Dee (dargestellt von Pia Zadora) an und lassen sie mit ihrem Space Rock in einem wilden Feuerwerk aus Videoclips und Songs zu einem Star werden.

Roddenberry, Gene

Amerikanischer Autor, geboren 1921, gestorben 1991. Erfinder und ausführender Produzent der Erfolgs-Space-Opera → »Star Trek«. Roddenberry ist Schöpfer zahlloser Aliens. Selten sind diese aber von absonderlicher Gestalt, die meisten tragen humanoide Züge. Aus gutem Grund, denn Roddenberry betrachtet die TV-Serie vom Raumschiff → Enterprise eindeutig nicht als »Sammlung von Filmkulissen oder ein Modell, das man für visuelle Effekte benutzt«.

Für Roddenberry sind die Charaktere Mittel zur Darstellung tiefgründiger Problematiken. »Es ist ein sehr reales Gefährt, das entworfen wurde, um Geschichten zu erzählen. Sie, die Zuschauer, sorgen für seinen Antrieb. Durch die Kraft der Phantasie machen Sie daraus ein wirkliches Raumschiff, das uns zu den entferntesten Winkeln der Galaxie und manchmal auch in die tiefsten Winkel der menschlichen Seele führen kann. Der Zweck von alldem? Um uns Menschen so zu zeigen, wie wir wirklich sind. Wir sind zu unglaublichen Dingen fähig: ich bin verblüfft und begeistert über Ereignisse wie den Fall der Berliner Mauer, die spektakuläre Verbreitung der Demokratie in Europa, der humanitären Hilfe für AIDS Opfer, Versuche, Hungersnöte zu lindern und die Annäherung zwischen denen, die sich immer als Todfeinde betrachtet hatten. Unser Charakter → »Worf« steht zum Beispiel als eine Art Symbol für den Abbau der globalen Spannungen in unserer heutigen Welt. Noch vor einigen Jahren, als wir über einen Offizier der → Klingonen an Bord der Enterprise nachdachten, erschien die Sowjetunion manchen als gefährlich eigensinniger Feind. Durch einen fiktiven Star Trek-Charakter erleben wir die gleiche Dramatik.

In seiner besten Weise kann uns das Raumschiff Enterprise helfen, viele mögliche menschliche Zukunftsperspektiven zu erforschen. Die Zusammenarbeit unserer Nationen sowie die Weisheit, die Visionen und die harte Arbeit sehr vieler Einzelner wird nötig sein, um unsere Träume zu verwirklichen. In gewisser Weise kann man die Enterprise und die optimistische Zukunft, in der sie existiert, als Erinnerung daran sehen, was wir erreichen können, wenn wir uns wirklich bemühen.

Selbstverständlich geben wir nicht vor, daß unser Fernsehraumschiff eine Blaupause ist, nach der die NASA oder andere direkt die Konstruktion beginnen können. Seien wir ehrlich: Ein überlichtschneller Warpantrieb liegt noch weit hinter unserem Verständnis. Und es gibt tausende andere Gebiete, die noch darauf warten, entschlüsselt und genutzt zu werden. Die harte Arbeit – und die Belohnungen – bleiben für die nächste Generation. Ich glaube, unsere Zukunft wird es wert sein.«

Ro-Man

Mächtiger Cyborg, der in dem Film → »Robot-Monster« die Menschheit niedermacht.

Romulaner

Die Romulaner, sehr populäre Wesen in der amerikanischen TV-Serie → »Star Trek«, sind menschenähnlich. Der Hauptunterschied sind die in die Höhe laufenden Augenbrauen und die spitzen Ohren.

Die Romulaner sehen den → Vulkaniern sehr ähnlich, was daran liegt, daß die Romulaner von vulkanischen Auswanderern abstammen. Die romulanische Gesellschaft ist sehr militärisch geprägt und erinnert insofern ein wenig an die → Cardassianer. Bei dem Entwurf der Romulaner stand jedoch offensichtlich das alte Rom Pate. So wird Romulus, die Zentralwelt des Romulanischen Reiches, von einem Senat regiert. Eine Besonderheit der romulanischen Raumschiffe ist die sog. »Tarnvorrichtung«, mit der sich die Schiffe komplett unsichtbar – und »unortbar« – machen können. Die → Klingonen haben diese praktische Einrichtung von den Romulanern übernommen.

Das Verhältnis zwischen den Romulanern und der → Föderation ist immer sehr gespannt. Ein erster Anfang in Richtung Frieden kommt erst durch den Vertrag von Algeron zustande, eine Art Nichtangriffspakt zwischen der UFP und den Romulanern. In ihm verpflichtet sich die Föderation, niemals eine Tarnvorrichtung einzusetzen. Das erklärt, warum die Föderation nicht mit unsichtbaren Schiffen durch die Galaxis fliegt. Das Verhältnis zwischen Romulanern und Föderation bleibt aber trotzdem bis heute gespannt.

Roswell

Ort in New Mexiko mit einer US-Luftwaffen-Basis, in deren Nähe 1947 angeblich eine fliegende Untertasse abstürzte und die → Roswell-Legende entfachte.

Romulaner

Roswell-Legende

Angeblich stürzte 1947 in → Roswell eine fliegende Untertasse ab und wurde von Soldaten der US Air Force heimlich geborgen. Dabei wurde die Leiche eines Alien entdeckt und von den US-Streitkräften seziert. Gefilmt wurde das Unternehmen von → Jack Barnett. Von den 60 Rollen Film behielt Barnett 20 selber, da bei diesen Probleme beim Entwickeln aufgetreten waren. Der Präsident der British UFO Research Association BUFORA, John Spencer, setzte sofort ein Expertenteam ein, zu dem auch Filmarchivare und Spezialisten für Spezialeffekte gehörten, um die Filmaufnahmen zu untersuchen. In der Zwischenzeit behauptete aber der Filmemacher → Ray Santilli, für 150.000 Dollar die Top-Secret-Aufnahmen gekauft zu haben. Bis heute hat er nur einen kleinen Teil des Filmmaterials zu Untersuchungszwecken freigegeben. Die Analyse durch den BUFORA-Ausschuß lieferte vieldeutige Ergebnisse, aber keine schlüssigen Beweise. In dem im Film gezeigten Obduktionsraum hängt ein Telefon mit Spiralkabel an der Wand. Doch ein derartiges Telefon, entworfen von dem Designer Henry Dreyfuss, hat die US-Telefongesellschaft AT&T erst 1956, also neun Jahre später, auf dem Markt gebracht. 1947, als das fremde Wesen seziert worden sein soll, gab es nur Tischtelefone.

Rückkehr der Jedi-Ritter

→ Star Wars

Rutting Chicken

Extraterrestrische Mischung aus Oktopus und Huhn. Das verrückte Huhn ist der gefährlichste Gegner in dem Computerspiel → »Half Life«, da es über Fern- und Nahkampfwaffen verfügt und mit seinem gelbgrünen, säureähnlichen Ätzschleim bitterbösen Schaden anrichten kann.

Ryll

Junger → Dreen im Roman → »Mann zweier Welten« von → Frank Herbert

Ryo

Junger → Thranx und wichtiger Protagonist im → »Homanx-Commonwealth-Zyklus« von → Alan Dean Foster. Die Thranx sind intelligente Insektenwesen. Schon im Larvenstadium macht Ryo auf sich aufmerksam: Er ist anders als die anderen, neigt mehr zum Träumen und stellt seine hervorragenden Fähigkeiten nicht in den Dienst der Allgemeinheit, wie man dies hätte erwarten können. Und als er nach seiner Verwandlung mit einem Erwachsenenkörper erwacht, stürzt er sich in die Arbeit, um seine unbestimmten Wünsche zu betäuben.

Die Thranx kennen neben sich nur eine zweite raumfahrende Rasse, die → Aann, und immer wieder kommt es mit diesen zu blutigen Scharmützeln. Da wird die Entdeckung einer weiteren Rasse gemeldet: bleiche, weichhäutige, zweibeinige Ungeheuer, die ebenfalls die Technik der Raumfahrt beherrschen und sich »Menschen« nennen. Ryo ist fasziniert von der Botschaft. Er glaubt, endlich seine Bestimmung gefunden zu haben. Aus Ryos einfühlsamer Sicht wird der Erstkontakt der Thranx mit den Menschen geschildert.

Ryo

S

Sabina

Hübsches Alien in dem 1989 in den USA von Regisseur Frank Harris gedrehten Endzeitdrama »Aftershock«. Sabina landet auf der postapokalyptischen Erde, auf der sich Diktatoren und Freiheitskämpfer gegenüberstehen. Sabine gerät zwischen die Fronten, hält natürlich zu den Rebellen, und als sie am Ende nichts ausrichten kann, tritt sie den Heimflug an.

Sagan, Carl

Amerikanischer Autor und Astrophysiker, geboren 1934, gestorben 1996. Sagan hat die außerirdische Kontaktaufnahme und die Schwierigkeiten damit zum Thema in seinem philosophisch-wissenschaftlichen Buch → »Contact« gemacht. Seine Maxime: »Wie können wir erwarten, eine Botschaft einer fremden Zivilisation zu verstehen, wenn uns selbst die Schriften der Mayas bis heute unverständlich geblieben sind, obwohl diese doch menschliche Wesen waren wie wir?« Sagan hielt die Existenz extraterrestrischen Lebens für mehr als nur wahrscheinlich. »Sehen wir uns allein nur die Fortschritte in der menschlichen Technologie in den letzten paar hundert Jahren an. Zwischen dem Wissen, das wir, zur Zeit Karls des Großen hatten, und der Voyager-Mission auf dem Weg zu den Sternen liegen weniger als tausend Jahren. Wenn man also die Existenz von hochtechnischen Zivilisationen tausende, vielleicht sogar Millionen von Jahren in unserere Zukunft voraussetzt, dann muß man sagen, daß es sehr wahrscheinlich ist, daß es Aliens gibt, die uns sogar auch besuchen können. Sternenreisen mit hoher Geschwindigkeit halte ich für möglich.« Deshalb hat er sich stets für die seriöse Suche nach außerirdischem Leben eingesetzt, unter anderem im Rahmen des berühmten US-Programmes → SETI.

Gleichzeitig stand er landläufigen Darstellungen von Außerirdischen aber skeptisch gegenüber: »Meines Erachtens gehen sie allzusehr von uns bereits bekannten Lebensformen aus. Jeder Organismus aber ist das

Ergebnis einer langen Reihe unwahrscheinlicher Schritte. Und deshalb glaube ich nicht, daß das Leben anderenorts Reptilien-, insekten- oder menschenähnliche Formen hervorgebracht hat, die sich lediglich durch kleine Schönheitskorrekturen wie grüne Hautfarbe, Spitzohren und Fühler von den unseren unterscheiden.« Sagan wurde ausgezeichnet mit NASA-Medaillen, dem Masursky-Award der Amercan Astronical Äsocety, dem Pulitzer Preis und der Oersted-Medaille. Bei den Expeditionen mit den ferngesteuerten Weltraum-Sonden wie Mariner, Viking oder Voyager arbeitete er mit. Sein Wissen setzte er populär mit dem Bestseller-Buch »Kosmos« und einer dazugehörigen TV-Serie um.

Sailor Jupiter
Humanoide wunderhübsche Kriegerin vom Mond im Comic → »Sailor Moon«.

Sailor Mars
Humanoide grazile Kriegerin vom Mond im Comic → »Sailor Moon.«

Sailor Merkur
Humanoide wunderschöne Kriegerin vom Mond im Comic → »Sailor Moon«.

Sailor Moon
Japanische Manga-Comic-Serie von Naoko Takeuchi, die seit Beginn der 90er (dt.: Stuttgart 1992 ff) weltweit ihre Anhänger gefunden hat und den Kampf der hübschen Mondprinzessin → Serenity gegen die Herrscherin des Dunkeln → Perilia schildert. Ihr zur Seite stehen die vier Sailor-Kriegerinnen Mars, Merkur, Jupiter und Venus.

Sailor Venus
Humanoide bezaubernde Kriegerin vom Mond im Comic → »Sailor Moon«.

Samen des Bösen
Alien-Schocker, der 1990 als Koproduktion (Hongkong/Großbritannien) von Norman J. Waren gedreht wurde. Bei den Ausgrabungen auf einem fernen Eis-Planeten kommt es zu einer gewaltigen Detonation, nachdem die Besatzungsmitglieder des Erd-Raumschiffes Xeno anscheinend ein Heiligtum der dortigen Aliens freigelegt haben. Ein Forscher wird wahnsinnig, ein anderer stirbt. Ein lüsternes Eis-Monster vergewaltigt zu allem Übel die Xeno-Pilotin Sandy, die daraufhin

zu einem Killer-Wesen mutiert. Außerdem wird sie noch von dem außerirdischen Eis-Monster schwanger. Ihre mörderischen Monster-Kinder gehen auf die Forscher-Truppe los.

Santilli, Ray

Britischer Filmemacher, der im März 1995 in London behauptete, er besitze einen strenggeheimen Film über die Autopsie eines Außerirdischen, der angeblich von der Army 1947 in → Roswell geborgen worden sei. Erworben habe er den Film vom → Jack Barnett.

Sailor Moon

Satin

Alien in dem Film → »Die Außerirdischen«, der das absolut Böse verkörpert und auf der Erde eine Menge Kinder gezeugt hat, die das teuflische Werk ihres Vaters fortführen.

Saturnese

Ein Bewohner vom Saturn. Einer von ihnen ist → Rebo, und zwar in dem Comic »Saturno Conta la Terra«.

Saturngirl

Richtiger Name: Inra Ardeen. Extraterrestrische Superheldin vom Planeten Titan, einem Mond des Saturn, in der Comic-Serie → »Legion der Superhelden«. Inra Ardeen hat menschliche Züge, hinter denen sich aber ungewöhnlich hohe, paranormale Fähigkeiten verbergen.

Schiaparelli, Giovanni

Italienischer Astronom, geboren 1835, gestorben 1910. Schiaparelli entdeckte seltsame geometrische Formen auf dem → Mars, denen er die Bezeichnung »Kanäle« gab, was viele Jahre für wilde Spekulationen sorgte: Kanäle nämlich sind künstlich angelegte Flußläufe – wer anders als → Marsmenschen hat also diese Kanäle auf dem Planeten angelegen können?

Schlammwesen

Mutanten in der Comic-Reihe »Hans«, und zwar in dem Band → »Mutanten« von Xanaia. Die Schlammwesen sind eine Art Golem, da sie sich aus Schlamm materialisieren.

Schock

Britischer Film von Regisseur Val Guest aus dem Jahre 1955, in dem Victor Carroons Raumschiff bei einem Raumflug in unbekannte Gegenden des Weltalls von einem undefinierbaren Alien-Wesen heimgesucht wird. Von den Raumfahrerkörpern bleiben nur noch geleeartige Reste im Raumanzug übrig. Als Prof. Quartermass, ein Spezialagent, auf den Raumfahrer Carroon trifft, ist dieser ebenfalls von dem Alien befallen, das mit ihm auf die Erde gelangt. Zuerst wird der befallene Raumfahrer isoliert und untersucht, jedoch befreit ihn seine Frau. Das Wesen im Körper von Carroon kann auf der Flucht jegliche lebendige Biomasse aufsaugen. So bleiben nur noch die Skelette der aufgesaugten Menschen zurück. Längst ist Carron zu einem krakenähnlichen Monster mutiert, das auf dem Dachboden der Westminster-Abbey in London aufgespürt wird. Mit einer Strom-Attacke durch Quartermass und einem Spezialisten-Team kann das Carroon-Alien getötet werden. Mit → »Feinde aus dem Nichts« fand der Film 1957, mit → »Das grüne Blut der Dämonen« 1967 und »The Quatermass-Conclusion« 1978 (nie in Deutschland erschienen) weitere Fortsetzungen.

Schwarze Königin

Lesbische Herrscherin auf dem Planeten → Lytheon in dem Film → »Barbarella«, die der Heldin Barbarella mit einer »Lustorgel« permanente Orgasmen beschaffen kann und sie damit vernichten möchte.

Schwarzes Loch

US-Film (1978) von Regisseur Jeffrey Hayden, in dem die irdische Weltraumakademie, die in einer großen Weltraumstation untergebracht ist, in ein Schwarzes Loch gerät. Dort scheinen zwei Meteore auf die Akademie zuzutreiben und sie zu zerstören. Die Akademie-Truppe landet auf einem Meteoriten und muß feststellen, daß dies ein außerirdisches Lebewesen ist. Sie nehmen Kontakt zu ihm auf und können so ihre Weltraumakademie retten.

Schweber (Film)

Außerirdische, quallenförmige Wesen in dem Film → »Die Katze aus dem Weltraum«. Die ärgsten Gegner sind die → Jäger, die wie Düsenflugzeuge den Schwebern hinterherjagen und sie fressen.

Schweber (Forschung)

Mögliche außerirdische Rasse. → Carl Sagan und E.E. Salpeter, Mitarbeiter der Cornell University, können sich als außerirdische Lebewesen zum Beispiel »quallenartige Schweber« vorstellen. Diese ballongroßen Aliens könnten sich per Gas-Ausstoß durch die Luft bewegen. Sie könnten sich auch zu gewaltigen Schweber-Herden in der Atmosphäre zusammenschließen, weil hier ausreichend Freiraum ist.

Scott, Ernest

Zwei Entführungserlebnisse hatte Ernest Scott, der ehemalige Lieutnant des englischen Militärs. Darüber berichtet die Zeitschrift → »Aliens und Ufos«. Einmal kurz vor Mitternacht bei dem Gasthaus »The Three Horseshoes« in Letchmar Heath, beim Elstree Aerodome: Ein heller Lichtkegel kam von oben, und in der Nähe landete ein undefinierbares Fluggerät in einer Waldlichtung. Scott, der nachschauen ging, nimmt an, daß ihn Aliens in ihr Raumschiff holten. Einige Jahre später sah Scott an der Westseite von High Wycombe eine Licht-Aura, von einem telefonzellengroßen Ding mit einem konischen Dach. Es blendete, hatte bunte Lichter und summte. Nach der Begegnung fehlten Scott in seiner Erinnerung ungefähr 90 Minuten.

Scrabs
Wesen auf dem Planeten → Oddworld in dem gleichnamigen Computerspiel, die zu knackigen Scrab Cakes verbacken werden.

Sea Reapers
Bezaubernde Amazonen, die von den invasorischen → Meccaryns in dem Computerspiel → »Giants – Citizen Kabuto« von ihrem Planeten vertrieben werden.

Secundus
Außerirdischer Bösewicht, der in dem Film → »Abraxas« auf der Erde allerhand Böses tut, bevor der Weltraumpolizist und Titelgeber Abraxas Secundus tötet. Bravo!

Sekundenwesen
Die amerikanischen Astronomen Tobias Owen und Dopnald Goldsmith können sich winzige Aliens vorstellen, die auf → Neutronensternen bestehen. Die Materie von einem Neutronenstern ist millionenfach schwerer als die der Erde. Es sind glühende Sternenleichen. Die Lebensform, die dort existieren könnte, würde nur wenige Millionenstel von Sekunden leben, bis die nächste Generation heranwächst. Es wären also Sekundenwesen.

Seleniten
Die Seleniten tauchen in der Film- und Literaturgeschichte des öfteren als das weise, meist menschenähnliche Volk auf dem Mond auf.

1) Name des Mondvolks in dem französischen Stummfilm-Streifen → »Die Reise zum Mond« von George Méliès, mit dem der Filmpionier 1902 den ersten SF-Film der Welt drehte und erstmals auch Aliens im Film darstellte, übrigens sehr überzeugend. Zu der Darstellung der Außerirdischen lobt der englische Kritiker John Baxter: »... die Seleniten... zeigen ebensoviel Vorstellungsvermögen, was die Designer angeht, wie die Glubschaugenmonster der Moderne.«

2) Name des Mondvolkes in dem französischen Zeichentrickfilm → »Münchhausens Abenteuer auf dem Mond«.

3) Name der kriegerischen Mondbewohner in dem Film → »The Invisible Invaders«.

Sellice

Von den der außerirdischen Rasse der Sellice ist nur bekannt, daß ihre weiblichen Angehörigen verführerische Tänzerinnen sind. Sie besitzen ein weiches Fell, das in allen Farben schimmern kann. Sie können beim Tanz bestimmte ständig wechselnde Körpermuster erzeugen. Leider sind diese Fabelwesen bisher nur äußerst selten gesichtet worden. Möglicherweise auch nur im LSD-Rausch.

Serenity

Humanoide, elfenartige Prinzessin des Silberkönigreichs, einem friedlichen Königreich auf dem Mond und den Planeten. Serenity ist die grazile Heldin der japanischen Mangas → »Sailor Moon«. Ihr zur Seite stehen im Kampf gegen → Perilia die »inneren« Sailorkriegerinnen Sailor Merkur, Sailor Mars, Sailor Venus und Sailor Jupiter. Serenity heiratet den humanoiden Prinzen Endymion von der Erde, mit dem sie in das Tokio der Zukunft verschlagen wird, um den Kampf gegen Perilia fortzuführen.

SETI

Abkürzung für »Search for Extraterrestrial Intelligence«. SETI bezeichnet das seriöse, radioastronomische Projekt von NASA und anderen internationalen Institutionen zur Erforschung von außerirdischen Zivilisationen; wurde 1993 umbenannt in → HRMS, dann schließlich in »Phoenix«, nachdem die Regierungsfonds in den USA im selben Jahr komplett gestrichen wurden, was zu der heutigen Lage des ehemaligen Projekts führte (eingeschränkt und voll privatisiert). Bedeutendster Mitarbeiter war lange Jahre auch → Carl Sagan. »Paläo«-SETI oder → Prä-Astronautik ist die Entsprechung für die Vergangenheit. Geprägt wurde dieser Begriff vom Naturwissenschaftler → Johannes Fiebag.

Die Internet-Adressen für SETI-Infos sind: http://www. seti-inst.edu, www.seti-inst.edu, http://www. setileague.org, www.setileague.org und http://www. setiathome.ssl.berkeley.edu und www.setiathome.ssl. berkeley.edu

Seven of Nine

Ex-→ Borg, die die Besatzung der → Voyager bereichert (dargestellt von Jeri Ryan). Die junge Frau stellt eine ungeheure Weiterentwicklung in der »sexuellen Offenheit« der Serie dar: Ihre extravagante Kleidung – ein hautenges Latexkostüm – sowie ihre großzügigen Kurven wirken vor allem auf die männlichen Zuschauer. Mit Seven of Nine hat Captain Janeway endlich einen ebenbürtigen »Gegenspieler« auf der Voyager, denn die Männer an Bord konnten ihrem Captain ja doch nicht das Wasser reichen. Was rein optisch gesehen tatsächlich stimmt.

Seveners

Menschenähnliche Angehörige einer Telepathen-Kaste auf einem fernen Planeten namens Al Merdan im Buch »The King and the Sword« von → Marion Zimmer Bradley, das nie veröffentlicht wurde; aus den Seveners entwickelte die Autorin später die → Comyn im berühmten → »Darkover-Zyklus«.

Sex

Bis in die 60er Jahre des 20. Jahrhunderts war Sex von Menschen mit Aliens vielleicht vorstellbar – aber es konnte und durfte nicht darüber berichtet werden. Das Tabu durchbrach als erster der Schriftsteller → Philip José Farmer. Sein SF-Buch → »Die Liebenden« erzählt von den merkwürdigsten Sex-Erlebnissen mit und von Außerirdischen. Im Zeitalter der täglichen Talk-Shows ist auch der Sex mit unirdischen Wesen nicht mehr unaussprechbar. Die Anhänger der → Prä-Astronautik zählen auch den Sex von Erdenmenschen mit → Göttern zu den Geschlechtsverkehrs-Erfahrungen mit Aliens. Das lesen und hören die Prä-Astronautik-Experten aus den Religionsbüchern, Sagen und Legenden von vielen Völkern der Erde heraus. Auffallend ist, daß fast immer männliche Götter irdische Frauen gewaltsam oder freiwillig schwängern. Göttinnen tun es selten mit Erden-Männern. Darüber hat der Archäologe T.C. Lethbridge eine Schrift unter dem Titel »Legende der Söhne Gottes« verfasst.

Zur ersten realen sexuellen Begegnung wird das Erlebnis des Brasilianers Antonio Villas Boas gerechnet. Es soll im Jahre 1957 gewesen sein, als er von Aliens in ein Ufo geholt wurde. Dort wurde er entkleidet und ihm eine Blutprobe entnommen. Dann schickten die Aliens eine hübsche blonde Frau zu dem Sex-Test mit Villas Boas. Allerdings hatte sie eine komische Gesichtsform. Die Frau gab beim Geschlechtsakt unmenschliche Geräusche von sich. Villas Boas nimmt an, daß die Aliens für ihn vorsichtshalber die Gestalt dieser recht verführerisch wirkenden Frau angenommen hatten. Nach dem Samenerguß des Brasilianers soll seine Partnerin zu den Sternen gezeigt haben, um damit zu signalisieren, wohin die menschliche Samenspende gehe. Hinterher zeigten ihm die Aliens ihr Raumschiff. Erst 1980 traute sich der Brasilianer über diesen mysteriösen sexuellen Vorfall zu berichten.

Einem anderen Mann soll eine pseudomenschliche Frau mit einem speziellen Sauggerät den Samen abgenommen haben. Sein Samen kam in ein Glas. Allerdings waren die Aliens über das Ergebnis ziemlich verärgert. Der ausgesaugte Mann war unfruchtbar. Eine alienartig aussehende Frau, die mit einem grünen Lichtstrahl auftauchte, konnte in Essex einen Mann zum Geschlechtsakt verführen, der die dazugehörigen Gefühle als ziemlich normal beschrieb. Die junge Mutter Jan Murphy aus West Yorkshire wurde durch eine Alien-Spritze ohnmächtig. Sie mußte sich im Ufo ausziehen und in einem Alien-Bad baden Ein Alien nahm den Sexualakt ohne Emotionen und Bewegungen mit ihr vor. Trotzdem spricht sie vom »besten Sex, den sie jemals hatte.« Sie träumte dann von einem blonden Baby mit riesigen schwarzen Schlitzaugen.

Die Menschen-Frauen, die in sexuellen Kontakt mit Außerirdischen kamen, berichten von Befruchtungen und Schwangerschaften. Hierbei sollen die Schwangerschafts-Erlebnisse aber nie bekannt werden, weil die Aliens der Erdnmutter den erzeugten Hybrid-Nachwuchs meistens vorher wegnehmen. Mehr dazu schreibt Dr. David Jacobs in seinem Buch »Secret Life«. Nach Jacobs sollen sogar weibliche irdische Teenager in Sex-Aktionen mit Außerirdischen verwickelt gewesen sein. Aliens sollen weibliche und männliche Menschen gezwungen haben, als Anschauungsobjekte vor ihnen, miteinander zu schlafen. Der 1897 geborene Wissenschaftler William Reich sprach von der universalen Erotik-Energie, die er Orgone nannte. Sie halte seiner Ansicht nach das ganze Weltall zusammen. T. Good schreibt in seinem Buch »Alien Liason« ausführlicher zu den Sex-Eregnissen zwischen Irdischen und Außerirdischen.

SHADO

Sigel für: Supreme Headquarters, Alien Defense Organization. Internationale Eingreiftruppe in der TV-Serie → »UFO«.

Shaihuludata gigantica

→ Shai Hulud

Shai-Huluds

Auch: Geonemotodium arraknis oder: Shaihuludata gigantica. Sandwurmartige Geschöpfe auf dem Wüstenplanet → »Dune« im gleichnamigen Roman von → Frank Herbert. Es gibt verschiedene Darstellungen der Sandwürmer; die bekannteste (obwohl nie verwendete) ist wohl die biomechanische Konstruktion von → H.R. Giger, die der Schweizer Künstler 1976 für die Filmfassung von »Dune« entwarf – sie stellt den Sandwurm als ein obskures Mischwesen aus Eisenbahn und menschlichem Schädel dar. Tatsächlich sehen die Sandwürmer von Frank Herbert aber so aus: »Ich bin etwa sieben Meter lang und messe zwei im Durchmesser. Der größte Teil meines Körpers ist mit Rippen ausgestattet, mein Atreides-Gesicht erhebt sich in Manneshöhe an einem Ende. Insgesamt wiege ich vielleicht fünf alte Tonnen.« Die gigantischen Sandwürmer werden von den Wüstensiedlern, den Fremen, auch als Reitttiere genutzt. Der Shai Hulud konnte auf keinen anderen Planeten umgesiedelt werden. Manche Exemplare können bis zu 400 Meter lang und über 100 Meter dick werden. Allein der Mund ist an die 80 Meter groß. Die Zähne sind aus Kohlenstoff-Silizium-Kristall. Zuerst durchläuft der Sandwurm ein Larvenstadium und wird dabei als einzellige Sandforelle bezeichnet. Sie werden nur ca. 20 cm groß. Je nach Umgebung nehmen sie die passende Körperform an. Die Sandforellen verbinden sich gerne, auch um das Wasser aus der Wüste besser gewinnen zu können.

Erst nach gut tausend Jahren kann ein weiblicher Sandwurm Nachwuchs bekommen. Der geräuschvolle Nestbau des eiersacktragenden Weibchens lockt das Männchen an. Der Sandwurm-Mann verschlingt das etwas kleinere Weibchen beim eigenartigen Paarungsakt völlig. Die Eier des Weibchens sind sehr widerstandsfähig und werden nicht verdaut, sondern erhalten ihre Befruchtung. Hinterher legt das Männchen die Sandwurm-Eier in das Nest. Daraus entstehen dann die Sandforellen. Die Sandforellen blasen dann aufgrund unbekannter chemischer und biologischer Prozesse das begehrte Gewürz aus. Durch Sonne und Luft wird das Gewürz zur gebrauchsfähigen Melange. Die Sandforellen kuppeln sich in großer Zahl zusammen und wachsen so im Laufe von ungefähr 1000 Jahren zu einem Sandwurm heran. Das Nestbaugeräusch ahmen die Fremen mit sogenannten Klopfer-Geräten nach, um die Sandwürmer zum Reiten anzulocken.

Shayera

→ Hawk-Girl

Sheegupt

Die Sternenrasse der Sheegupt entstammt dem → »Ringwelt-Zyklus« vom US-Autor → Larry Niven. Sie macht sich auf die Suche nach einem Gott. Dabei versuchen sie einen Gott aus dem Material seiner Schöpfung zu extrapolieren. Dabei entsteht auf der Basis geänderter physikalischer Gesetzesmäßigkeiten auch ein anderes Universum. Wissenschaftlich weit fortgeschrittenen Sheegupts gelingt es, mit dem extrapolierten Universum Kontakt aufzunehmen. Sie wollen mit Verstorbenen zusammentreffen. Sie versuchen auch rationelle Modelle des Lebens nach dem Tod zu extrapolieren. Irgendwann sind die Handelsschiffe und die Missionare der Sheegupts aber aus dem Weltall verschwunden. Sie haben sich an gigantische Selbstmordmaschinen angeschlossen, bestehend aus elektrischem Stuhl und Fließband. Ob es an ihrer erfolgreichen oder nicht erfolgreichen Gottsuche liegt, bleibt ihr Geheimnis.

Shinguz

Der Shinguz in dem Buch »Die Bewohner des Himmels. Der Kosmos von Valerian und Veronique« ist ein kleines, braunhäutiges Wesen mit einer langen Rüsselnase und einem Paar Flügeln, die fest am Körper angewachsen sind. Die Shinguz stammen von einem Planeten mit einem ekelhaften Klima und praktisch ohne Bodenschätze, daher sind viele von ihnen ausgewandert. In der Fremde betätigen sie sich meistens als Spione und sind dabei sehr erfolgreich.

Shrike

Außerirdisches Geschöpf mit Scherenklingen, mit denen es seine Opfer in einer quasireligiösen Folter in eine Ewigkeit der Schmerzen stürzt. Es lebt auf dem Planeten → Hyperion, der im Mittelpunkt der gleichnamigen Space Opera von → Dan Simmons steht.

Shumway, Gordon

Richtiger Name von → Alf

Shuster, Joe

Comic-Zeichner, geboren 1914, gestorben 1992. Berühmter Erfinder vom inzwischen langlebigen und weltweit wohl erfolgreichsten außerirdischen Helden → Superman.

Sie leben!

Film (USA 1988) von John Carpenter, in dem Aliens mit skelettartigen Zügen, die man nur mit Hilfe einer besonderen Sonnenbrille entdeckt, mit Hypnose die amerikanische Bevölkerung unterwandert haben und diese nun ausbeuten. »Sie leben!« ist eigentlich kein richtiger Alienfilm, sondern eine Metapher auf die amerikanische Konsumgesellschaft. Das

Phantastik-Magazin DOOM urteilt: »Früher waren es die Russen, die uns an die Wolle wollten und nur durch die freiheitsliebende Demokratie aufgehalten werden konnten, jetzt ist es das System an sich, das uns unserer Freiheit beraubt. Tja, die Zeiten ändern sich halt, und mit ihr der Feind. Das Schema bleibt jedoch dasselbe.«

Sie und Er

Wie Missionare von Religionen, Kirchen oder Sekten versuchen zwei Aliens Menschen für eine Raumfahrt zu gewinnen. Das Alien-Paar Sie und Er kommt von einer fernen Galaxis. Nach ihrer Landung in dem US-Staat New Mexico wandern sie umher und locken die Menschen mit den schönen Erlebnissen im Weltraum und auf fernen Planeten zur Mitfahrt in ihrem Ufo.

Siegel, Jerome (Jerry)

Comic-Texter, geboren 1914. Berühmter Erfinder von → Superman.

Sigue Sigue Sputnik

Glitzernde SF-Popgruppe aus Großbritannien, die die Plattenfirma folgendermaßen ankündigte: »Sigue Sigue Sputnik, das ist Stereo-Technocolour-Neon-Sound plus → Star Wars plus → Space Invaders. Das sind wilde Apatschen auf Stiletto-Absätzen mit platinblonden und pinkorangen Stachelschweinfiguren – die selbst gestylte Zukunft des Rock'n'Roll! Sigue Sigue Sputnick, das ist ein neues Konzept. Eine Rockband als living movie, als moderner Fantasy-Fan!« Auf einigen ihrer Platten spielen auch Aliens eine unterschwellige Rolle, u.a. → 21st Century Boy.

Silkie

Silkies sind komische Wesen in dem Roman »Die Veränderlichen« (dt.: München 1970) von → A.E. van Vogt. Die Silkies haben eine stahlharte Chitinhaut. Sie atmen durch elektrolytischen Austausch. Die Vs sind Gegner der außerirdischen Silkies. Sie sind Varianten, das heißt, alle sind ganz verschieden, eben variabel und leben im Wasser. Nat Cemp, ein Silkie der Klasse C, wird in dem Roman von Vs verfolgt, weil C-Silkies für die Raumfahrt bestens geeignet sind. Ihr Körper ist nämlich gleichzeitig das Raumschiff.

Silver Surver

Richtiger Name: Norrin Radd. Galaktischer Held vom Planet Zenn-Lad in der gleichnamigen Comic-Serie (dt.: »Silberstürmer«, Aachen

1970ff). Der Silver Surver rast als einsamster Mann im Universum ruhelos auf einem silbernen Surfbrett durch den Weltraum und besteht dort Abenteuer. Der mit einer silbernen Schutzhülle, einem enganliegenden glänzenden Overall bekleidete (nur zwei enge Sehschlitze sind freigelassen) Superheld wird im Verlauf seiner Abenteuer von seinem Widersacher → Galaktus auf die Erde verbannt, wo er immer wieder den Planet retten muß und der Menschheit den Frieden bringt. Silver Surver wurde von Stan Lee (Text) und John Buscema (Zeichnungen) für die Marvel-Comics 1966 erfunden und in den USA sehr rasch populär. Sein jäher Erfolg darf aber nicht darüber hinwegtäuschen, daß die Idee eines auf einem Surfbrett durch die Galaxien rasenden Superhelden reichlich aberwitzig ist (und Mitte der 60er höchstwahrscheinlich nach einer Stunde ausgedehnten Beach Boys-Genusses seinen Ursprung hatte).

Sil

Megascharfes Alien in dem Kinofilm »Species«. Zum Inhalt: Endlich, endlich erhalten die Wissenschaftler auf Erde einen Funkspruch von Außerirdischen. Die Signale verraten eine DNS-Formel, die mit menschlichen Erbgut gemischt werden kann. Der Wissenschaftler Fitch und sein Team bringen im Labor eine außerirdische Zellkultur zum Wachsen. Der fanatische Wissenschaftler kreuzt den außerirdischen DNS-Code mit menschlichen Genen. Daraus entsteht nach kurzer Zeit die Schreckens-Amazone Sil. Bevor die Fitch-Crew die gefährliche Sil mit Giftgas töten kann, flüchtet Sil aus seinem vermeintlich sicheren Glaskäfig. Der moderne Magier Fitch, der in seinem Zauberkessel des 20. Jahrhunderts das fremdartige Geschöpf zum Leben erweckte, muß gegen das gefährliche Wesen mit allen Mitteln, die ihm zur Verfügung stehen, trickreich kämpfen und, wenn's geht, auch gewinnen. Gegen die männerverschlingende Alien-Queen hilft ihm zum Schluß das Medium Dan.

Bevor es dazu kommt, will die böse Kreatur aber mit und für seinen Nachwuchs die Erde kolonisieren. Sil sucht deshalb in der Gestalt einer attraktiven Lady in den Straßen von L.A. irdische Samenspender für ihren höllischen Nachwuchs. One-Night-Stands werden reihenweise abgeschleppt. Der finale Zungenkuss des außerirdischen Monsters reicht so tief, daß die tödliche Zungenspitze mit einem Blutschwall aus dem Unterleib ihres Opfers auftaucht. Eine Göttin der Schöpfung und Zerstörung.

Wie kaum ein Film zuvor bündelt Species irrationale Ängste vor dem Mysterium der Frau. Szenen, die mehr oder weniger deutlich auf den Menstruationsvorgang anspielen, besonders die blutige Metamorphose der kleinen in die große Sil, wechseln mit Sequenzen, die bedrohlich suggerieren, daß eine sexuell offensive Frau nur eine Verwunschene sein kann. Weiterhin vermittelt das Monster-Weib aus dem dunklen Über-All Furcht vor Kastration und Aids. Das brave Mädchen, die positive Gegnerin von Sil, wird in Species als graue Maus, strebsam, schüchtern, aber doch begehrenswert dargestellt. Ein kleiner Lichtblick für die geschockten männlichen Zuschauer, denen die normale weibliche Emanzipation schon genug zum Schaffen macht.

Der vielfach preisgekrönte Schauspieler Ben Kingsley (spielt den Xavier Fitch), der in seinem berühmtesten Film erfolgreich den friedlichen Revoluzzer Mahatma Ghandi darstellte, glaubt an echte Kontakte zwischen Außerirdischen und Menschen: »Ich lernte jemanden kennen, der aus eingeweihter Quelle vom Austausch technologischer Informationen mit Außerirdischen Kenntnis hat. Die Aliens versorgen uns mit wissenschaftlichem Know-How und erhalten von uns im Gegenzug tierisches und menschliches Genmaterial für ihre Experimente. Wir sollten uns nicht einbilden, die einzigen Wesen im Weltall zu sein. Wir werden beobachtet. Ich kann mir vorstellen, daß es da draußen Aliens gibt, ohne sie je gesehen zu haben.«

Die Filmzeitschrift Cinema urteilt unterdessen zum Film: »Sex und Schleim. Routiniert inszenierter Alien-Thriller über den Teufel im Weib. Species treibt die symbolische Verteufelung der Frau auf die Spitze. Alles ist sicherer als Sex, und den Angstphantasien sind keine Grenzen gesetzt. Der Mix aus Angriff der Körperfresser, Alien und Terminator ist trotz seiner inhaltlichen Austauschbarkeit geschickt gegen den Strich gebürstet. Alles ist spannend erzählt, tricktechnisch passabel umgesetzt und in seiner Kombination aus Aktion-Dramaturgie und klassischen Gruseleffekten geradlinig inszeniert.«

In »Species II« infiziert sich der Astronaut und Senatoren-Sohn Patrick Ross mit einem Mars-Virus. Dadurch will er mit der Alien-Frau Eve Kontakt aufnehmen, die von Wissenschaftlern in einem Geheimlabor festgehalten wird. Daraufhin wüten zwei Alien auf der Welt herum. Species II wurde 1998 in den USA von Regisseur Peter Medak gedreht.

Simmons, Dan

Amerikanischer Autor, geboren 1948. Simmons schuf mit der Space Opera → »Hyperion« (dt.: München 1997), den gräßlichen → Shrike. Dan Simmons gilt seitdem als bedeutendster Vertreter moderner SF, nicht zuletzt, weil der als wortgewaltige Analogie geltende Shrike zum Wissen über den Ursprung der Geschichte aller Dinge verhilft. Weitere Werke: »Göttin des Todes«, München 1991; »Styx«, München 1995.

Skandier

Penetrant nervige Touristen der außerirdischen Skandier in der Erzählung → »Wir kommen wieder!« von → R.A. Lafferty. Die Skandier fallen auf der Erde ein, wie die Deutschen auf Mallorca. Das allein ist aber nicht das Problem: Die Skanier können sich alle 15 Jahre mittels Fruchtbarkeitszauber verdoppeln. Auf der Erde herrscht deshalb innerhalb kürzester Zeit absoluter Platzmangel, und sogar eine Parkbank muß mit acht bis zehn Skandiern geteilt werden. Jeder, der weiß, wie es auf Mallorca zugeht, der weiß auch, daß das nicht angenehm ist.

Skee

Zweiköpfiger und abscheulicher Wachhund der Hexe → Morag in der Comic-Serie → »Ewoks«.

Skeletor

Anführer des Bösen auf dem Planeten → Eternia in der Comic-Serie → He-Man. Skeletor ist Herrscher über die dunkle, geheimnisvolle Unterwelt Eternias. Er ist eine bionische Konstruktion von Elektrokabeln und Knochen, ohne Herz, Seele und Gewissen. Seine skelettähnliche Gestalt unterstreicht wirkungsvoll seine primären Motive: Tod und Verderben. Eine Gruppe von extraterrestrischen Bösewichtern mit ähnlich üblem Charakter, aber nicht der gleichen Intelligenz, umgibt ihn. Die Figur des Skeletor wurde Anfang der 80er in den USA zuerst in Form einer Spielzeugfigur von der Firma Marvel geschaffen; später entstanden Comic-Abenteuer.

Skelett

Skelette versinnbildlichen den Tod und seine Endgültigkeit. Ähnliche Aussagen verkörpern Aliens, die in Invasionsfilmen, -büchern oder -comics als Skelette ihr Übel über die Menschheit ergießen.

1) Wie Skelette sehen die Aliens beispielsweise in dem Film → »Sie leben!« aus. Sie unterstreichen die Endgültigkeit ihrer Invasion und die Hoffnungslosigkeit, die in dem Bestreben liegt, sich gegen sie zu wehren.

2) Der Anführer des Bösen in der Comic-Serie → »He-Man«, der → Skeletor, soll mit seiner skelettähnlichen Gestalt die Begriffe Tod und Verderben verdeutlichen.

Skout
Action-Game (Soft Enterprises, 1999) für den PC, in dem der gleichnamige Held gemeinsam mit einer Kampfdrohne den Planeten → Lugubrios von dem tyrannischen Alienvolk → Kybernoiden befreien muß.

Skrimsh
Heldenhafter Alien der Rasse Guattianer vom Planeten Guat aus der Comic-Reihe → »Starraiders«.

Skywalker, Luke
Ist in der → Star-Wars-Trilogie der adoptierte, humanoide Sohn eines Gewürzfarmers auf dem Planeten → Tatooine, der der hübschen Prinzessin → Leia Organa im Kampf gegen den Bösewicht → Groß-Moff Tarkin beisteht. Dazu bekommt er von dem Jedi-Ritter → Orbi-Wan Kenobi auch ein Laserschwert geschenkt, das Lukes leiblichen Vater einst gehörte. Gespielt wird er von Mark Hamill.

Slan
Eine mutierte Superrasse in dem Roman »Slan« (München 1965) von → A.E. van Vogt. Die Slan wachsen unter den Menschen heran, werden von diesen gejagt und getötet, erweisen sich aber schließlich als die Erben der Menschheit.

Sluggos
Fiese Wesen auf dem Planeten → Baudelaire in der Geschichte → »Mutter« von → Phillip José Farmer. Die Sluggons sehen aus wie eine Mischung aus Schwein und Schnecke. Aus Tausenden Vertiefungen treten winzige Zähne hervor. Ihren Mund haben sie oben am Kopf. Das Sluggo-Gehirn wird umlagert von Organen, den Nerven, dem Herz und den Mägen, den Mikrowellen-Generatoren, den Langwellen-Generatoren, den Nieren, den Gedärmen, den Luftröhren, den Geruchs- und Geschmacksorganen – so können sie diesen typischen Affengeruch entwickeln. Am größten ist die Gebärmutter der weiblichen Sluggos. Aber aufgepaßt: Nach der Entjungferung verspeist die Sluggo-Frau ihren Entjungferer.

Smarties
Sehen aus wie knuddelige → E.T.-Klons, sind clevere Erfinder und stets bereit, den Weltraumbummlern → Meccaryns in dem Computerspiel → »Giants – Citizen Kabuto« gegen den gefräßigen → »Kabuto« beizustehen.

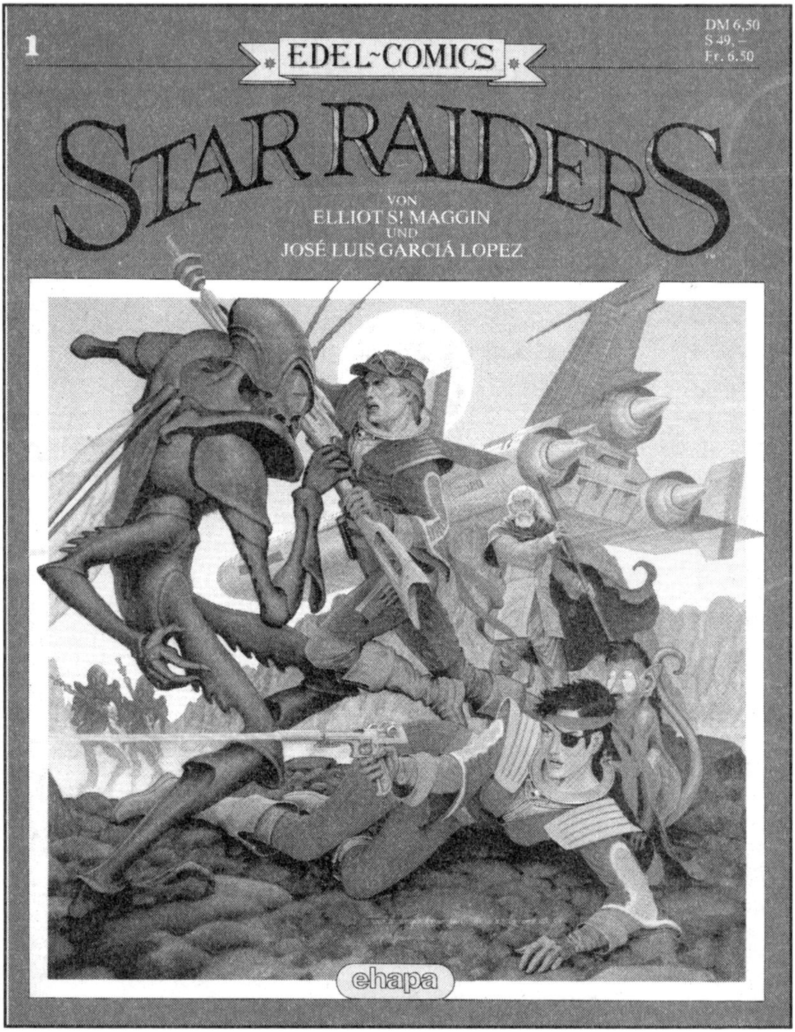

Skrimsh:
Heldenhafter Alien der Rasse Guattianer vom Planeten Guat

Smith, E(dward) E(lmer)

Amerikanischer Autor, geboren 1890, gestorben 1965. Er gilt als Superstar der SF-Szene und Erfinder der klassischen Space Opera. Er ist Schöpfer der → »Lensmen-Saga«. Weitere Werke: »Galaktische Patrouille«, München 1968; »Wächter des Mahlstroms«, München 1977.

Smith, Michael Valentine

Extraterrestrischer Protagonist vom Mars in dem Kultroman »Ein Mann in einer fremden Welt« (dt.: München 1970) von → Robert A. Heinlein. Michael Valentine Smith wuchs als Sohn terranischer Eltern auf dem Mars auf und kann durch einige parapsychologische Fähigkeiten als Supermann bezeichnet werden. Auf der Erde findet er sich nur schwer zurecht, gewinnt aber durch seine freie Einstellung gegenüber sozialen Tabus eine Anhängerschaft, und wird schließlich sogar zu einer Art Christusfigur, die sich am Schluß des Romans entkörperlicht.

Snout Spout

Außerirdischer Weggefährte von → He-Man in der Comic-Reihe der 80er. Mit seinem Elefanten auf menschlichem Körper der wohl bizarrste Superheld auf dem Planeten → Eternia.

Solaris (Film)

Regie führte bei dem UdSSR-Film »Solaris« von 1973 Andrej Tarkowskij. Die Literatur-Vorlage lieferte der polnische Autor → Stanislaw Lem. Zum Inhalt: Ungeklärterweise sterben fast alle Leute in einer irdischen Raumstation, die den fremdartigen Planeten Solaris umkreist. Sie werden von gräßlichen Alpträumen heimgesucht. Kris Kelvin, ein Psychologe, soll die Vorfälle auf der Solaris-Station klären. Schon beim Empfang in der Station bemerkt Kelvin, daß der Biologe Sarotius und der Kybernetiker ein mehr als eigenartiges Benehmen an den Tag legen. Ihre geistige Kontrolle scheint nicht mehr zu funktionieren. Auch der Psychologe hat eigenartige Erlebnisse: Seine tote Frau und andere Menschen aus seiner Erinnerung kreuzen auf. Kelvin kann dies als reine Wunsch-Vorstellungen analysieren, auch wenn sie klar sichtbar sind. Seine Frau, die durch Selbstmord aus dem Leben geschieden ist, bringt sich wieder um, als sie dies als Wunsch-Wesen von Kelvin erfährt. Und sie erscheint wieder. Kelvin kann mit Hilfe des Wunsch-Wesens Sartorius den Verursacher für diese ungewöhnliche lebendige Illusionen ausfindig machen: Das ganze Meer auf Solaris ist ein einziges außerirdisches Lebewesen, das mit seinen geistigen Kräften diese Wunsch-Wesen entstehen läßt und so mit den Menschen kommunizieren kann.

Solaris (Literatur)

Populäres Meisterwerk (dt.: Düsseldorf 1981) von → Stanislaw Lem, in dem der Autor die unüberwindliche Kluft zwischen den Menschen und möglicherweise existierenden außerirdischen Intelligenzen thematisiert. Lem verzichtet dabei wohlweislich auf alle Effekte der typischen SF, selbst einen Namen erhalten die fremden Existenzen nicht. Ein riesiger, gallertartiger Ozean auf dem Planeten Solaris stellt intelligentes Leben dar, da er ständig phantastische Formen produziert und auf diese Weise offensichtlich mit irdischen Forschern auf Solaris in Kontakt treten will. Aber Wissenschaft und Einfallsreichtum der Menschen scheitern. Lems Maxime: »Wenn der Mensch im Weltraum auf vernunftbegabte Wesen trifft, so ist das wie eine Begegnung zwischen Schnecke und Eichhörnchen.«

Solaris (Musik)

Deutsche Oper (Libretto/Musik: Michael Obst) nach dem gleichnamigen Roman von → Stanislaw Lem. Erneut werden die Forscher zur Auseinandersetzung mit der Widersprüchlichkeit ihrer Innenwelt und mit den Rätseln dieses Planeten gezwungen. Die Uraufführung fand am 5. Dezember 1996 während der 5. Münchner Biennale statt.

Solo, Han

Mutiger Pilot und Out-Law aus der → Star-Wars-Trilogie (gespielt von Harrison Ford), immer mit einem coolen Spruch auf den Lippen, also ein typischer Erdling. Er ist zwar kein Alien, wir haben ihn aber der Vollständigkeit halber aufgenommen, denn er ist Freund und Helfer von Luke Skywalker, und am Ende bekommt er die Prinzessin.

Son'a

Die Son'a sind im → Star-Trek-Universum Nachfahren der → Ba'ku, die vor etwa hundert Jahren nach einem Streit über die »richtige« Lebensweise ihre Heimatwelt verlassen haben und seitdem mit ihren Schiffen durch den Weltraum ziehen. Nachdem sie beinahe an Altersschwäche gestorben sind, kehren sie mit letzter Kraft zurück und verbünden sich mit der → Föderation, um den Ba'ku ihre Heimatwelt streitig zu machen. Der Konflikt zwischen den Son'a und den Ba'ku wird in dem Kinofilm »Star Trek IX: Der Aufstand« ausführlich geschildert.

Sorceress
Auch: Zoar. Eine humanoide, übersinnliche Frau und Zauberin in der Comic-Serie → »He-Man«, die sich dem Kampf gegen → Skeletor anschließt.

Soziologiestudenten
In dem Comic »Adolf« (Frankfurt 1998) von Walter Moers muß der nach 50 Jahren aus dem Untergrund wieder aufgetauchte Adolf Hitler sich von zwei schleimig-grünen Monstern aus dem All – einem Planeten mit einem unaussprechlichen Namen entstammend – entführen lassen, die ihn im Rahmen ihres Soziologiestudiums mit Mutter Theresa zur Züchtung einer neuen galaktischen Superrasse kreuzen wollen. Natürlich geht das nicht gut, denn auch die Aliens sind nur Teil eines Masterplans, hinter dem die angeblich verstorbene Lady Di steckt.

Space: Above and Beyond
→ »Space 2063«

Space Bastards
Graublaue Aliens in dem gleichnamigen Comic »Space-Bastards«, den die beiden Comic-Artisten Seyfried und Ziska (das sind Gerhard Seyfried und Franziska Riemann) 1993 in dem Comic-Album vom Rotbuch Verlag geschaffen haben. Zum Inhalt: Die öligen Aliens landen in einer irdischen Großstadt der Zukunft, die ziemlich naturlos ist: Nur noch Beton, Stahl, Plastik und Glas. Die graublauen Außerirdischen nehmen den Knaben Blue mit, was der kleinen Lila überhaupt nicht gefällt. Ein kuscheliger Teddy-Bär verwandelt sich in ein schleimiges grünes Monster, das dem Mädchen einen Weg zum Quartier der Aliens zeigt. Aber die Aliens haben geistige Kräfte, mit denen sie Lila Halluzinationen verschaffen. Lila sieht eine Fee, die ihr einen Wunsch erfüllt. Diese Fee kann auch ein Giga-Insekt mit einem Micky-Maus-Kopf werden. Lila will aber Blue sehen. Blue ist unterdessen in einem durchsichtigen Tank und hat bereits die großen schwarzen Augen der Aliens. Lila wird gefangen und angeschnallt und soll in dem verwachsenen Verlies tief unter der Erde eine Spritze bekommen, damit sie auch ein Alien wird. Da kommen die Eltern von Lila durch den Cyberspace angerauscht und platzen in die Party von Comic-City mit dem Annual Desaster-Day Banquet. Als Lilas Vater einem Bediensteten auf die Frage nach der Party-Einladung einen Schlag mitten ins Gesicht donnert, purzelt der Bediensteten-Kopf auf den Boden und wird nach einigen Drehungen zum Alien-Kopf. Blue und Lila, die als überdimensionale Brat-

Space Bastards:
Graublaue Aliens in dem Comic von Seyfried und Ziska

hühner mitten im Büfett liegen, werden von den Eltern befreit. Jedoch fressen später die Graublauen die Eltern auf. Blue und Lila können aber fliehen. Sie landen in einer Wüste. Dort werden sie von einem Militärhubschrauber in den Hangar 27 gebracht und in eine orangefarbene Zelle gesperrt, wo bunte Pilze aus dem Boden schießen, die Feuerpeitschen schwingen, Gitarre spielen oder mit der MP herumknattern. Blue und Lila werden von einem Ufo weggebeamt. Sie landen in einem künstlichen Urwald. Auf die Frage »Aber das ist doch nicht unser wirkliches Zuhause?« sagt ein virtueller Bob: »Warum nicht? Ihr lebt doch auch nicht wirklich!«

Space Cop L.A. 1991
→ Alien Nation

Space Cops
Oder auch: »Space Precinct 2040«. Amerikanische TV-Serie aus dem Jahr 1994 von → Gerry Anderson: New York, 21. Jahrhundert. Nach zwanzig Jahren beim New York Police Department wird Lieutenant Patrick Brogan auf das 88. Revier in Demeter City versetzt. Die Metropole ist die Hauptstadt des Planeten → Altor, irgendwo am Rande der Milchstraße. Eigentlich möchte Cop Brogan auf Altor ein paar ruhige Jahre verbringen, doch der Job hat es in sich: Demeter City ist die Stadt mit der höchsten Verbrecherrate des Universums. Kein Wunder, denn immer wieder kommt es zwischen den heimatlosen Alien-Völkern der → Creons und der → Tarns zu blutigen Zusammenstößen. Als schließlich gar die → Xyronier illegal auf den Planeten eingeschleust werden und ein gefährliches Virus verbreiten, wird es brenzlig für Lieutenant Brigan. »Space Cops« ist die teuerste britische TV-Serie aller Zeiten. Produzent Gerry Andersson verwaltete ein Budget von 35 Millionen Dollar. Renommierte Schauspieler, tricktechnische Raffinessen und computergesteuerte Aliens machten die Serie zu einem Leckerbissen für SF-Fans.

Space Invaders (Musik)
Track zum Computerspiel von der britischen Pop-Band → Pretenders

Space Invaders (Spiel)
Ältestes Computerspiel (1976), in dem man die extraterrestrischen Invasoren in ihren Raumschiffen möglichst schnell abballern muß, bevor sie ihren blutrünstigen Feldzug auf der Erde vollendet haben. Die

Musikgruppe → Pretenders lieferte 1979 den entsprechenden Soundtrack zum Spiel.

Space Precinct

→ »Space Cops«

Space Rangers

Amerikanische TV-Serie (1992-1993) aus der Feder von Pen Densham. Die Folgen spielen im Jahr 2104, in dem sich die menschliche Zivilisation durch neue Entdeckungen bis zu den entferntesten Regionen des Universums ausgedehnt hat. Einer dieser abgelegenen Außenposten am Randes des Vergessens ist → »Fort Hope«. Dort sind die Space Rangers stationiert – Männer, Frauen und → Zylyn – der einzige Außerirdische im Team –, die auch an der Grenze der Zivilisation für Recht und Gerechtigkeit sorgen.

Space: 1999

Oder auch: Mondbasis Alpha 1. Amerikanische Fernsehserie (1975-77) von → Gerry Anderson, der diese Serie als zweite Staffel seiner Erfolgsserie → »UFO« produzierte. Die Serie geht davon aus, daß die Apollo-Missionen der USA seinerzeit nicht das Ende für das Mondprogramm bedeuteten. Stattdessen hat die Entwicklung weitere bemannte und unbemannte Missionen ermöglicht. Ein kurzer, beinahe fataler Krieg hat die Menschen an die Grundwerte ihres Lebens erinnert und in internationalen Kooperationen ist die Erforschung des Alls vorangetrieben worden. Im Jahr 1999 schließlich reisen die Menschen mit schnellen Raumkreuzern und haben auf dem Mond, der zwischenzeitlich als nukleare Müllkippe dient, eine erste Basis errichtet: Alpha 1. Problem: Der Atommüll explodiert eines Tages und schleudert den Mond aus seiner Umlaufbahn. Die Mannschaft der Mondstation muß sich nun mit ihrer Isolation, neuen Welten und Außerirdischen verschiedenster Rassen auseinandersetzen.

Space Visitor

US-Film von Brian Trenchard-Smith aus dem Jahr 1992, in dem der Psychologe Paul Corliss mithilfe Telepathie Kontakt zu einem abgestürzten Alien namens → Corliss aufnehmen kann. Dieser hat die Aufgabe, die Erde vor ihrer Zerstörung durch die menschliche Fahrlässigkeit zu retten. Zusammen mit einem Indianer fliehen der Psychologe und Corliss vor dem Militär, das natürlich auch scharf auf den Alien ist.

Space 2063
Oder auch: »Space: Above And Beyond«. Science-Fiction-Serie (USA, 1995-1996) aus der Feder von Glen Morgan und James Wong. Globaler Frieden, technische Wunderwerke und Kolonialisierung eines scheinbar unbewohnten Weltalls lassen die Menschheit im Jahr 2036 einer strahlenden Zukunft entgegenblicken. Doch der schöne Schein trügt: Plötzlich erscheinen die → Chigs und erklären den Menschen ohne Zögern den Krieg. Die vereinten Nationen der Erde bilden die »Wildcards«, ein in aller Eile zusammengewürfelter Kampfverband aus jungen und unerfahrenen Weltraum-Marines, die von → »In Vitros« angeführt werden.

Spawn
Der einst so böse Spawn landet in der Hölle. Jedoch wird er irgendwann zum Gegner des Teufels. Spawn will den Menschen gegen das Monster aus dem Feuer helfen. Der Seelenklau hat einen ernsten Gegner. Der Teufel, der Spawn nicht besiegen kann, was den Herrn der Unterwelt natürlich furchtbar ärgert, holt sich gräßliche Aliens zur Hilfe. Spawn zählt zu der neuen Comic-Generation, die in den Neunzigern gestartet wurde, zu denen auch → Lobo gehört.

Species
Titel des Kinofilms (USA 1995) von Regisseur Roger Donaldson, im dem das Alien → Sil männermordend durch die USA zieht.

Spezies 8472
Mit Spezies 8472 tritt uns eine der fremdartigsten Lebensformen entgegen, die jemals in → »Star Trek« gezeigt wurden. Die Wesen von Spezies 8472 sind etwa drei Meter groß und erinnern vom Aussehen her entfernt an Insekten; aber auch dieser grobe Vergleich will nicht so recht passen. Sie stammen aus einem anderen Universum, das komplett mit einer organischen Masse gefüllt ist. Sie selbst sowie ihre Raumschiffe scheinen aus eben dieser Masse zu bestehen. Als die → Borg bei einem Experiment in dieses Universum eindringen, schlägt Spezies 8472 zurück – so gründlich, daß die Borg selbst Gefahr laufen, ausgerottet zu werden! In letzter Minute finden die Borg einen Verbündeten gegen Spezies 8472: Die → Voyager. Die Voyager-Doppelfolge »Skorpion« schildert ausführlich den Konflikt zwischen den Borg und der Spezies 8472.

Später trifft die Voyager nochmals auf diese Spezies: sie wird Schauplatz der Auseinandersetzung zwischen einem 8472 und den → Hirogen.

Sphere – Die Gedanken des Bösen

SF-Roman von → Michael Crichton, in dem eine Forschungseinheit ein außerirdisches Wrack auf dem Meeresboden findet und über Telepathie Kontakt zu der Intelligenz an Bord aufnimmt. Mangels Alternativen nennt man das Wesen schließlich → Jerry. Der Roman wurde 1998 von Regisseur Barry Levinson mit Dustin Hoffmann, Sharon Stone, Samuel L. Jackson und Queen Latifah verfilmt.

Spielberg, Steven

Amerikanischer Regisseur und Produzent, geboren 1947. Spielberg hat neben vielen, kommerziell erfolgreichen Spielfilmen wie »Jurassic Park«, »Der weiße Hai«, »Schindlers Liste«, »Indiana Jones« auch zwei Kinofilme gedreht, die als die kommerziell erfolgreichsten (und wohl auch rührendsten) Alien-Filme in der Geschichte des Kinos angesehen werden dürfen: → »E.T.« und → »Die Begegnung der dritten Art«.

Spinnen

Einfallslos dargestellte Aliens, die in dem Film → »Angriff der Riesenspinnen« (USA 1975) eine Kleinstadt terrorisieren.

Spion aus dem All

Roman (Frankfurt 1986) von Walter Trevis, der eine Parabel auf die Inhumanität der Menschen darstellt. Der Außerirdische → Thomas J. Newton, Mitglied einer überlegenen, jedoch untergehenden Zivilisation, strandet auf der Erde und versucht, sich so menschenähnlich wie möglich zu verhalten. Ohne finstere Hintergedanken baut er sich ein Wirtschaftsimperium auf, das den Bau eines Raumschiffes und die Rückkehr auf seinen Planeten ermöglichen soll. Von allen Seiten schlagen ihm jedoch Haß und Argwohn gegenüber. Der Roman wurde unter dem Titel → »Der Mann, der vom Himmel fiel« 1975 mit → David Bowie in der Hauptrolle verfilmt.

Splits

Fremde, aber friedliebende uralte Rasse im Roman → »Der Splitter im Auge Gottes«.

Spock

Populärster Alien aus der Weltraum-Saga → »Star Trek«. Er ist von menschlicher Gestalt, einzig seine spitzen Ohren unterscheiden ihn äußerlich vom Rest der Menschen. Allerdings verfügt er im Gegensatz zu den Menschen über ein bestechendes logisches Denkvermögen und einen gravierenden Mangel an Humor.

Als die Fernsehserie → »Star Trek« Mitte der Sechziger Jahre aus der Taufe gehoben wurde, war bereits im ersten Entwurf des Pilotfilms der → Vulkanier Spock enthalten. Beinahe hätten die Verantwortlichen bei Paramount den Charakter aus der Serie gestrichen, da er ihnen zu »dämonisch« vorkam und sie darüber hinaus befürchteten, daß er bei den Zuschauern nicht ankommen würde. Doch »Star Trek«-Erfinder → Gene Roddenberry setzte sich durch, und somit blieb die Figur der Serie erhalten. Wie alle Vulkanier achtet Spock streng darauf, nach außen hin keinerlei Gefühle zu zeigen. Allerdings ist Spock, streng genommen, nur Halb-Vulkanier; seine Mutter Amanda stammt von der Erde. Somit hat Spock ganz besonders mit seiner »menschlichen Hälfte« (sprich: seinen Emotionen) zu kämpfen. Spock richtet sein gesamtes Handeln streng nach der Logik aus und bleibt auch in der größten Gefahr stets äußerlich ruhig und gelassen. Er kann die Menschen, die häufig emotional handeln, oft nicht verstehen. Das bringt ihn besonders in Konflikt mit dem emotionalen, äußerst temperamentvollen Schiffsarzt der Enterprise, Dr. »Pille« McCoy. Die Streitgespräche der beiden, bei denen oftmals Spock das letzte Wort behält, haben so manche »Star Trek«-Episode bereichert. Trotz – oder gerade wegen! – sei-

Von links: Dr. McCoy, Kirk, Spock

ner unterkühlten Art wurde Spock bald zu einer der beliebtesten Hauptpersonen der Serie. Auch heute noch genießt er in Fankreisen Kultstatus. Ohne ihn hätte »Star Trek« vermutlich nicht die Beliebtheit erreicht, die es heute besitzt. Darüber hinaus dürfte Mr. Spock – und auch sein Darsteller Leonard Nimoy – der wohl berühmteste Außerirdische des 20. Jahrhunderts sein.

Sporm

Humanoide Wesen, die im Auftrag der → Ler in der gleichnamigen Trilogie von → M.A. Foster Forschungsreisen betreiben.

Stählerne Maid

→ Supergirl

Star Cracks

Englischer Film aus dem Jahr 1984, für den sich Mike Hodges verantwortlich zeigt. Darin statten Bürger vom Planeten Blob mit einem gemieteten Raumschiff der Erde einen Besuch ab. Einen Blob verschlägt es nach Amerika. Die anderen drei Blobs werden eine berühmte Punk-Band und gehen auf Tour. Bei einem USA-Konzert treffen sie ihren verschollenen Blob-Kollegen. Bei einem Auftritt der außerirdischen Punk-Band in einem US-Stadion landet plötzlich ein Ufo. Heraus kommt der Raumschiff-Vermieter vom Planeten Blob. Die Mietfrist ist gewaltig überzogen und das ausgeliehene Raumschiff ist kaputt. Es heißt kräftig nachzahlen oder es gibt viel Ärger. Drei Blobler fliegen mit dem sauren Vermieter nach Blob zurück, um das Problem mit ihrer Versicherung zu regeln. Ein Blob bleibt zurück und wird als Pop-Star aufgebaut. Damit dürfte sich das finanzielle Problem ja erledigt haben.

Star Craft

PC-Game (Blizzard, 1997), in dem → Kerrigan, die mörderische Königin mit den Klingen, die Herrschaft über die Galaxie erlangen will. Das wird für den Spieler natürlich ein harter Kampf, muß er doch diverse Aufgaben zur Rettung der Menschheit erfüllen. Er kann zwischen diversen Parteien auswählen, unter anderem die der → Zergs, einer insektoiden Rasse.

Star Creatures

Die wohl dämlichsten und lächerlichsten Aliens der Filmgeschichte in dem nie ins Deutsche synchronisierten Film → »Invasion of the Star Creatures«. Diese Star Creatures tragen Strumpfhosen, Ping-Pong-Ball-

Augen und einen Kartoffelsack über dem Kopf, aus dem einige Gräser sprießen.

Star Fall

Roman (dt.: München 1986) von → David Bischoff, in dem die vereinfachte Genialität der menschlichen und der morapnischen Zivilisation es ermöglichen, die »Star Fall« zu schaffen, ein riesiges interstellares Raumschiff mit luxuriösen Kabinen und Aufenthaltsräumen für jeden Typ intelligenten Lebens in der bekannten Galaxis. Diese historische Kreuzfahrt bringt die Reisenden zu dem legendären, geheimnisumwitterten Zentrum des ganzen Universums – die alte Erde. Diese Jungfernfahrt wird eine neue Ära des Friedens und der Verständigung zwischen allen Zivilisationen des Universums einläuten. So jedenfalls steht es im Reiseprospekt. Doch irgend jemand hat diesen Prospekt wohl nicht sorgfältig gelesen. Denn auf der »Star Fall« befindet sich ein Behälter mit Anti-Materie. Nur eine kleine Menge. Gerade genug, um die Erde in die Luft zu jagen.

Starfleet: Command

PC-Strategiespiel (Interplay 1998) zum → Star-Trek-Universum, in dem der Spieler damit beschäftigt ist, drei Raumschiffe durch die Weiten des Weltalls zu steuern und alle nötigen Verteidigungsmaßnahmen einzuleiten, denn natürlich sind die Gegner, die → Romulaner, die → Gorn oder die → Klingonen, nicht weit.

Stargate

Amerikanisch-französischer Spielfilm aus dem Jahre 1994. Regisseur: Roland Emmerich. Inhalt: In der ägyptischen Wüste finden Archäologen einen Ring aus einem Material, das nicht von der Erde stammen kann. Ein verkannter Wissenschaftler kann das Rätsel lösen: Der Ring ist eine Transmitter-Station, ein Sternentor, ein Stargate, durch das die Aliens auf die Erde kommen können. Ebenso können die Terraner durch den Ring auch auf andere Planeten und Welten gelangen. Allerdings ist die andere Welt auf der anderen Seite des Sternentores der hiesigen recht ähnlich. Die Menschen dort werden von einem uralten Alien versklavt. Er erinnert an die Abbildungen des ägyptischen Sonnengottes Ra. Das »Lexikon des Science Fiction Films« schreibt: »Die Bauten und Tricks sind zwar fein, aber daß man in einer außeridischen Lebensform, zumal einer solchen von biblischem Alter, wieder nur die arrogante, tyrannische Kröte sieht, die es trotz der ihr zur Verfügung stehenden Supertechnik nötig hat, einfache Völker mit der Lederpeit-

Szene aus dem Film »Stargate«

sche zur Fronarbeit anzutreiben, ist mehr als fantasielos.« Das Kulturmagazin Tip glaubte sogar erkannt zu haben: »Eine SF-Klamotte, die auf den Spuren → Erich von Dänikens wandelt.« Was nicht ganz falsch ist, denn immerhin stellt Emmerich in seinem Film die These auf, daß das außerirdische Wesen Ra vor vielen Jahrtausenden bereits auf der Erde war und von den Ägyptern – gemäß heutiger Überlieferung – als Gottheit verklärt wurde.

Starman

US-Film (1984) von John Carpenter, in dem ein gestrandeter Alien die Gestalt von Jeff Bridges annimmt, mit einer irdischen Frau entläuft, sich mit Regierungsbeamten streitet und schließlich an sein Ziel kommt: Eine Liebesbeziehung.

Starraiders

Starraiders ist aus der Reihe Edel-Comics von ehapa. Entwickelt wurde Starraiders von Ellitot S. Maggin und José Luis Garcia Lopez. In dem Strip erleben wir das Abenteuer von → Skrimsh und den → Zylonen auf dem Planeten → Oric. Oric ist das Zentrum der Kommunikation und des Handels im Universum. Dort leben eine halbe Million Wesen von den verschiedensten Sternenrassen in der Hauptstadt. Sie gehen friedlich ihren Geschäften nach und verehren die merkwürdigsten Götter. Doch eines Tages kommen die Zylonen mit ihrer Raumflotte. Die Königin-Mutter der Zylonen kennt nur ein Gesetz: »Wissen ist Macht ... und alle Macht in diesem Universum soll und darf nur alleine mir gehören!« Die grüngekleideten Zylonen-Krieger überfallen daher Oric. Sie haben aber nicht gewußt, daß sich just in dieser Zeit Angehörige der Star Raiders in Oric aufhalten. Deren übermütiger Rebell Skrimsh, ein Mitglied der → Guattianer vom fernen Planeten Guat, die von den Zylonen einst ausgelöscht wurden, legt sich mit einem gestohlenen Raumschiff mit der Zylonen-Königin an. Skrimsh kann die Zylonenpiloten mit Gedankenkräften so manipulieren, daß ihre Schiffe zusammenstoßen und explodieren. Die Star Raiders und Skrimsh erreichen den Wabenplaneten, den Heimatplaneten der ameisenartigen Zylonen. Unzählige Zylonenraumer beschützen ihren Wabenplaneten. Es stellt sich heraus, daß die Zylonen-Königin ebenfalls ein Guattianer ist, der mit seinen Gedankenkräften die Zylonen beherrscht. Skrimsh zieht der Zylonen-Königin den machterhaltenden Helm herunter und setzt ihn sich selber auf. Er hofft ein guter Herrscher zu werden. Aber Macht verdirbt...

Star Trek Fan Magazin

Star Trek (Computer)
Zur beliebten TV-Serie gibt es auch eine Reihe von PC-Games. Einige von ihnen sind zum Beispiel die Strategiespiele »Alpha Centauri«, → »Starfleet: Command« oder → »New Worlds«. Viele der Spiele befassen sich auch mit dem Leben der → Klingonen, deren Wesen und Vergangenheit in der Serie nur eine nebensächliche Rolle spielen. So gibt es unter anderem »Klingon Honor Guard« oder → »Klingon Academy«.

Star Trek (Film)
»Star Trek« ist der englische Original-Titel jener Fernsehserie, die bei uns unter dem Namen »Raumschiff → Enterprise« lief. Inzwischen ist »Star Trek« ein Oberbegriff für vier verschiedene Serien.

1) »Raumschiff Enterprise«: Dies ist die berühmte Original-Serie mit Captain Kirk und → Mr. Spock in den Hauptrollen. Sie entstand Mitte bis Ende der Sechziger Jahre. Der Schöpfer der Serie, → Gene Roddenberry, brachte in ihr seine Vorstellungen von Frieden, Humanität und Völkerverständigung unter, womit er seiner Zeit voraus war. Vor allem die → Föderation stellt Roddenberrys Idealgesellschaft dar.

2) Die zweite Serie »Raumschiff Enterprise: Das nächste Jahrhundert«, von 1986 bis 1993 gedreht, hatte es zu Beginn schwer, aus dem Schatten des Originals herauszutreten. Doch Captain Picard und seiner Crew gelang es, Kirk & Co. in der Zuschauergunst sogar zu überflügeln.

3) Es folgte der Ableger → »Deep Space Nine«, die Geschichte einer Raumstation, die keine unbedingte Fortsetzung der Enterprise-Abenteuer bedeutet.

4) »Star Trek«: → »Voyager« mit der ersten Frau, Captain Janeway, als führender Commander an Deck.

In den verschiedenen »Star Trek«-Serien kommen natürlich eine Menge nicht unwichtiger Außerirdischer vor, unter anderem (in alphabetischer Reihenfolge): → Bajoraner, → Ba'ku, → Betazoiden, → Borg, → Cardassianer, → Ferengi, → Hirogen, → Kazon, → Klingonen, → Ocampa, → Q, → Romulaner, → Son'a, → Spezies 8472, → Tallaxianer, → Tholianer, → Trill sowie (last not least) → Vulkanier.

Zusätzlich zu den Staffeln der Fernsehserien wurden auch etliche Kinofilme gedreht: »Star Trek – Der Film« 1979, »Star Trek II: Der Zorn des Khan« 1982, Star Trek III: Auf der Suche nach Mr. Spock« 1983, »Star Trek IV: Zurück in die Gegenwart« 1986, »Star Trek V: Am Rande des Universums« 1989, »Star Trek VI: Das unentdeckte Land« 1991, »Star Trek VII: Treffen der Generationen« 1994, »Star Trek VIII: Der erste Kontakt« 1996, »Star Trek IX: Der Aufstand« 1998.

Starship Troopers

Kinofilm (USA 1998) von Paul Verhoeven, der weitestgehend der Romanvorlage von → Robert A. Heinlein folgt. Zum Inhalt: Die Welt in tausend Jahren. Die Menschheit hat die Milchstraße besiedelt und ist dabei auf eine aggressive Insektenrasse, die → »bugs« getroffen. Diese beschießen die Erde mit Asteroiden, die um die halbe Milchstraße herumfliegen und dann noch fast genau ins Ziel treffen. Um sich dieser Gemeinheiten zu erwehren, gibt es nur ein Mittel: die heroischen »Earth Forces«, die sogenannten Starship Troopers, das letzte Bollwerk zwischen der Menschheit und den anstürmenden Insektenhorden. Der permanente Krieg hat das Sozialgefüge auf der Erde sogar soweit verändert, daß nur derjenige Bürgerrechte erhält, der mindestens ein Jahr in der Armee gedient hat. Paul Verhoevens Film »Starship Troopers« zeigt ausführlich die blutigen Gefechte zwischen Menschen und »bugs«. Dabei läßt er kaum ein Klischee aus. Allerdings ist der gesamte Film mit einem leichten Anflug von Ironie inszeniert.

Starshot

PC-Adventure-Game (Infogrames 1997), in dem der Spieler sich als Direktor eines durch die Tiefen des Alls reisenden Weltraum-Jahrmarktes auf die Suche nach neuen »Freaks« für seine Show macht. Dabei trifft er natürlich auf eine Reihe ungewöhnlicher Gestalten, die sich hervorragend für den Circus eignen. Jetzt beginnen die Verhandlungen.

Star Wars (Computer)

Zur Kino-Fassung von »Krieg der Sterne« gibt es von der eigens gegründeten Firma LucasArt auch eine Reihe von PC-Action-Games. Der 3-D-Shooter »Dark Force« machte den Auftakt. In ihm wird – natürlich mit den bekannten Helden aus dem Star-Wars-Universum – eine unabhängige Story erzählt. 1996 folgte dann »Jedi Knights«. Im Grunde aber geht es aber auch diesmal um den Kampf zwischen den Jedi-Rittern und der dunklen Macht des → Darth Vader.

Star Wars (Film)

Jedes Jahrzehnt hat seine Legenden. In den sechziger Jahren drehte → Stanley Kubrick mit der → Arthur C. Clarke-Verfilmung → »2001« eine Filmlegende. Die Legende der Siebziger Jahre war ein ganz anderes Kaliber. → George Lucas, ein noch unbekannter junger Regisseur, produzierte mit »Star Wars« (dt.: Krieg der Sterne) 1977 ein buntes Weltraummärchen mit geraubter Prinzessin und einer verquasten Zen-

Mystik. Der Erfolg war einmalig. Fast noch überraschender, daß Lucas mit den beiden Nachfolgefilmen »The Empire Strikes Back« (»Das Imperium schlägt zurück«, 1979) und »Return of the Jedi« (Rückkehr der Jedi-Ritter, 1993) das Niveau der nun ausgebauten Trilogie halten konnte und auch die Begeisterung in der ganzen Welt für die Nachfolgefilme gleichblieb.

Nach dem großen Erfolg von Star Wars baute Lucas den Epos auf eine große Geschichte aus insgesamt neun Filmen aus. Die drei abgedrehten Filme bildeten dabei die »mittlere Trilogie«, also die Episoden 4-6. Nachdem seit 1984 mit schöner Regelmäßigkeit jedes Jahr das Gerücht herumgeisterte, nun würde endlich der nächste Star Wars-Film gedreht (wobei man sich immer schon einig war, es würde die Episode 1 sein), kommt dieser lang erwartete Film nun 1999 tatsächlich in die

Szene aus Star Wars

Star Wars – Trilogy

Kinos. Die einzigartige Merchandising-Produktion von Star Wars ist bereits angelaufen. Auch im Bereich des Merchandising setzte Star Wars in den Siebzigern neue Maßstäbe – es war der erste Film, der wirklich in allen Konsumbereichen verarbeitet wurde. Unterdessen dämpfte George Lucas die hochgepeitschten Erwartungen, als er bekanntgab, es werde nur sechs Star Wars-Filme geben. Nach »Return of the Jedi« werde es keine Fortsetzung geben. So kennen wir also das Ende der Saga und warten nur noch auf den Anfang.

Der Inhalt der ersten Star-Wars-Trilogie ist schnell auf den Punkt gebracht: Der böse → Groß-Moff Tarkin beherrscht ein Sternenreich. Die Prinzessin → Leia Organa vom Planeten → Alderaan lehnt sich mit den sog. Rebellen gegen das Regime auf und hält bei dem darauf erfolgenden Sternenkrieg Unterstützung verschiedenster Art: von → Luke Skywalker vom Planeten Tatooine, dem → Wookie → Chewbacca, dem Jedi-Ritter → Orbi-Wan Kenobi und dem irdischen Sternenbummlern Han Solo. Noch eine große Masse anderer, extraterrestrischer Gestalten taucht auf, die der SPIEGEL seinerzeit so beschrieb:

Das Luccasche Produkt sei »ein Ramschladen, in dem es Westernsaloons im Orient gibt, die von Mickeymäusen, maskierten Rittern und wallend gewandeten Mönchen bevökert werden.« Das hinderte die Oscar-Jury trotzdem nicht daran, den Film mit einem Oscar für die Bauten, die Kostüme, den Ton, das Drehbuch, die Musik und die Spezialeffekte auszuzeichnen. Außerdem gab's dann noch einen Spezialpreis für die Stimmen der Außerirdischen und Roboter, deren berühmtesten Vertreter → R2-D2 und → C-3PO sind.

Sternenkind

Mischung aus Mensch und Leguan in der TV-Serie → »V – Die außerirdische Besucher«. Das Sternenkind gilt in dem Konflikt zwischen den extraterrestrischen Besuchern und den Menschen als Heilsbringer.

Steward

Steward ist ein seltsames Wesen, ein Beta, der Klon eines Eisfalken, in dem Roman → »Die Stimme des Wirbelwindes« von Walter Jon Williams.

Stratos

Der letzte Vogelmensch auf dem Planeten → Eternia in der Comic-Reihe → »He-Man«

Cinema Jubiläumsheft

Strieber, Whitley

Amerikanischer Horror-Autor, hat in seinem Buch → »Die Besucher« (dt.: München 1988) von seiner angeblich echten Entführung durch Außerirdische berichtet. Das Buch hat eine weltweite Aufmerksamkeit erzeugt, wurde später sogar verfilmt und wird von Alien-Fans gerne als literarisches Standardwerk zitiert. Weitere Werke: »Unheiliges Feuer«, München 1994; »Die Kirche der Nacht«, München 1989.

Sturgeon, Theodore

Wichtiger, amerikanischer SF-Autor, geboren 1918, gestorben 1985. Verfasser von »Die Lebenden Steine«, in dem → Horty von Außerirdischen auf die Suche nach der Menschlichkeit geschickt wird. In seinem Roman → »Das Milliardengehirn« schwebt eine Medusa auf die Erde zu, die nunmehr auch die Menschheit ihrem »Kollektivbewußtsein« einverleiben möchte. Die Paralellen zum Ost-West-Konflikt zur Zeit der Entstehung des Romans sind unübersehbar. Weitere Werke: »Der Gegenspieler«, München 1965; »Wiederbelebung«, München 1977.

Supergirl (Film)

TV-Produktion aus dem Jahr 1971 von Rudolf Thome. Iris Berben spielt das Supergirl, das vom dritten Planeten von Alpha Centauri kommt. Die High-Society auf der Erde kümmert es indes wenig, ob sie eine drogensüchtige Wahnsinnige ist oder eine Außerirdische. Ein Film, der sich nicht sonderlich an die Comic-Vorlage hält, dafür aber ein bezaubernd-aufregendes Supergirl präsentiert.

Supergirl (Comic)

Richtiger Name: Kara Zor-El. Extraterrestrische Superheldin. Sie ist die hübsche, schlanke, brünette Kusine von → Superman und stammt wie er vom Planeten → Krypton, dessen Untergang sie mit einer Rakete entkam und dabei zur Erde fand. Dort besucht sie als Linda Dee Danvers (dem Namen ihrer Pflegeeltern) das Stanhope-College; später arbeitet Supergirl als Psychologin an der Experimentierschule New Athens in Florida. Auf der Erde erlebt sie viele Abenteuer allein oder mit Superman oder mit ihrem telepathischen Superpferd Komet.

Superman (Film)

Superman wurde als Comic-Figur von John Shuster und Jerome Siegel in den dreißiger Jahren erfunden. In zahllosen TV-Serien und TV-Filmen ist der fliegende moderne Mythos-Mann Superman zu sehen.

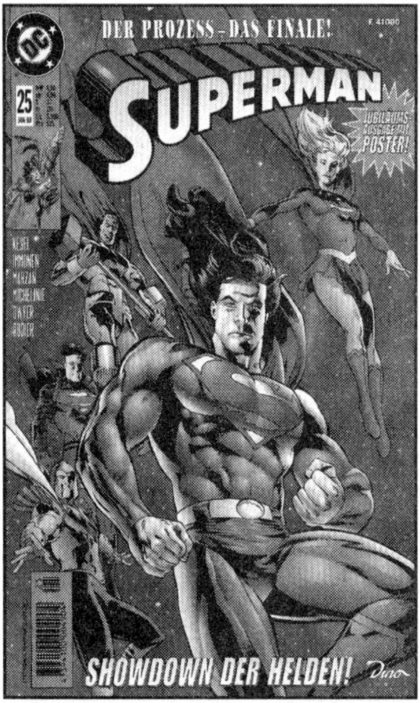

Superman-Comics

Superman darf zu den ersten gutartigen Aliens gezählt werden, von dem aber nicht alle Menschen wissen, daß er ein Außerirdischer ist.
Der Film »Superman« von 1978 wurde unter der Regie von Richard Donner in England hergestellt. Superman wird von Christopher Reeve gespielt. Bei dem wiederum englischen Film »Superman II« von 1979 führte Richard Lester Regie. Superman ist abermals Christopher Reeve. »Superman III« wurde ebenfalls in England mit dem Regisseur Richard Lester produziert. Christopher Reeve gab wiederum den Superhelden. Die Filme halten sich weitestgehend an die Comic-Vorlagen.

Superman (Comic)
Eigentlich Kal-El, Superheld vom Planeten Krypton in der gleichnamigen Comic-Reihe (dt.: Stuttgart 1966 ff). Als sich vor vielen Jahrzehnten auf Supermans Heimatplanet Krypton eine weltenzerstörende Katastrophe ankündigte, schickten ihn, der damals noch ein Baby war, seine Eltern (Vater Jor-El und Mutter Lara) mit einer Rakete auf einen Kurs Richtung Erde. Dort wurde er in der Nähe der kleinen amerikanischen Stadt Smallville im Mittleren Westen von einem Farmerehepaar, Martha und Jonathan Kent, gefunden. Er wuchs als Superbaby, Superboy und später Superman bei diesen auf, die sich große Mühe gaben, Supermans wahre Identität zu verbergen, ihn Clark (nach dem Mädchennamen der Mutter) nannten und ihn lehrten, seine Superkräfte und Unverwundbarkeit im Kampf gegen Unrecht und für Recht und Gerechtigkeit zu gebrauchen. Supie, auch bekannt als Der Stählerne oder Man of Tomorrow hat eine Reihe von erstaunlichen Fähigkeiten, z.B. Röntgenblick, Mikroskopblick, Infrarotblick, Supergehör, -geruch, –geschmack usw. Als Erwachsener nahm er den Job als Zeitungsjournalist in der von Perry White herausgegebenen »Planeten-Rundschau« in Metropolis an. Superman hatte im Laufe seiner Karriere immer wieder gegen eine Vielzahl unterschiedlichster Gegner zu kämpfen, wie z.B. Lex Luthor, → Mr. Mxyzptlk, → Marodeur, → Terraman, → Vartox oder → Brainiac.

Das erste Abenteuer von Superman erschien 1938 in der ersten Ausgabe der »Action Comics«, verfaßt von Autor → Jerome Siegel und Zeichner → Joe Shuster, die sich diese Figur schon 1932 ausgedacht hatten. Jahrelang hatten sie vergeblich versucht, ihre Idee an den Mann zu bringen, bis der Verlag DC Comics dem Superman 1939 schließlich ein eigenes Heft gewährte. Einige Comic-Geschichten von »Supermann« sind in Deutschland schon Anfang der 50er Jahre in einer Heftserie unter dem Titel »Supermann. Phantastische Abenteuer des Unbesiegbaren« bzw. in der Zeitschrift »Buntes Allerlei« erschienen. 1966 folgte eine Superman-Welle im Ehapa-Verlag, in den 80er Jahren ein Revival, das wiederum neue, galaktische Bösewichter auf den Plan rief, u.a. → Tumultur oder → Mongul, die sich neben den ursprünglichen Schuften aber eher unbedeutend ausmachten.

Rechtzeitig zum Jubiläum, dem 50. Geburtstag von Superman, gibt es einige Neuerungen bei dem Helden: Seit Februar 1999 nennt er sich Superman #50 und kommt in neuem Space-Look, neuem Design und neuen Kräften daher.

Supermenschen

Humanoide Gestalten in dem Roman → »Invasion der Supermenschen« von → Lloyd Bigges, die so gut wie alle Fähigkeiten besitzen, die man sich an einem Menschen vorstellen kann: Telepathie, Telekinese, Teleportation und vieles andere mehr.

Supersalat

BRD-Film aus dem Jahr 1979 von Hans Jürgen Pohland. Zum Inhalt: Peter McDonald (man beachte in diesem Zusammenhang den Nachnamen!) wächst in Bayern auf und wird ein genialer Salatzüchter, denn: Peters Salat schenkt seinen Essern ungeahnte Kräfte. Als dies bekannt wird, erhält Peter, der Sohn einer Edel-Prostituierten, viel ungewollten Besuch. Sogar Aliens (dargestellt unter anderem von Curd Jürgens) wollen Peters Supersalat, den er in einem Treibhaus in Berlin züchtet, für sich rauben.

Sur, Abin

Außerirdische Persönlichkeit in der Comic-Serie → »Grüne Laterne«, die ihren Auftritt in dem Comic-Strip aber nicht lange überlebt. 1940 landet sie mit ihrer Flugscheibe auf der Erde und stirbt, weil sie den Einfallswinkel auf den Planeten wohl nicht richtig berechnet hat (oder so). Bevor sie das Zeitliche segnet, kann sie dem Amerikaner → Hal Jordan aber noch freundlicherweise eine Superenergiequelle, eine grüne Laterne, übergeben, die diesen zum Superhelden → »Grüne Laterne« macht.

Sy-Klone

Freund von → He-Man in der gleichnamigen Comic-Serie. Sy-Klone ist eine Art humanoider Tornado vom Planeten → Eternia.

Symbiont

Echsenähnliches Wesen in dem gleichnamigen Roman (dt.: 1981) von → Nicholas Yermakov. Der Symbiont bringt den Menschen die Wahrheit nahe. So auch für Alan Dreyfus. Allerdings auf eine ganz merkwürdige Methode. Das Verhängnis beginnt für Dreyfus, als er bei einem Kneipenbummel in Port City auf den ehemaligen Raumfahrer John trifft. Auf Johns Schulter sitzt eine kleine, salamanderähnliche Echse, und wenn sie ihre kleinen Zähnchen in seinen Hals gräbt, scheint er von einer Sekunde auf die andere wie verwandelt. Er hat sie von Xerxes V mitgebracht und wird sie nicht mehr los, denn er ist süchtig nach ihrem Biß. John nennt die Echse Surrogat, aber in Wirklichkeit ist sie ein Symbiont, der – einmal an seinen Blutkreislauf angeschlossen – ihn Dinge wahrnehmen läßt, die anderen verborgen bleiben: Nach dem Biß der Echse erkennt John immer die Wahrheit, wie sehr sich seine Gesprächspartner auch verstellen. Die Wahrheit macht besonders süchtig, das muß auch Dreyfus erkennen, als Johns Surrogat auf ihn überwechselt. Nun ist er der Mann, dem man nichts mehr vormachen kann, und damit wird er zur Gefahr für die Mächtigen dieser Welt. Und während er noch das Geheimnis der Surrogate zu ergründen versucht, heften sich bereits Killer an seine Fersen...

T

Ta'ra

Humanoide Außerirdische in dem TV-Zweiteiler → »Zeit des Grauens« von Frank Lupo, die nach ihrem Dienst als medizinischer Offizier auf einem Gefängnisraumschiff auf der Erde strandet und dort Jagd auf einen Fremdling macht.

Takeuchi, Naoko

Japanische Zeichnerin der Comic-Serie → »Sailor Moon«. »PQ Angels«, eine weitere, in Japan sehr erfolgreiche Manga-Serie von Naoko Takeuchi läuft in Deutschland nicht.

Talaxianer

Die Talaxianer tauchen in der vierten Generation von → »Star Trek« auf der → Voyager auf und sind eine Spezies aus dem Delta-Quadranten. Sie sind sehr menschenähnlich, aber mehrere Verfärbungen der Kopf- und Gesichtshaut sowie kahle Stellen an den Schläfen und ihre zotteligen langen Haare unterscheiden sie von Menschen; außerdem sind sie im Schnitt kleiner gewachsen als ein Mensch. Ein Talaxianer, → Neelix, begleitet die → Voyager auf ihrer langen Reise nach Hause.

Tanna

Menschlicher Alien im Film → »Plan 9 from Outer Space«, dem anerkannt schlechtesten SF-Film aller Zeiten.

Tarns

Im Grunde ein friedliebendes Volk in der TV-Serie → »Space Cops«, wären auf dem Planeten → Altor, auf dem die Tarns eine neue Heimat gefunden haben, nicht die → Creons, mit denen sie sich seit vielen Jahrzehnten blutige Scharmützel liefern.

Tschai-Zyklus

Roman-Reihe (dt.: »Planet der Abenteuer«, Berlin 1985) von → Jack Vance. Zum Inhalt: Nur ein Astronaut überlebt den Abschluß der Explorator IV über dem geheimisvollen Planeten Tschai: Adam Reith, der nun völlig auf sich allein gestellt ist. Obwohl Tschai einen geradezu paradiesischen Eindruck erweckt, sticht Reith in ein Wespennest: die Bewohner des Planeten stammen zwar teilweise von der Erde ab, haben jedoch im Laufe der Jahrtausend ihr Erbe vergessen. In mittelalterliche Stammes- und Stadtgemeinschaften zersplittert, halten sie sich für Abkömmlinge ihrer nichtmenschlichen Herren – der Dirdir, der Khasch, der Wankh, der Pnume: Völker, die einander vehement bekämpfen. Reith hat nur einen Gedanken: Er muß den Nichtmenschen ein Raumschiff abjagen. Er begibt sich auf eine Odyssee, die ihn in die entlegendsten Gebiete und unter exotische Völker führt. Diebe, Lumpen und Halsabschneider kreuzen seinen abenteuerlichen Weg, bis sich endlich eine Möglichkeit bietet, die Herrscher Tschais auszutricksen.

Tatarus

Kollege von → He-Man. Wie alle anderen Superhelden ein unschlagbares, intergalaktisches Kampfpaket von einem nicht näher bestimmten Irgendwo aus den Tiefen der Galaxis.

Tatooine

Heimatplanet von → Luke Skywalker in der Weltraum-Saga → Star Wars

Taylor, Roger

Drummer der Pop-Gruppe Queen und bekennender Alien-Crack. Just for fun releaste er 1981 das Soloalbum → »Fun in Space«, mit dem er eine Hommage an die extraterrestrischen Besucher der frühen 60er und 70er setzte.

Teela

Hübsche, humanoide Prinzessin in der Comic-Serie → »He-Man«, die auf dem Planeten → Eternia lebt. Manch einer würde sich ein Techtelmechtel zwischen ihr und He-Man wünschen, doch dafür bleibt bei der vielen Rettungsaktionen auf der Erde nun wirklich keine Zeit.

Teen Aliens
US-TV-Serie, die 1992 von Dennis Donelly in Szene gesetzt wurde. Der Inhalt ist schnell auf den Punkt gebracht: Immer wenn sich irdische Männer mit Weltraum-Damen geschlechtlich vereinigen, werden die lüsternen Erdenwesen zu geilen Grünlingen. Hinterher lösen sie sich völlig auf. Damit das nicht passiert, forscht man nach einem Gegenmittel. Wie wäre es mit getrennten Betten?

Tefroder
Volk in der Andromeda-Galaxis im Heftroman → »Perry Rhodan«. Die Tefroder entstammen ursprünglich dem Volk der → Lemurer.

Terak
König der → Marauder, die in dem Film → »Karawane der Tapferen« den putzigen → Ewoks das Leben schwermachen.

Terok Nor
Ehemalige Raumstation der → Cardassianer, die schließlich von der → Föderation des → Star Trek-Universums übernommen, → »Deep Space Nine« getauft wurde und somit der Fernsehserie den Namen gab.

Terraman
Telepathisch begabter Space-Cowboy auf einem fliegenden Roß namens Nova. Gegenspieler von → Superman.

Terranauten
Legendäre, dt. SF-Roman-Serie (Bergisch-Gladbach, 1979ff) von Rolf W. Lierschen und Thomas R.P. Mielke. Inhalt: im 21. und 22. Jahrhundert kommt es auf der Erde zu schweren Umweltkatastrophen und klimatischen Veränderungen; die Ozonschicht in der Lufthülle wird teilweise zerstört. Der Meeresspiegel erhöht sich infolge Abschmelzens von Teilen des Polareises und sowohl wertvolle Anbauflächen als auch die bedeutendsten Hafenstädte versinken in den Fluten. Dies führt zu Völkerwanderungen und Auflösung der bisherigen Nationalstaaten. Einzig die multinationalen Konzerne gehen unbeschadet aus dem Chaos hervor, und es entbrennt ein Machtkampf um die Kontrolle der interstellaren Raumfahrt, bei dem die Kaiserkraft eine nicht ganz unwichtige Rolle spielt. Denn die Experimente der terranischen Raumfahrer im Weltraum mit der umweltzerstörenden Substanz rufen die ersten Außerirdischen auf den Plan, → Cantos vom Planeten → Genessos. Zentraler Inhalt der Terranauten war also die parabelhafte, kritische

Auseinandersetzung mit Umweltkatastrophen, klimatischen Veränderungen, dem Ozonloch und atomarer Aufrüstung.

Terrok Nor
Ursprünglicher Name der Station → »Deep Space Nine«, die von den → Cardassianern errichtet und später verlassen wurde.

Tery
Bepelzte, vierbeinige und doch beunruhigend menschliche Wesen in dem parabelhaften Roman »Der Tery« von F. Paul Wilson. Für die Tery droht sich ein jahrtausendalter Kampf zu wiederholen – ihr gnadenloser Verfolger, ein Mensch, tyrannischer und selbstherrlicher Führer einer religiösen Sekte, will die Terys als Sklaven und Tiere gebrauchen. Ein Tery aber wagt es, den fanatischen Gegner herauszufordern: Er macht sein Recht geltend – sein Recht als Mensch.

Tewa
Fast 10 Meter große Bewohnerin des Planeten → Ygam in dem Zeichentrickfilm → »Der phantastische Planet«. Tewa ist eine Angehörige der → Draag, deren liebstes Hobby das Spielen mit den Menschen ist.

Thanagar
Heimatplanet des Superhelden → Hawk-Man, der in unserer Galaxis für Recht und Frieden sorgt.

Tharkus
Die Comic-Serie → »He-Man« hat eine Reihe von sagenhaften Superhelden geboren. Der humanoide Tharkus vom Planeten → Eternia ist aber mit Abstand die absolute Mutanten-Krönung: Er ist ein Kämpfer, wie alle Helden auf Eternia beheimatet, aber seine Spezialität: er kann sich in ein Flugzeug verwandeln und als solches He-Man jederzeit im Kampf gegen das Böse beistehen.

The Cosmic Man
Film (USA 1959) von Herbert Green, in dem ähnlich wie in → »Kinder des Weltraums« ein Außerirdischer den Weg auf die Erde findet, um dem Menschen seine Verärgerung über den Mißbrauch der Atomenergie zu zeigen. Die Menschen reagieren ebenfalls sauer und pusten das vorlaute Alien mit einigen gezielten Schüssen weg. Was mischt der sich auch in unsere Belange ein!

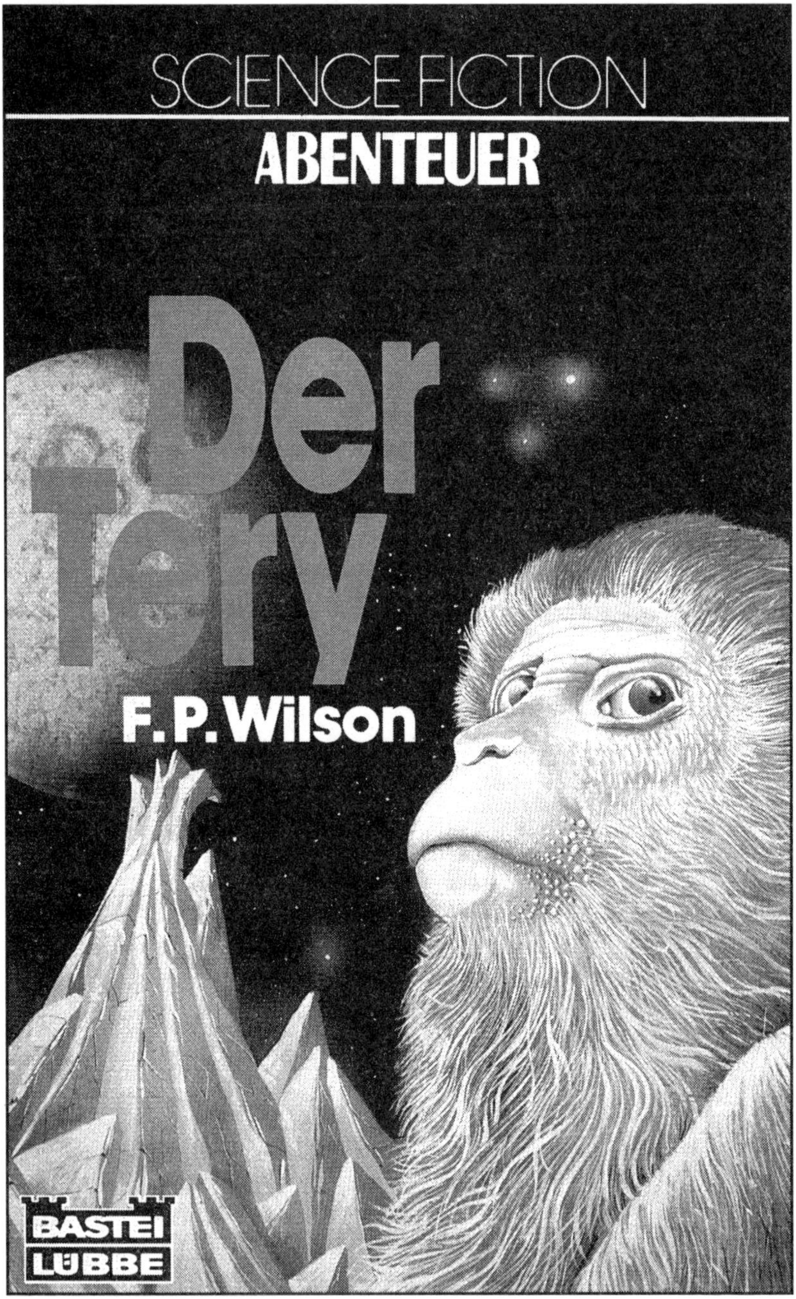

Tery

The Invisible Invaders

Film (USA 1959) von Edward L. Cahn, der nie in die deutschen Kinos gelangte. Darin fallen die kriegerischen → Seleniten vom Mond über die Erde her und, wie übel, erwecken sogar Tote wieder zum Leben. Verjagt werden sie von den verzweifelten Menschen am Ende von Ultraschallwellen, die die Ohren der Seleniten überhaupt nicht vertragen.

The Little Ale'Inn

Name der Gaststätte, die für Alien-Touristen gegenüber dem militärischen Sperrgebiet → Area 51 in Nevada/USA eingerichtet wurde. Man beachte das lustige Wortspiel!

The Lone Ranger

Krasse Splatter-Horror-Western-SF-Comic-Serie aus den Staaten, die den Exposeés des ultrabrachialen Schriftstellers Joe R. Landsdale folgt. In der 1994 veröffentlichten Folge »The Last Battle« entpuppt sich eine ägyptische Mumie, die von der Ost- zur West-Küste transportiert wird, als mordlustiges, zombieähnliches Alien, das Menschen erst tötet, deren Fleisch frißt und dann noch die Knochen ablutscht. Mahlzeit!

The Puppet Master (Film)

Film (USA 1995) von Stuart Orme, der weitestgehend auf dem gleichnamigen Roman von → Robert A. Heinlein basiert.

The Puppet Master (Literatur)

Roman (dt.: München 1965) von → Robert A. Heinlein, in dem wurmähnliche Aliens, die → Mollusken, auf der Erde landen, sich ins Hirn der Menschen bohren und eine Invasion vorbereiten. Erst als eine noch nicht infizierte Frau merkt, daß die Männer nicht mehr auf weibliche Reize reagieren, kann den Parasiten Einhalt geboten werden.

The Rocky Horror Show

Rock Musical in einem Akt von Richard O'Brian. Inhalt: Die beiden Unschuldslämmer Brad Major und Janet Weiss, frisch verlobt, geraten in das Schloß Frankenstein's Place, wo sie von → Frank-'n-'furter, dem außerirdischen Transvestiten aus dem transsexuellen Transsylvanien und seinen Gehilfen in die verrückte Welt der Science Fiction eingeführt werden. Frank will einen Menschen schaffen: Rocky. Eine krude Mischung aus Glamour, Sex und Lust entflammt, an deren Ende Frank und Rocky von zwei Gehilfen erschossen werden, die dann, samt Schloß, aber ohne Brad und Janet, die Erde verlassen. Das Musical ist eine grelle Parodie auf die Science Fiction- und Gruselfilme der 50er Jahre.

Tholianer

Die Tholianer sind eine komplett fremdartige Lebensform, die offensichtlich kristallin zu sein scheint. Über sie ist so gut wie nichts bekannt. Sie tauchen nur kurz in der → Star Trek-Episode »Das Spinnennetz« – der Original-Serie – auf, als sie die → Enterprise mitsamt Kirk, → Spock und Pille in einem riesigen Netz, das von ihren Schiffen aufgespannt wird, gefangennehmen.

Thoristen

Menschenähnliche Wesen vom Mars im → Venus-Zyklus von → E.R. Burroughs, die sich vor langer Zeit von den → Vepajer abgespalten haben und nun die »böse« Rasse bilden.

Thranx

Intelligente Insektoiden, Mischung aus Ameise und Biene, die als Larve zur Welt kommen. Die Thranx spielen die zentrale Rolle im bedeutenden → »Homanx-Commonwealth-Zyklus« von → Alan Dean Foster. Die Erscheinung der Thranx erhält eine doppelte Ironie: Ihr optisches Bild entspricht nicht nur dem der menschlichen Erbfeinde, die Wesen werden die besten Freunde der Menschen. Ihr wichtigster Vertreter ist → Ryo, aus dessen Sicht auch der Erstkontakt mit den Menschen geschildert wird.

Todesstern

Von diesem Planet aus terrorisiert → Groß-Moff Tarkin sein Imperium in der Kino-Saga → »Star Wars«.

Tolot, Icho

Unförmige, vierarmige Gestalt mit einem halbkugelförmigen Kopf und drei Augen in der Heftroman-Serie → »Perry Rhodan«. Obwohl Icho Tolot mit seinen 3,5 Metern so gesehen äußerst häßlich ist und sich nicht für einen ungezwungenen Party-Besuch eignet, steht er beginnend mit dem Vorstoß nach Andromeda den Menschen in der Folgezeit als einer der treuesten und mächtigsten Freunde zur Seite. Tolot stammt vom Planeten → Halut.

Tolstoi, Alexej N.
Russischer Schriftsteller, geboren 1817, gestorben 1875. Seine Werke gehören zweifelsfrei zur Weltliteratur. Weniger bekannt ist dagegen sein Buch → »Aelita, ein Marsroman« (dt.: München 1924), in dem ein fieberträumender Ingenieur auf das Marsvolk trifft.

Tommyknockers
Dem amerikanischen Volksmund nach sind die Tommyknockers tunnelbauende Trolle oder Klopfgeister. In dem gleichnamigen Roman (dt.: Hamburg 1988) von → Stephen King nimmt – in beliebter Manier des Autors – ein nur in Sagen existentes Wesen durch die tiefe Angst der Menschen allmählich die Gestalt eines realen Monsters an. In diesem Fall sind die Tommyknockers eine telepathische Macht, die seit Urzeiten in einem gestrandeten Raumschiff unter der idyllischen Kleinstadt Haven gefangen ist und durch Zufall freigelassen wird; das schreckliche Monster, das körperlich nie in Erscheinung tritt, saugt den Menschen ihre Lebenskraft aus, tankt sich damit für den Abflug auf.

Top-Knot
Anführer der → Predator in dem Comic → »Predator vs. Alien«

Torek
Ist ein → Klingone, allerdings nicht in der TV-Serie → »Star Trek«, sondern im Computerspiel zur Serie → »Klingon Academy«. Mit Torek begibt sich der Spieler auf eine Ausbildung im Klingonen-Universum.

Torin
Planet der Familie → »Brins Fünf«, die den Astronauten Scott Gale, der über Torin abstürzt, adoptiert.

Torres, B'elanna
Mehr als hübsche und heißblütige Halb- → Klingonin und begabte Chefingenieurin der → Voyager im → Star-Trek-Universum (gespielt von Roxann Biggs-Dawson). Auffällig sind die betont weiblichen Rundungen, die in der vierten Generation der Fernseh-Serie schier offenherzig präsentiert werden und wenigstens in dieser Hinsicht die Serie zu einem optischen Schmaus machen.

Townsend
→ Peacemaker

Trafalmadorianer

Verschrobene Wesen im Ulk-Roman »Die Sirenen der Titanen« (dt.: München 1979), mit denen → Kurt Vonnegut das alte SF-Klischee vom alten → Ahnenvolk, das die Menschheit über Jahrhunderte hinweg aufbaut, damit diese schwere galaktische Verpflichtungen übernehmen, veralbert. Bei Vonnegut erweist sich die menschliche Geschichte als von Außerirdischen, den Trafalmadorianern, manipuliert. Die Trafalmadorianer haben die Menschen nur deswegen geholt, damit sie ein Ersatzteil für ein auf Titan gestrandetes Raumschiff herstellen, das einen Roboterkurier enhält, dessen Botschaft seit etwa 50.000 Jahren darauf wartet, verbreitet zu werden. Die Botschaft ist der Traum eines jeden Alien-Forschers und lautet: »Wir grüßen euch«.

Trampt

Heimatplanet von → Gucky, dem kleinen Mausbiber, in der Heftroman-Reihe → »Perry Rhodan«

Transformers

Extraterrestrische Androiden in der gleichnamigen Comic-Serie (dt.: Stuttgart 1989 ff). Die Transformers sind riesige, verwandlungsfähige Roboter, die menschliche Gefühle zeigen, ebensolche Verstandeskräfte aufweisen und auch menschliche Verhaltensweisen demonstrieren. Es gibt die friedliebenden → Autobot und die gemeinen → Deceptions; beide stammen vom fernen, nur von Maschinen bewohnten Planeten → Cybertron im Sternsystem Alpha Centauri. Sie flüchten nach der Zerstörung von Cybertron auf die Erde, wo sie in einen elektronischen Tiefschlaf verfallen, vier Millionen Jahre später erwachen und ihre Auseinandersetzungen fortsetzen. Die besondere Fähigkeit der Transformers ist das blitzschnelle Verwandeln in kybernetisch gesteuerte Autos, Flugzeuge oder Panzer; eine Steigerung der Autobots sind die Pretenders, doppelt-verwandlungsfähige Roboter. Der bekannteste der Androiden ist der → Powermaster Optimus Prime. Die Transformers wurden Ende der 80er Jahre in den USA vom Comic-Verlag Marvel geschaffen.

Triffids

Gigantische, fleischfressende Pflanzen aus dem All, die in dem Film → »Blumen des Schreckens« einen Angriff auf die irdische Zivilisation starten.

Trigan

1) Heimatplanet der → Triganer in der gleichnamigen Kult-Comic-Serie, 1965-1977, von → Don Lawrence. Die Trigan-Serie schildert die Abenteuer von Trigan und seinen Freunden Brak und Kluth. Der Comic wurde im Herbst 1965 in einer englischen Zeitschrift begonnen. Die Trigan-Story handelt vom Aufstieg eines Volkes aus urzeitlichen Umständen bis zur hochentwickelten Technik-Zivilisation.

2) Beliebter Anführer auf → Trigan; Held der gleichnamigen Comic-Serie. Trigan muß öfters gegen allerlei Aliens einschreiten, um Gefahr abzuwenden.

Triganer

Bewohner des Planeten → Trigan. Alle tragen eindeutig humanoide Züge und leben in einer Welt, die eine Mixtur aus römischer und griechischer Kultur darstellt und durch hochmoderne Technik und Raumfahrt angereichert wurde. Die Comic-Serie vermengt somit Antike und Moderne zu einer zweifelhaften Mischung, was dem Erfolg aber nicht im Wege stand.

Trill

Wesen in amerikanischen Fernsehserie → »Deep Space Nine«, einem Ableger der erfolgreichen SF-Serie → »Star Trek«. Die Trill sind eine symbiontische Lebensform, die aus zwei Teilen besteht. Der eine Teil hat eine humanoide Gestalt und unterscheidet sich von den Menschen nur durch ein paar Pigmentflecken an Hals und Gesicht. Der andere Teil ist ein intelligenter Wurm, der operativ in den Körper des ersten Teils eingebracht werden muß. Beide (Wurm und Wirt) verschmelzen danach zu einer seelischen und geistigen Einheit, die mehr ist als nur die Summe ihrer Teile. Der Wurm lebt mehrere hundert Jahre und somit meist länger als sein Wirt. In der Serie spielt die Trill → Dax die Hauptrolle: in den ersten fünf Staffeln als → Jadzia Dax, dann nach Jadzias Tod als Ezri Dax mit einem anderen Wirtskörper.

Trio Girl

→ Duo Girl

Troi, Deanna

Angehörige der → Betazoiden, die auf dem Raumschiff → Enterprise als Counselor (Schiffspsychologin) Dienst schiebt (gespielt von Marina DiSirtis). Da sie aber »nur« eine Halb-Betazoidin ist – ihr Vater war ein

Mensch – besitzt sie »nur« die Fähigkeit der Empathie. Sprich: sie kann keine Gedanken lesen, sondern »nur« Emotionen erkennen. Diese Fähigkeit ist ihr natürlich bei der Tätigkeit als Counselor von großem Nutzen.

Tschai

Planet und Mittelpunkt des gleichnamigen → »Tschai-Zyklus« von → Vance, Jack

Tschung

Der Tschung, ein kleines, entfernt kolibriartiges Tier aus dem Buch »Der Kosmos von Valerian und Veronique« ist wegen seines perfekten Orientierungssinns von den Menschen heißbegehrt, kein Wunder, präsentieren sich diese doch mal wieder völlig unkoordiniert. Tschung jedenfalls merkt sich jeden Weg, den er einmal zurückgelegt hat, absolut präzise. Tschungs können getrocknet aufbewahrt werden, was ihre Handhabung sehr erleichtert. Ein getrockneter Tschung wird typischerweise aufgeweckt, indem man ihn mit frischem Kartoffelbrei einreibt.

Tüm Tüm de Lüm

Über den Tüm Tüm de Lüm schreibt das Buch »Die Bewohner des Himmels. Der Kosmos von Valerian und Veronique«: »Der Tüm Tüm de Lüm ist ein dekoratives kleines Tier, das am nützlichsten ist, wenn man es (je nach Körperbau) in den Haaren, im Pelz, in den Schuppen, am Rüssel, am Schopf, an Hörnern, Kämmen, Fühlern oder Scheinfüßchen trägt. Verwendet wird es vor allem zu Observationszwecken, denn das einzigartige Speicherungsvermögen seiner Netzhaut ermöglicht die nachträgliche Wiedergabe eines jeden von seinem Auge wahrgenommenen Bildes.«

Tumultur

Kosmischer Kampfroboter, eher unbedeutender Gegenspieler von → Superman

Tuschel, Karl-Heinz

Produktivster SF-Autor der DDR, geboren 1928. In seinen Werken wurde die Begegnung mit fremden Kulturen vorrangig behandelt. Ob Tuschel dadurch analoge Stories zu den politischen Verhältnissen und das Aufeinanderprallen der grundsätzlich verschiedener Kulturen in Ost und West verfaßte, ist an keiner Stelle der SF-Sekundärliteratur nachweislich ausgewiesen worden, liegt bisweilen aber auf der Hand. Eines seiner wichtigsten Werke ist → »Die Terrasse von A'hi-nur«.

Tuskub

Ist der Herrscher über das Marsvolk in dem Roman → »Aelita«, einem Marsroman von → Alexej N. Tolstoi.

Tuvok

Ein → Vulkanier und ebenfalls mit den typisch spitzen Ohren dieser Rasse versehen (gespielt von Tim Russ). Einziger Unterschied zu → Spock: Tuvok hat eine braune Hautfarbe, womit wieder einmal bewiesen ist, daß auch andere Alien-Arten diverse Rassenspezifikationen aufweisen. Tuvok sitzt als Sicherheitsoffizier an Bord der → Voyager an der Waffenkonsole.

Tweel

Intelligenter straußenähnlicher Marsianer in dem Roman → »Mars-Odysee« von → Stanley Weinbaum. Tweel zeigt den terranischen Forschern die Wunder des Mars. Damit kam zum ersten Mal ein außerirdisches Wesen in die SF, das nicht als machtgierig und patriarchalisch dargestellt wurde, sondern frei von allen menschlichen Zügen und Charaktereigenschaften ist.

Two-Stripes

Junger Predator in dem Comic → »Predator vs. Alien«.

Tyros, Jong

Menschenähnlicher Kaiser der Stadt Mypos und König der → Vepajer im → »Venus-Zyklus« von → E.R. Burroughs.

U

UFO

Amerikanische TV-Serie (1969-1971) von → Gerry Anderson. Die Serie unterstellt den Vereinigten Staaten, daß der Ende der 60er Jahre veröffentlichte Bericht über die Nicht-Existenz von Unidentifizierbaren Fliegenden Objekten und die Schließung des darauf spezialisierten Projekts Blue Book eine Lüge sei. Im Gegenteil, mit diesem Bericht versuchen die USA, die Tatsache zu verbergen, daß die Menschheit nicht nur von Wesen aus dem All besucht, sondern sogar brutal von ihnen angegriffen wird. Andere mächtige Staaten der Erde gründen daraufhin die SHADO, Supreme Headquarters, Alien Defense Organization. Von ihrem Hauptsitz, der unter einem Filmstudio (in dem seltsame Besuche zur Regel gehören) verborgen liegt, steuert SHADO eine U-Boot-Flotte (ausgerüstet mit See-zu-Luft-Flugzeugen), Flugzeuge, Landfahrzeuge, Satelliten und eine Mondbasis, die in der Folgezeit im Kampf gegen die UFO-Großoffensiven zum Einsatz kommen. Die erste Staffel war zwar erfolgreich, trotzdem wurde die zweite Staffel schließlich in → »Space: 1999« umbenannt.

Ufo-Café

Film (USA, 1990) von Paul Schneider. Ein Alien namens Arnold (Beau Bridges) mag den Träumer George, der in dem verschlafenen Nest Grover's Mill lebt. Dort wüten Wirtschaftskrise und Arbeitslosigkeit. Für George scheint somit auch der Ofen aus zu sein. Aber aufgepaßt, der Alien namens Arnold schenkt ihm sein Raumschiff, was wirklich aufmerksam ist, denn damit bastelt sich weise George ein UFO-Café, das fortan die Besucher-Attraktion Nummer 1 in den Staaten ist.

Ufo-Nachrichten

Älteste Ufo-Zeitschrift im deutschsprachigen Raum, herausgegeben von Werner L. Forster, Postfach 1211, 87630 Obergünzburg-Kempten. Thematische Schwerpunkte bilden sogenannte → Kontaktler-Geschichten.

Ufo-Report

Sprachorgan des → Independet Alien Network. Aktuelle Berichte mit Hauptschwerpunkt Entführungen (Humanoidensichtungen und Abductions) und Hinweise aus der Mythologie bilden den Inhalt der Zeitschrift. Kommentare zum weltweiten Geschehen und Buchrezensionen finden sich darüber hinaus in der vierteljährlich erscheinenden Publikation.

UFOs

Der Begriff »UFO« ist die Abkürzung für »unidentified flying objects« (deutsch: Unidentifizierte Flugobjekte). Er entstand kurz nach dem zweiten Weltkrieg, als mehrere Piloten bei ihren Flügen rätselhafte Flugobjekte sichteten. Richtig populär, zumindest in den Vereinigten Staaten, wurde er 1947 nach dem Zwischenfall von → Roswell. In den Fünfziger Jahren gab es eine erste »UFO-Welle«; viele Zeugen sichteten ihnen unverständliche Lichterscheinungen am Himmel. Die US-Army sah sich sogar veranlaßt, Ufo-Berichte zu sammeln im Rahmen des Projekts »Blue Book«. Das Projekt wurde offiziell 1969 eingestellt. In den Siebziger Jahren heizten einige Veröffentlichungen, darunter auch die Werke von → Erich von Däniken, die Diskussion über Besucher aus dem Weltall wieder an. Populärer als je zuvor wurde das Thema jedoch in den Neunziger Jahren, nicht zuletzt bedingt durch die Fernsehserie → »Akte X«. Die Ufo-Aliens wurden so populär, daß es inzwischen sogar T-Shirts und Poster gibt, auf denen sie abgebildet sind. Viele der Berichte, die im »Blue Book« gesammelt wurden, wiesen bemerkenswerte Parallelen auf. So wurde oftmals beschrieben, daß das unbekannte Objekt Flugmanöver durchgeführt hat, die einem normalen Flugzeug oder Hubschrauber unmöglich sind, etwa plötzliche Richtungswechsel. Manchmal tauchen die Ufos auch unvermittelt auf Radarschirmen auf, um ebenso unvermittelt wieder zu verschwinden. Kommt es zu einer nahen Begegnung mit Außerirdischen, so gleichen sich auch oftmals die Schilderungen. So wurde mehrfach berichtet, daß Autos und andere Maschinen meistens aussetzen, wenn sich ein Ufo nähert. Viele Menschen berichteten, daß sie bei der Annäherung des Ufos nicht mehr in der Lage waren, sich zu bewegen. Auch die »Ufonauten« wurden oft sehr ähnlich geschildert, als graue, humanoide Wesen mit großen Augen, die sprechen konnten, ohne die Lippen zu bewegen. Inzwischen wurden auch Dutzende von Ufos auf Film gebannt, von denen einige als Fälschungen entlarvt wurden.

Wie sind nun die vielen Ufo-Sichtungen zu erklären? Nun, es gibt praktisch nichts am Himmel, das man nicht schon für ein Ufo gehalten hätte. Das beginnt bei allen Arten von Ballons – vom einfachen Kinder- bishin zum Wetterballon. Weiter geht es mit Zeppelinen und Luftschiffen, die vor allem, wenn sie nachts von unten angestrahlt werden, leicht für ein Ufo gehalten werden können. Einige Ufos sind auch normale Flugzeuge, die eine Kurve geflogen sind. Schaut man von der Kante aus auf die Kurve, so entsteht der Eindruck, das Flugobjekt habe seinen Flug verlangsamt, sei plötzlich stehengeblieben und sei dann auf demselben Weg wieder zurückgeflogen. Manchmal hat ein Flugzeug auch eine sehr unkonventionelle Form, so daß man es nicht als Flugzeug erkennt. Als z.B. der streng geheime »stealth bomber« in den Siebziger Jahren in der Nähe der → Area 51 getestet wurde, häuften sich dort die Berichte, die ein dreieckiges Ufo gesehen haben wollen. Eine weitere Quelle für Ufo-Sichtungen ist der Planet Venus, der manchmal so hell wird, daß man ihn am Taghimmel sehen kann. Da viele Menschen das nicht wissen, halten sie einen hellen Punkt, der am Firmament stillzustehen scheint, oftmals für ein Ufo. Weitere natürliche Erklärungen sind von Discos ausgesandte Laserlichter, Scheinwerfer, die sich in den Wolken spiegeln, und Nordlichter. Als letzte Möglichkeit seien hier noch die Kugelblitze erwähnt, rätselhafte kugelförmige Plasmawolken mit Durchmessern zwischen 10 cm und 2 m, die sich oft nach einem Gewitter bilden.

Bei dem Projekt »Blue Book« konnten 98% aller Ufo-Sichtungen auf die oben genannten Erklärungen zurückgeführt werden. Bei den übrigen 2% waren einige Fälle zu verworren, um sie noch aufzuklären. Aber es blieben auch noch einige unerklärliche Fälle zurück. Ebenfalls nicht aufgeklärt werden konnten Berichte, in denen Menschen von Ufos entführt, untersucht und später wieder abgesetzt wurden (→ Enführungen). Es darf auch nicht unerwähnt bleiben, daß das Ufo-Phänomen auch religiöse Aspekte hat. Viele der Ufo-Anhänger, oder besser: Ufo-Gläubigen, projizieren ihre gesamten Hoffnungen auf Weltfrieden und universelle Harmonie in die »Wesen aus dem Weltall«, die dadurch zu einer Art → Engel werden. Entsprechend ist es auch mit höchster Vorsicht zu genießen, wenn ein Ufo-Gläubiger etwas von seiner Begegnung mit Außerirdischen erzählt. Diese religiöse Sicht des Ufo-Phänomens wurde filmisch fast perfekt umgesetzt in → Steven Spielbergs Film →

Ufos über Deutschland

UFOs: Ein endloses Medienthema.

10 Million Listeners Want to Know Why ART BELL Went Off the Air?
UNCENSORED
UFO
REPORTS
Has the Moment of
Personal Terror Arrived?
Predicting the "Right Time" for an Alien Abduction
ALIEN CLONES
Why "They" Walk the Same
and Think the Same
Locating Underground
UFO Bases On MARS
England's Mysterious Triangles
& Other BLACK OPS Projects:
ETs? NATO? American Secret Technology?
$4.99 U.S./$5.99 CAN.
www.abduct.com/gcr.htm

»Die unheimliche Begegnung der Dritten Art« von 1980 (→ Wiederbelebung).

Obwohl mit dem Begriff »Ufo« über die Herkunft des Flugobjekts, strenggenommen, nichts ausgesagt ist, wird der Begriff heutzutage meist in der Bedeutung »außerirdisches, untertassenförmiges Raumschiff« gebraucht. Das wirft zwangsläufig die Frage auf: was sind eigentlich Ufos? Neben der Theorie, daß es sich um außerirdische Besucher handelt, gibt es auch andere Deutungsversuche. So brachte der deutsche Sachbuchautor Ernst Meckelburg die Idee auf, daß die Ufos in Wahrheit Zeitmaschinen seien, die Besucher, folglich Menschen aus der Zukunft wären. Das würde zumindest das humanoide Aussehen der Besucher erklären. Andere Theorien gehen davon aus, daß es sich um Wesen aus einer anderen Dimension handelt – das wären dann, strenggenommen, auch »Außerirdische«, nur eben nicht von einem anderen Planeten, sondern aus einem anderen Kosmos, einer Parallelwelt. Einige glauben, daß es sich bei den Ufo-Begegnungen oder -Entführungen um rein psychische Phänomene handelt, und führen das Ganze auf eine Art Massenhysterie zurück.

UFP

»United Federation of Planets« ist die englische Original-Bezeichnung für die → Föderation im → Star-Trek-Universum.

Ulebs

Künstlich gezüchtetes Volk von Superkämpfern, auf die die Terraner in der Heftroman-Reihe → »Perry Rhodan« stoßen.

Ultraboy

Richtiger Name: Jo Nah. Extraterrestrischer Superheld von der weit im All gelegenen Welt Rimbor in der Comic-Serie → »Legion der Superhelden«. Ultraboy besitzt Superkraft, -tempo, -blick und natürlich Unverwundbarkeit.

Umfrage

Bei ihrer Frage des Monats wollte die Zeitschrift »Welt der Wunder« von ihren Lesern wissen: »Glauben Sie an andere intelligente Lebensformen außerhalb unseres Planeten?« Die Antwort: 95 % sagen »ja!«, 5 % sagen »nein!« Der Leser Mathias Schäfer aus Fulda meint zu dieser Umfrage: »Zu glauben, daß wir die einzigen intelligenten Lebewesen im All sind, ist Schwachsinn. Es kann nicht sein, daß alle Planeten außer der Erde unbewohnt sind.« Der Nein-Sager Kamil Czarkowski

Welt der Wunder: Irgendwo da draußen ...

aus Tübingen hingegen schreibt an die gleiche Zeitschrift: »Wir haben kein einziges Signal aus der Ferne empfangen, dies läßt mich schlußfolgern, daß kein anderes intelligentes Leben außer uns existiert.«

Undina
Kosmische Gegnerin von → »Flash Gordon« in der gleichnamigen Comic-Serie

Unheimliche Begegnung in der Tiefe
Als eine Millionärstochter mit ihrem Bräutigam im Bermuda-Dreieck verschwindet, finanziert ihr Vater eine von einem Meeresforscher geleitete Suchexpedition, die in einer unterseeischen Grotte auf zahlreiche vermißte Menschen und Außerirdische stößt. Letztere scheinen jedoch friedlich zu sein und wollen offenbar nichts anderes, als ihre Gäste mit auf eine Sternenreise nehmen. Der 1978 in einer italienisch-spanischen Co-Produktion von Regisseur Tonino Ricci gedrehte Film ist in der BRD nur auf Video zu sehen.

Unreal
3D-Computerspiel aus dem Hause GT Interactive (1997), in dem ein Gefangenentransporter auf einem fremden Planeten kentert und nur einen überleben läßt, den Spieler, der sich alleine durch die trügerisch idyllische Welt schlägt. Denn überall lauern brutale Aggressoren, die die friedfertigen und übersinnlich begabten Planetenbewohner versklavt haben.

Unternehmen Schwerkraft
Roman (dt.: München 1968) von → Hal Clement, in dem irdische Forscher auf die → Meskliner treffen.

Urras
Bewohner des gleichnamigen Planeten in dem Roman → »Planet der Habenichtse« von → Ursula K. Le Guin

Urschleim
Ekeliger Alien-Glibber in dem Film → »Monster aus dem All«

V

V – Die außerirdischen Besucher

Amerikanische Mini-Serie mit zwei Staffeln (1983-1985). Entwickelt von Kenneth Johnson. Hier sind die Außerirdischen fiese, grüne Echsen von einem Planeten weit hinter Sirius, ausnahmsweise mal, so scheint's, keine geheimen Invasoren. Im Gegenteil, sie kommen als Besucher und werden zunächst als solche empfangen. Die Echsen tarnen sich fortan als Mensch (weil ihr wahres Gesicht auf Dauer doch ein wenig unzumutbar wäre), werden in die Gesellschaft integriert, doch sie spalten sich auch. Während es einerseits zu zwischenmenschlichen Beziehungen zwischen Mensch und Alien kommt, will der Oberste der Besucher, → Der Denker, die Macht an sich reißen. Im Untergrund betreiben sie ihre finsteren Machenschaften, entführen Wissenschaftler, die sie einer Gehirnwäsche unterziehen. Erst mit der Geburt des → Sternenkindes scheint Frieden einzukehren.

V2000

Außerirdische Invasoren schleusen in diesem Computergame (Grolier/Ubi Soft, 1997) mithilfe eines Meteoriteneinschlags einen Virus auf die Erde, der die Tiere dort zu gefräßigen Monstern mutieren läßt. Der Spieler hat nun die Aufgabe, Menschenleben zu retten (und nebenbei natürlich die ehemals friedlichen Schoßtierchen umzubringen).

Vampir

Offensichtlich entstammt die volksmythologische Mär vom Blutsauger dem außerirdischen Phänomen der → Bedroom Visitor. Laut → Johannes Fiebag und seinem Buch »Sternentore« (Berlin 1998) erscheint der Bedroom Visitor wie der Vampir in der Regel nachts. Er erreicht das Zimmer seines Opfers, so Fiebag, auf ungeklärte Weise. Während der Vampir sich als → Fledermaus nähert und seine Gestalt wieder in die eines Menschen zurückverwandelt, kommt der außerirdische Bedroom-Visitor mit einem Ufo und dringt in menschenähnlicher Form (oder als häufig beobachtetes Phänomen der → Greys) – durch Wände oder geschlossene Türen hindurch – in den Raum ein. Wie die Opfer der Vampire finden auch die Opfer des Besucherphänomens am »Morgen danach« häufig körperliche Male der ungebetenen Gäste. Doppelpunktnarben (die identisch sein dürften mit den »Bißwunden« des Vampirmythos), Narben, Piktogramm-ähnliche Markierungen zeigen am deutlichsten die körperlich-biologische Seite des Phänomens. Interessant erscheint auch die Reaktion der Betroffenen auf das Erscheinen der Gestalten: Der vom Vampir heimgesuchte Schläfer in mittelalterlichen Geschichten habe, so Fiebag, im Moment des Erwachens Todesangst, wolle schreien und könne sich nicht bewegen. Diese Angst schwinde allerdings, sobald der Vampir seinen Mantel über ihn breitet. Nicht anders der extraterrestrische Bedroom-Visitor: Erwacht der Betroffene und wird sich der Anwesenheit des Fremdlings bewußt, gerät er fast sofort wieder unter dessen mentale Kontrolle – durch eine Handbewegung, Augenkontakt oder in keiner Weise wahrnehmbaren Reaktion. Geht man von jahrhundertelangen Kontakten Außerirdischer mit den Menschen aus, sei so das Entstehen des Vampir-Mythos im Mittelalter zu erklären. Auch die frappierende Ähnlichkeit der bleichhäutigen, hohlwangigen → Greys und den in der Volksmythologie ähnlich dargestellten Vampiren mag diese These untermauern.

Vampir aus dem Weltall

Titel eines japanischen Films (1968) von Regisseur Hajime Sato, in dem der Alien → Goké nach einem Zusammenprall mit einem Flugzeug mit seinem Raumschiff auf die Erde abstürzt. In dem beschädigten Flugzeug saß ein Mörder, der nach der Bruchlandung flüchten kann. Goké, der sich wie ein Vampir von Blut ernährt, geht in den Körper des Mörders und fällt hungrig über die Flugzeugpassagiere her. Durch den Flugzeugkapitän wird der Mörder ausgeschaltet. Gokè kann aber aus dem getöteten Körper rechtzeitig entfliehen. Jetzt nimmt er den Körper eines Weltraumbiologen als Hülle. Nachdem der Flugzeugpilot und eine Stewardess zur abgelegenen Landstraße fliehen können, müssen sie Entsetzliches erkennen: Es gibt nur noch wenige Menschen auf der Erde. Es scheinen von Gokès Heimatplaneten noch viel mehr blutdürstige Aliens auf dem blauen Planeten gelandet zu sein.

Vampirella

Comic-Girl vom Planeten Drakulon in dem gleichnamigen Comic (1970 ff) von Archie Goodwin, Tom Sutton und José Gonzales. Auf dem Planeten Drakulon ist Blut so wichtig wie auf der Erde das Wasser. Leider trocknet Drakulon aus und die schöne Vampirella, die dort lebt, muß zur Erde flüchten, um an ihr lebensnotwendiges Blut zu kommen. Irgendwann gelingt es den irdischen Wissenschaftlern, für die spärlich bekleidete Vampirella einen Blutersatz zu entwickeln. Daraufhin wird Vampirella ein relativ verträgliches Wesen.

Vance, Jack
Amerikanischer SF- und Krimi-Schrifsteller, geboren 1916. Der Hugo- und Nebula-Preisträger Jack Vance wird von den Kritikern als Meister der Fantasy bezeichnet. Sein → »Tschai-Zyklus« ist ein farbenprächtiges und exotisches SF-Abenteuer, in dem eine Reihe von fremden Rassen über die Menschen auf dem Planeten → Tschai herrscht. Überhaupt hat es Vance mit exotischen Themen und absonderlichen Geschöpfen. In → »König der Wasserwelt« lebt beispielsweise ein gewaltiger Fisch als Herrscher über Mensch und Tier. Weitere Werke: »Die sterbende Erde«, München 1978; »Maske: Thaery«, München 1980.

Vartox
Superheld aus einer anderen, fernen Welt in den Weiten der Galaxie. Einer der vielen Gegenspieler von → Superman.

Vegetanier
Langzahnige, vegetarische Wesen auf dem Planeten Vegetanien, der in dem Computerspiel → »Cosmo« von den → Fressonen seiner grünen Ressourcen wird. Die Vegetanier sind auf einem derart strikten Öko-Trip, daß selbst ihre Raumschiffe wie Möhren aussehen und die Häuser einem Blumenkohl gleichen.

Venus
Zweiter der inneren Planeten unseres Sonnensystems. Der Planet ist von einer geschlossenen, undurchdringlichen Wolkenhülle umgeben, die die Spekulationen von darunter lebenden Außerirdischen, den → Venusianern, nährten. Nach den neuen wissenschaftlichen Erkenntnissen durch die amerikanische Raumsonde Pioneer (1978, Radarsondierung der Venusoberfläche) und die russische Raumsonde Venera (1982, Farbbilder von der Oberfläche und Analysen des Venusbodens) wurden diese Spekulationen weitestgehend entkräftet. Der vorherrschende Treibhauseffekt mit einer Temperatur von über 400 Grad Celsius macht Leben auf der Venus unmöglich.

Jack Vance: Farbenprächtiges und exotisches SF-Abenteuer

Venusianer
Außerirdische Geschöpfe auf dem Planeten → Venus. Laut → George Adamski, einem der Väter der Ufo-Bewegung, sind die Venusianer 1,65 Meter groß, hausen in den Tropen ihres Heimatplaneten, werden tausend Jahre alt und arbeiten zwei Stunden täglich, weil alles automatisiert ist. Selbst Milchkühe gebe es auf der Venus.

Venusier
Humanoide Wesen in dem Film → »Raumschiff Venus antwortet nicht«

Venus-Zyklus
Vierbändig, (dt.: München 1970 ff), von → E.R. Burroughs, in dem der Autor die Abenteuer des Amerikaners Carson Napier nach seinem Absturz auf der Venus schildert. Napier schlägt sich durch Dschungelwelten und Venus-Metropolen, trifft dabei auf die Bösewichter der → Voo Klangan, Vogelmenschen vom Mars. Zur Seite stehen ihm im Kampf gegen diese Bösewichter die Bewohner der Venus, die humanoiden → Vepajer, vor allem die aufreizende → Duare, die Tochter des Vepajer-Königs Jong Tyros.

Vepajer
Menschenähnliche, junge, im Besitz des Unsterblichkeitsserums stehende, »gute« Rasse der Venus im → »Venus-Zyklus« von E.R. Burroughs. Sie stehen dem Helden, dem mit seinem Raumschiff gestrandeten Amerikaner Carson Napier, im Kampf gegen die Bösewichter der → Voo Klangan hilfreich zur Seite.

Verschwörungstheorien
Angesichts der Vielzahl von → Ufo-Sichtungen weltweit verwundert es, daß es bis heute nur Hinweise, aber keine Beweise für Ufos gibt. Für die Anhänger der diversen Verschwörungstheorien dagegen ist das kein Problem: natürlich haben CIA, FBI, → MIB usw. längst Beweise, aber sie enthalten sie dem Volk gezielt vor. Auf dieser Annahme beruhen die meisten Verschwörungstheorien, die jedoch selbst in Ufologen-Kreisen umstritten sind. Viele dieser Theorien sind sehr detailliert ausgearbeitet. So wird des öfteren → Area 51 erwähnt, wo angeblich die Überreste des Ufos lagern sollen, das bei (Roswell abgestürzt ist – nebst vier Leichen von Astronauten. Diese Legende hat es sogar in den Film → »Independence Day« geschafft. Auch in der Serie → »Akte X« wird ein aus dem Meer geborgenes Ufo in einem solchen Bunker versteckt. Mit ihm kam eine Art schwarzer, lebender Teer, der in die Menschen

kriecht. Doch es gibt sogar noch eine weitere Steigerung dieser recht paranoiden Hypothese: Fox Mulder ist der Ansicht, daß die Außerirdischen nichts anderes als Angestellte der Regierung in Verkleidung sind.

40000 in Gehenna

Vesta

Ist ein Planet, der den Menschen in dem Roman → »Die Stimme des Wirbelwindes« als Kontaktort mit Aliens dient.

40.000 in Gehenna

Roman (dt.: München 1986) von → C.J. Cherryh, in dem 40.000 Männer, Frauen und Kinder von der Erde auf einen kaum erforschten, erdähnlichen Planeten verfrachtet werden. Leider ist das Vorhaben illegal, es passiert einzig aus dem Grund, vollendete Tatsachen zu schaffen und Territorialansprüche zu ergaunern. Als wäre das nicht schon schlimm genug, denken die Gauner gar nicht daran, die Siedler zu unterstützen. Die Kolonisten sind also verzweifelt, erst recht, als der dringend benötigte Nachschub ausbleibt. Die einheimische Fauna, echsenähnliche Wesen mit unterirdischer Lebensweise, ursprünglich als harmlos eingestuft, erweisen sich als halbintelligent, äußerst schwierig und zunehmend aggressiv, wen wundert's? Bald zerfällt die Kolonie in zwei Lager: Das eine verharrt in einer Art Brückenkopf-Mentalität, igelt sich ein und hofft weiter auf Hilfe von draußen, das andere versucht mit der einheimischen Ökologie zurechtkommen und sich anzupassen; doch diese Anpassung bedeutet, auf einen Teil des Menschseins zu verzichten.

Vimps

Lama-Tierchen, die dem Giganten → Kabuto in dem Action-Spiel → »Giants – Citizen Kabuto« für den kleinen Hunger zwischendurch dienen.

Visitors

→ Die Besucher

Visitors – Besucher aus einer anderen Welt

Film (USA 1995) von Jeremy Paul Kagan, der weitestgehend auf den angeblichen Ereignissen der → Roswell-Legende basiert. In dem Film entdeckt der Geheimdienstmann Jesse Marcel Ende der Vierziger in New Mexiko/USA die Teile eines Ufo-Wracks. An einem nahegelegenen Ort werden tote Aliens gefunden. Allerdings muß Marcel auf Befehl der Regierung über den Fund schweigen. Marcel soll die Ufo-Teile gegenüber der Öffentlichkeit als abgestürzten Wetterballon ausgeben.

ANIMORPHS
Manche Menschen ändern sich nie.
Andere schon sehr ...
DIE INVASION
K.A. Applegate
Ravensburger

Visser Drei

A. E. van Vogt

Visser Drei
Der widerliche Anführer der → Yirks in der Buchreihe → »Animorphs« von → Katherine Applegate

Vizar
Einer von vielen, extraterrestrischen Superhelden, die gemeinsam mit → He-Man in der gleichnamigen Comic-Serie gegen den Bösewicht → Skeletor auf dem Planeten → Eternia kämpfen. Vizar besitzt wie die meisten Supermänner menschliche Züge, ist aber ein Meisterspion mit telepathischen Fähigkeiten.

Vogonen
Breitschultrige, echsenmäßige Gestalten, die als galaktisch-herbe Bauherren in der humoristischen SF-Klamotte »Per Anhalter durch die Galaxis« (dt.: München 1999) von → Douglas Adams eine Hyperraumexpressroute, eine Art Highway im Weltraum, planen und dafür die Erde sprengen wollen.

Vogt, A(lfred) E(lton) van
Amerikanischer Schriftsteller, geboren 1912. A.E. van Vogt gehört zu den umstrittenen Autoren der SF. Seine Vorliebe für Supermänner und Superhelden, seine eingestandene Schwäche für Monarchien und andere undemokratische Gesellschaftsformen, sein ziemlich trivialer Stil und sein Unvermögen zu subtiler Charakterisierung von Personen haben ihn immer wieder in die Schußlinie der Kritik gebracht. Trotzdem hat er eine Reihe von vielzitierten und immer wieder neu aufgelegten Klassikern verfaßt, unter anderem → »Slan« oder → »Die Waffenschmiede von Isher«. Mit seinen krassen Schilderungen der Aliens hat Vogt nicht unwesentlichen Einfluß auf die Darstellung von Außerirdischen in Film und Fernsehen gehabt: So geht Horta, der Wächter, der in einer Folge der TV-Serie → »Star Trek« auftaucht, eindeutig auf Vogt zurück; auch das mordende und in einer Höhle Eier brütende → Alien im gleichnamigen Kinofilm ist in Frühfassung bei Vogt zu entdecken. Weitere Werke: »Der erste Masianer«, Rastatt 1972; »Der große Galaktiker«, Rastatt 1973.

Vol
Space-Cop in dem Film → »Die Augen des Satans«. Vol schaut aus wie ein Gehirn mit Augen.

William Voltz

Voltz, Willi(am)
Deutscher SF-Autor, geboren 1938, gestorben 1984. Voltz veröffentlichte bereits im Alter von 20 Jahren seine ersten SF-Roman mit dem Titel »Sternenkämpfer«. Seine Kurzgeschichten brachten ihm zu dieser Zeit viele Preise ein. 1962 stieß er zum → Perry Rhodan-Autorenteam, in dem er bald eine tonangebende Rolle spielte. Ab 1975 fungierte er als alleiniger Exposéautor, gestaltete und koordinierte auch die Schwesterserie → »Atlan«. Seine serienunabhängigen Romane und Stories werden nach und nach in der Moewig-Reihe »Science Fiction Klassiker« in Neuauflage und einheitlicher Gestaltung erscheinen. Als eines seiner besten Werke gilt → »Hotel Galactic«.

Vom anderen Stern
Deutscher Fernsehfilm aus dem Jahr 1982 von Regisseurin Petra Haffter. Lilly holt sich aus der Tierhandlung einen Raben. Dieser verwandelt sein Frauchen nach und nach in eine Künstlerin. Lillys Freund Hermann ist eifersüchtig auf den Raben, der in Wirklichkeit ein begabtes Wesen von einem anderen Planeten ist. Der Rabe kann Brücken zusammenkrachen lassen und Erdbeben auslösen.

Von Außer-Irdischen entführt
→ Das Sphinx-Syndrom

Vonnegut, Kurt
Amerikanischer Autor, geboren 1922. Verfasser zahlreicher schwarzer und surrealistischer SF-Komödien. Schöpfer der verschrobenen → Trafalmadorianern in »Die Sirenen der Titanen«. Weitere Werke: »Das höllische System«, München 1964; »Slapstick«, München 1977.

Voo Klangan
Geflügelte Menschen vom Mars im → »Venus-Zyklus« von → E.R. Burroughs. Voo Klanganen sind die grausigen Handlanger der → Thoristen.

Vorgs
Humanoide Vorfahren der → Triganer in der Comic → »Die grüne Gefahr«. Eine seltsame Pflanze verwandelte die Vorgs in → Dryak.

Vorta
Anführer der Menschmaschinen → Jem Hadar, die als perfekte Waffe der → Dominion gegen die → Föderation in der TV-Serie → »Deep

Space Nine« eingesetzt werden und so eine Art Gemeindienst der Gründer bilden. Die Vorta stellen die Intelligenz der dominionischen Streitkräfte und haben Ohren, die noch spitzer als die der → Vulkanier sind. Ansonsten humanoid.

Voyager (Raumschiff)

Das neue, noch in der Erprobung befindliche Raumschiff Voyager wird während eines Einsatzes gegen den Marquee durch eine unbekannte Kraft um ca. 70.000 Lichtjahre auf die andere Seite der Galaxis in den Delta-Quadranten versetzt. Von dort aus muß es die Heimreise antreten, die ca. 75 Jahre dauern wird. Oberbefehl hat erstmals in einer → Star-Trek-Serie eine Frau: Captain Kathryn Janeway (gespielt von Kate Mulgrew), die sich oftmals sehr energisch durchzusetzen weiß. An Bord der Voyager befinden sich etliche Außerirdische, darunter der → Vulkanier → Tuvok, der → Talaxianer → Neelix, die → Ocampa → Kes sowie die → Klingonin → B'elanna Torres. Später stößt noch die → Borg → Seven of Nine dazu.

Voyager (Film)

Die Serie → »Star Trek: Voyager« hebt sich vor allem durch zwei Tatsachen von den normalen Serien des Star Trek-Universums ab. Zum einen ist die Voyager weitestgehend auf sich gestellt und kann – im Gegensatz zur → Enterprise – nicht dauernd auf die geballten Ressourcen der → Föderation zurückgreifen. Dies gibt der Serie einiges an Spannung. Zum anderen betritt die Voyager bei ihrem Flug wirkliches Neuland, ganz getreu der alten Star-Trek-Devise »To boldly go where no one has gone before«, während die Enterprise sich meistens im föderationsnahen Raum bewegt, wo eben vor ihr schon andere Raumschiffe gewesen sind.

Vs

Galaktische Bösewichter in dem Roman »Die Veränderlichen« von → A.E. van Vogt. Das Gefährliche an den Vs ist ihre Fähigkeit zum Verwandeln, denn so können sie die Gestalt jedes beliebigen Wesens annehmen.

Vulkanier

Die Vulkanier, deren Heimatplanet Vulkan heißt, sind ein humanoides Volk aus dem → Star-Trek-Universum. Sie unterscheiden sich vom Menschen vor allem durch das hohe Gesicht und die spitzen Ohren. Die Vulkanier hatten in ihrer Geschichte einige sehr heftige, emotional geführte Kriege. Um diese zu vermeiden, beschlossen sie vor ein paar hundert Jahren, ihr gesamtes Leben an Vernunft und Logik auszurichten und Emotionen durch spezielle Meditationstechniken zu unterdrücken. Das ist ihnen nahezu perfekt gelungen. Daher erscheinen Vulkanier einem Außenstehenden oft kaltherzig und berechnend. Ihre Beherrschung verlieren die Vulkanier nur alle sieben Jahre, wenn sie in das »Pon Farr«, die vulkanische Brunftzeit, kommen. Dann verhalten sie sich hochgradig irrational.

Meistens werden sie dann in vorher arrangierten Ehen mit einem Sexualpartner zusammengebracht, der ebenfalls zur gleichen Zeit sein/ihr Pon Farr hat. Berühmt wurde der vulkanische Gruß »Live Long and Prosper« (deutsch etwa: »Friede und ein langes Leben«), bei dem der Zeige- und Mittelfinger sowie der Ring- und der kleine Finger zusammengepreßt werden, so daß eine Art »V« entsteht. Zusammen mit der Erde ist der Planet Vulkan Gründungsmitglied der → Föderation. Über die vulkanische Gesellschaftsordnung ist nur wenig bekannt. Die Vulkanier waren die ersten Außerirdischen, die 2061 auf die Menschheit trafen. Dies wird ausführlich in »Star Trek VIII: Der erste Kontakt« erzählt.

Der wohl bekannteste Vulkanier dürfte → Mr. Spock sein. Alleine wegen ihm wurden weltweit schon etliche künstliche Plastikohren verkauft. Mr. Spock machte auch den vulkanischen Schultergriff bekannt, bei dem gezielt ein Nerv eingeklemmt und somit der Gegner außer Gefecht gesetzt wird. Außer ihm treten in der Serie → »Voyager« zwei Vulkanier auf: der Sicherheitsoffizier → Tuvok und ein Techniker, der die → Klingonin → B'elanna Torres während seines Pon Farr in arge Bedrängnis bringt.

Vultan

Falkenmenschen auf dem Planeten → Mongo, die dem irdischen Superhelden → Flash Gordon in der gleichnamigen Comic-Serie gegen den Diktator → Ming beistehen.

W

Wächter
Große, humanoide Wesen, die von Ufos entführten Menschen als unscheinbare Gestalten im Hintergrund wahrgenommen wurden. Tragen humanoide Züge und scheinen den → Nordics nicht unähnlich zu sein.

Wachters
Auch → Wächter

Waldläufer
Eulenäugige, intelligente Wesen im populären → »Darkover-Zyklus« von → Marion Zimmer Bradley. Die Waldläufer sehen am besten und leben hauptsächlich bei Mondlicht in einer sich weiträumig ausbreitenden Siedlung auf den Ästen enormer Bäume.

Walter
Humanoider Besucher aus dem All in dem Film → »Cocoon«

Wankh
Außerirdische Rasse im → »Tschai-Zyklus« von → Jack Vance

Wannamingos
Rücksichtslose Alien-Brut in dem populären Action-Game → »Fallout«. Die Kreaturen sind gar nicht so einfach kaputtzukriegen.

Watertown
→ Area 51

Watson, Ian
Britischer SF-Autor, geboren 1943. Watson stieg innerhalb kürzester Zeit in die Spitzenriege der internationalen SF auf. Mit seinem Roman

Weapon Zero: Comic-Serie aus dem Splitter-Verlag

→ »Die Fliegen der Erinnerung« schuf er ein bizarres Szenario aus Realität und Nebenrealität. Weitere Werke: »Der programmierte Wal«, München 1977; »Kind des Chaos«, München 1998.

Wayne, Jeff

Musical Director. Er schuf 1979 ein stimmungsvolles Musical zum Alien-Schocker → »Krieg der Welten« von → H.G. Wells. Die Rockoper gehört zu den gelungensten Literaturadaptionen der Popmusik und hat bis heute nichts von ihrer Faszination verloren, kam aber auch nie zur Aufführung. 1998 komponierte Wayne einen modernen Soundtrack zum PC-Spiel, das im gleichen Jahr aus Anlaß des 100. Geburtstags von »Krieg der Welten« veröffentlicht wurde.

Wazzo, Tiny

auch → Phantom-Girl

Weapon Zero

Comic-Serie aus dem Splitter-Verlag (1999). Das Team Weapon Zero (WZ) muß des öfteren gegen alle möglichen und unmöglichen Aliens antreten. Weapon Zero gehören zu den neuen Comic-Helden (→ Spawn, → Lobo) der Neunziger, die auf Hochglanz und mit einem superdynamischen, meist düsteren Illustrations-Stil die Comic-Regale erobern. Die WZ-Fans nennen sich Zeronauten. WZ-Schöpfer Walter Simonson hat sich vorher mit der Comic-Serie »Thor« Ruhm eingehandelt.

Weapons-Tronic

Ein galaktischer Robotkämpfer, der → He-Man in der gleichnamigen Comic-Reihe im Kampf gegen die Mächte der Finsternis unterstützt.

Weinbaum, Stanley G(rauman)

Amerikanischer SF-Autor, geboren 1902, gestorben 1935. Weinbaum erlebte mit dem Debütroman → »Mars-Odysee« (dt.: München 1970) einen fulminanten Erfolg. Der Roman gilt noch heute als einer der besten des Genres, nicht zuletzt aufgrund des intelligenten Marsianers → Tweel.

Weiunnach

Heimatplanet der → Cian, einer humanoiden Rasse in dem Roman → »Fremde« von → Gardner R. Dozois.

Welten wie Sand: Außerirdischer Sex als Verkaufshilfe

Wells, H(erbert).G(eorge).
Amerikanischer SF-Autor, geboren 1866, gestorben 1946. Autor des vielzitierten → »Krieg der Welten«. Wells gilt mit seinen Büchern als Klassiker und Vorläufer des Genres. Weitere Werke: »Die Zeitmaschine«, Minden 1902; »Dr. Moreaus Insel«, Minden 1908.

Welten wie Sand
Roman (dt.: München 1980) von → Philip José Farmer, in dem → Robert Wolff, ein Angehöriger der Rasse der → Lords, sogenannte Halbgötter, der sich gegen eine Intrige des eigenen Vaters erwehren muß. Die ihrer Hilfsmittel beraubten Halbgötter sehen sich gezwungen, inmitten der kriegerischen Männer auf den Fliegenden Inseln ums nackte Überleben zu kämpfen... »Welten wie Sand« ist der zweite Roman aus der brühmnten Fantasy-Serie »The World of Tiers« des Hugo-Preisträgers Farmer.

Weltraumarchäologie
Die Wissenschaft von den außerirdischen Rätseln, die mit angeblichen Besuchen von Außerirdischen in der Vergangenheit in Zusammenhang stehen, auch → Prä-Astronautik oder → Paläoastronautik genannt.

Weltraumbestien
Japanischer Film, 1957 von Inoshiro Honda, in dem sich Außerirdische vom Planeten Mysteriot am Fuße des Fudschijamas in Japan niederlassen. Von dort aus wollen sie sich die Welt untertan machen. Dabei helfen ihnen ihre Kriegsroboter, die vernichtende Laserstrahlen auf ihr Opfer richten können. Die Aliens tragen Helme, die ihnen das Aussehen von Insekten geben. Weil ihr Heimatplanet durch H-Bomben zerstört ist und die Strahlung der H-Bomben auch ihre Erbmasse negativ beeinflußt hat, rauben sich die Aliens hübsche Japanerinnen, um wieder einwandfreien Nachwuchs zu erhalten.

Weltraumschiff MR-1 gibt keine Antwort
US-Film (1959) von Regisseur Ib Melchior, in dem auf dem Mars gefährliche Pflanzen und Lebewesen auf die irdischen Astronauten des Raumschiffes MR-1 warten. Menschenfressende Pflanzen und Spinnen in riesigen Ausmaßen raffen die Raumfahrer hin. Eine marsianische Qualle überwuchert sogar das gesamte Raumschiff. Ein superintelligentes Alien auf dem Mars läßt lediglich zwei Raumfahrer überleben, damit diese eine Botschaft zur Erde bringen können: »Menschen, bleibt dem Mars fern!«

Wemply

Reisender → Dreen, der mit seiner Phantasie die Erde geschaffen hat. Das war nicht seine beste Idee, denn in der Folgezeit ist von dort – natürlich – nur Ärger und Verdruß zu erwarten. Deshalb soll die Erde vernichtet werden, was – natürlich – auch scheitert.

White, James

Irischer Autor, geboren 1928. Viele seiner Romane spielen im ärztlichen Milieu, woraus unschwer ersichtlich ist, daß White gerne Arzt geworden wäre. Einer seiner bedeutenden Romane ist → »Der globale Eingriff«, in dem Aliens die Menschheit unterwandert haben. Weitere Werke: »Gefängnis im All«, München 1966; »Das zweite Leben«, München 1979.

Wibok

Bärtiger Alien in dem britischen Spielfilm → »Zebo, der Dritte«.

Wicket

Kauziger, kleiner Bär einfallsreichster und unternehmungslustigster Held in der gleichnamigen Comic-Serie → »Ewoks«

Wing Commander

Populäres Computergame (Origin), in dem eine irdische Streitmacht gegen allerlei Gefahren aus dem Weltraum anzutreten hat, unter anderem die → Kilrathi. Von dem Computerspiel kursieren inzwischen fünf Teile im internationalen Handel. Im aktuellen verbünden sich die Kilrathie sogar mit den Menschen, denn eine größere Gefahr (Tod und Verderben) droht von Insektenwesen und ihren organischen Raumschiffen.

Winterplanet

Roman (dt.: München 1974) von → Ursula K. Le Guin, in dem sie eindringlich den Planeten der → Estraven beschreibt, einen urzeitlich-eisigen Planeten. Die Zwitterwesen der Estraven müssen sich allmonatlich entscheiden, wie sie sich weiterentwickeln möchten: männlich oder weiblich.

Wir kommen wieder!

Erzählung von → R.A. Lafferty, in der zu Millionen die außerirdischen → Skandier die Einwanderungszentren der Erde überschwemmen. In jedem menschlichen Garten oder Hinterhof bauen sie in kurzer Zeit ihre Kneipen, Kaufhäuser, Museen, Theater, Kinos und Wohnungen. Sie richten eigene Verwaltungen und Regierungen ein. Die irdischen Waffen können gegen die Skandier absolut nichts ausrichten. Mit dem fröhlichen Gruß »Gute Vermehrung« verabschieden sie sich am Ende freiwillig von den Erdbewohnern und rufen der glücklichen Menschheit zu: »Wir kommen zurück! Wir werden euch dann lehren, damit ihr so glücklich sein könnt wie wir. Und nächstes Mal bringen wir unsere Kinder mit!« Alles, bloß nicht das, bitte!

Wisties
Gemeine Feuerwesen auf dem Planeten → Endor in der Comic-Serie → »Ewoks«

Woklinge
nennt man die jungen Fans der → Ewoks der gleichnamigen Comic-Serie.

Wolff, Robert
Extraterrestrischer Halbgott aus der Rasse der → Lords, der sich in dem Roman → »Welten wie Sand« gegen den eigenen Vater wehren muß, der ihn und andere Lords in eine Falle gelockt hat.

Wookies
Es gibt Lebewesen, mit denen sollte man sich nicht auf Spiele einlassen. Und es gibt Lebewesen, mit denen kann man ruhig eine Runde Karten spielen – aber man sollte sie um Gottes Willen gewinnen lassen! Zu letzteren gehören die Wookies, die in dem Kinoerfolg → »Star Wars« auftauchen. Die Wookies sind gut zwei Meter große affenähnliche Humanoiden mit dichter, langer Behaarung, die gerüchteweise in Baumhauskolonien auf einem Waldplaneten leben. Bekannt ist uns aber nur ein Wookie, → Chewbacca, der Freund und Kopilot des Schmugglers Han Solo, der ihm einst das Leben gerettet hat. Deswegen fühlt sich Chewbacca verpflichtet, Han Solo ein Leben lang zu schützen. Chewie, wie dieser ihn in Kurzform nennt, ist ein treuer Freund, der sehr schnell sehr aggressiv werden kann, wenn es Han Solo an den Kragen geht. Dann können ihn seine Freunde kaum bremsen. Zumal ihn die meisten nicht mal verstehen. Mehr als affenähnliche Brüller bringt Chewbacca nämlich nicht über die Lippen.

Worf

Erstmals in der Geschichte von → »Star Trek« wird in der Serie »Star Trek – Das nächste Jahrhundert« ein → Klingone, vormals erbitterter Feind der → Föderation, zur Hauptperson: Worf steigt zum Sicherheitschef auf. Das wird von anderen Klingonen mit Argwohn betrachtet und bringt ihn oft in Konflikte. (Den Klingonen mimt Michael Dorn.)

Wunderwarzenschwein

Ebensolches, fabulöses Superschwein vom Planeten → Grunzquieck in dem Comic »Rückkehr vom Planet der Schweine – Neues vom Wunderwarzenschwein« (Frankfurt 1993). Das fabulöse Wunderwarzenschwein ist eine zeichentechnische Erfindung des Satire-Comicers Gilbert Shelton. Zur Geschichte: Der Vater des Wunderwarzenschweins ist der große Oinkelfomp. Seine Mutter ist die Ober-Sau auf Grunzquieck und wird als die schönste Frau des Planeten verehrt. Nachdem Erdbebenforscher auf Grunzquieck feststellen, daß ihr Planet in die Luft fliegt, wird das kleine Wunderwarzenschwein in eine Rakete gesteckt, die den Planeten Grunzquieck verläßt. Nach einem langen, langen Flug kreuzt die Rakete die Umlaufbahn der Erde und landet in einem entlegenen Feld in Oberhessen. Dort wird das außerirdische Wunderwarzenschwein von einem Hinterwäldlerehepaar aufgezogen und macht schließlich als Starreporter einer großen Zeitung Furore. Später wird das Wunderwarzenschwein der Retter der Erde, als feindliche Schweine vom Uranus auf der Erde landen. Die Uranus-Schweine singen beim Anflug durch den Weltraum zur Erde fröhliche Weisen wie »Wir sind die Schweins-Soldaten, von Uranus, dem größten im All! Wer im Weg steht, wird gebraten und hört nicht mal den Knall! Unsre Flagge ist schwarz, gelb und rötlich, die schönsten Farben der Welt! Und wo sie weht, wird's tödlich. Unser Lohn sind Ehre und Geld! Erbarmungslos sind unsre Waffen, und nichts kann ihnen entgehen! Ob Menschengewürm oder Affen, sie werden im Feuer vergehen! Frohlockt, Erdlinge! Wir sind da, euch von der Umweltschützer-Pest zu befreien!«

Würmer

→ Mollusken

Wurmloch

Ein Wurmloch ist eine Art Loch im Raum-Zeit-Gefüge, durch das Materie quasi in Nullzeit von einem Loch ins andere fliegen kann. Ein genügend großes Wurmloch könnte auch ein Raumschiff befördern. Einige

Wunderwarzenschwein:
Fabulöses Superschwein vom Planeten Grunzquieck

Ufo-Forscher sind der Ansicht, daß Wurmlöcher um unseren Planeten herum von Fliegenden Untertassen benutzt werden, um schneller auf die Erde zu gelangen. Auch in → »Star Trek« tauchen mehrere Wurmlöcher auf. Eines dieser Wurmlöcher, nämlich jenes in der Serie → »Deep Space Nine«, erzeugt politische Probleme, weil es die einzige Verbindung der → Föderation zum → Dominion ist.

Wyndham, John

Britischer Autor, geboren 1903, gestorben 1969, der mit seinen Romanen einen erheblichen Einfluß auf die britische Science Fiction hatte und deshalb auch zu den bedeutendsten Vertretern der SF gehört. Mit dem Buch »Die Triffids« (dt.: München 1959) schuf er die Vorlage für den Film → »Blumen des Schreckens«. Sein Buch → »Es geschah am Tag X« war eine bitterböse Auseinandersetzung mit dem Kommunismus. Weitere Werke: »Die Reise zum Mars«, München 1973; »Das versteckte Volk«, München 1974).

X

Xanaia

Wundersamer Planet im dritten Band der Comic-Reihe »Hans«. Auf Xanaia leben absonderliche Mutanten, die → Schlammwesen, die jede Art von Gestalt annehmen können, sofern sie denn wollen und sich aus ihrem Flußbett erheben.

Xarbia

Heimatplanet eines menschenfressenden Genmonsters in dem Film → »Mutant – Das Grauen im All«

X-Com

Dem Strategiegenre verpflichtete SF-Game-Serie für den heimischen PC, in der es – wie in so vielen anderen – um die Vereitelung permanenter Alieninvasionen geht.

Xelee

Humanoide, außerirdische Wesen im vierbändigen »Xelee-Zyklus« von → Stephen Baxter. Aus dem millionen Jahre alten Geschlecht der Xelee wächst schließlich der Mensch hervor.

Xenologie

Studium von außerirdischen intelligenten Erscheinungen in Bezug zum Menschen.

Xenomorphe

Ektoplasmische Außerirdische, die jederzeit ihr Äußeres verändern können, in dem 3-D-Film → »Gefahr aus dem Weltall« (USA, 1953) von Jack Arnold.

Völlig überrascht muß der irdische Weltraumheld Nick bei einer Landung auf dem Mond feststellen, daß die Mondbasis von Marsmenschen erobert ist ...

Xt
Eigentlicher Name der → Predator in dem Comic → »Predator vs. Alien«. Der Begriff »Predator« ist den grauenhaften Geschöpfen von den Menschen gegeben worden.

Xutl
Marsianer in der Comic-Reihe »Nick, der Weltraumfahrer«, die der Verlag Lehring in den 50er Jahren in Deutschland publizierte. Völlig überrascht muß der irdische Weltraumheld Nick bei einer Landung auf dem Mond feststellen, daß die Mondbasis von Marsmenschen erobert ist. Xutl, der sich mit einer dünnen Plastikmaske vor seinem grünhäutigen Gesicht als Erdenmensch Professor Bentley ausgegeben hat, tritt in Erscheinung. Er ist der einzig Überlebende eines Atomkrieges, der alle Bewohner auf seinem Heimatplaneten ausgerottet hat, und damit in den 50er Jahren ein Politikum: Die Comic-Reihe galt als abschreckendes Beispiel der atomaren Aufrüstung. Die Comic-Reihe wurde jüngst neuaufgelegt im Hethke-Verlag, sie wurde von Hansrudi Wäscher getextet und gezeichnet.

Xyronier
In der TV-Serie → »Space Cops« illegal auf den Planeten → Altor eingeschleuste Aliens, die einen gefährlichen Virus unter die Bewohner verbreiten.

Y

Yermakov, Nicholas
Amerikanischer SF-Talent, geboren 1951. Yermakov gilt als einer der vielverspechendsten Nachwuchsautoren der amerikanischen Science Fiction. Der Motorradfan, dessen erste Sprache eigentlich Russisch ist, hat bislang sechs Science-Fiction-Romane veröffentlicht, die alle sehr gute Kritiken erhielten. Einer der ersten und erfolgreichsten war → »Symbiont«.

Ygam
Heimatplanet der → Draags in dem französischen Zeichentrickfilm → »Der phantastische Planet«

Yggdasil
Tyrannosaurusrex in dem Comic → »Die Legende von Yggdasil«, der von allerlei Wesen im All als Gott verehrt wird.

Yiek
Putziges Mondwesen in der Zeichentrickserie → »Captain Future«. Yiek schaut aus wie ein zu klein geratener Löwe. Sein Vorteil im Kampf für das Gute: zum Atmen benötigt er keinen Sauerstoff. Dafür ernährt sich Yiek von Erzen, am liebsten dem Metall Syntion, aus dem manche Amaturen des Raumschiffs Comet von Captain Future sind. Yiek verständigt sich per Telepathie mit anderen Tieren.

Yirks
Böse, schleimig-widerliche Eindringlinge aus dem Wellall in der erfolgreichen Jugendbuch-Serie → »Animorphs« von → Katherine Applegate. Die Yirks werden auch Controller genannt, weil sie immer und überall stecken und versuchen, Unheil anzurichten.

Yllana
Die proppere wie humanoide Amazonenkönigin Yllana, die ihr verunstaltetes Gesicht hinter einer Maske verbirgt, herrscht in dem US-Film → »In den Krallen der Venus« mit unnachgiebiger Hand auf ebenjenem Planeten.

Ymmus
Insektoider Troll vom gleichnamigen Planeten, der in dem Comic → »Die Aasgeier des Kosmos« auf Beutefang geht.

Yog
Außerirdische Entität in dem Film → »Monster des Grauens greifen an«

Yomi
Planet der Yomis, die in dem Film → »Der große Krieg der Planeten« die Raumstation der Erde angreifen.

Z

Zaghoner

Außerirdische Bösewichter in dem Kinofilm → »Metaluna IV antwortet nicht«, in dem sie den Planeten Metaluna vernichten.

Zak McKracken

Virtueller Held des Computerspiels »Zak McKracken and the Alien Mindbenders« (Lucasfilm Games, USA 1988), in dem der Held auf der Suche nach der Ursprung einer Dummheitsepidemie bald die Entdeckung macht, daß Außerirdische, genannt Ancients, dahinterstecken, um die Menschheit unter ihre Kontrolle zu bringen. Viele alte Kulturen auf der Erde sind Spuren ihrer Aktivitäten, z.B. Pyramiden, sogar das Marsgesicht. Das Spiel folgt, wenn auch ungewollt, ganz den Thesen der → Prä-Astronautik. Es gilt als einer der ersten Grafikadventure-Spiele überhaupt.

Zammis

Krötengesichtiges, schwangeres Wesen der → Drac in dem Film → »Enemy Mine«. Aus dem ärgsten Feind der Menschen entwickelt sich ein wahrer Freund, für den der Mensch am Ende sogar die Vaterrolle übernimmt.

Zaphod Beeblebrox

Zweiköpfiger Weltraumbummler in der humoristischen SF-Roman-Reihe »Per Anhalter durch die Galaxis« von → Douglas Adams. Zaphod, durchtriebener Chaot, fliegt ein Raumschiff mit unglaublichem Unglaublichkeitsdrive.

Zebo, der Dritte

Alien in dem britischen Spielfilm »Zebo der Dritte, aus der Sternenmitte« (Großbritannien 1988) von Julien Temple. Ein kitschig anzuscehendes Raumschiff landet am Swimming-Pool von Valerie in San Fernando. Ein bunt- und langhaariges Alien-Trio hat sich von den hübschen Erdenfrauen anlocken lassen. Wie es das Glück so will, werden Mac, Zebo und Wibok erst einmal von netten Mädels rasiert. Jetzt ist bei den glatthäutigen Aliens Nightlife angesagt, und die irdische Damenwelt drängelt sich um die Exoten aus dem All. Jeff Goldblum spielt den Alien Mac, Jim Curry spielt den Alien Wibok und Damon Wayans spielt den Alien Zebo.

Zeherian
Insektoid auf einem fernen Planeten in dem Comic → »Die Aasgeier des Kosmos«. Die Anführerin dieser Aasgeier-Truppe nennt Zeherian auch Zuckerstange.

Zeit des Grauens
In diesem amerikanischen TV-Zweiteiler (1988) von Regisseur Frank Lupo bilden der knallharte US-Polizist Breslin und die auf der Erde gestrandete humanoide Außerirdische Ta'ra, die zuvor als medizinischer Offizier auf einem Gefängnisraumschiff Dienst geschoben hat, ein Team, um einen brutalen und gefährlichen Fremdling zu vernichten, der sich in menschliche Körper einnisten kann.

Zerg
Insektenartige, schleimige Aliens, deren Ähnlichkeit zum filmischen Vorbild → »Alien« nicht zu übersehen ist. Zergs treten im Strategie-PC-Spiel → »StarCraft« auf. Der Spieler kann in die Haut der Zergs schlüpfen und als solche eine wendungsreiche und spannende Geschichte erleben.

Ziggy Stardust
Der ausgeflippte Außerirdische Ziggy Stardust ist eine Figur des Glamrockers und Superstars → David Bowie, die dieser in den Siebziger Jahren kreierte und bei mehreren Tourneen auf der Bühne verkörperte. Ziggys Lebensgeschichte wird erzählt auf der LP »Ziggy Stardust and the Spiders from Mars« 1972.

Zoar
Auch → Sorceress

Zor-El, Kara
Richtiger Name von → Supergirl

Zor-El
Vater von → Kara Zor-El

Zorg
→ Flash Fearless

Zuho
Kugelartiges, insektoides Wesen, auch »Zuho der Gurk« genannt, in dem Comic → »Die Aasgeier des Kosmos«.

2001 – Odyssee im Weltraum (Film)
Amerikanischer Kultfilm aus dem Jahr 1967, der das SF-Genre auf Jahre hinaus prägte. Regie führte → Stanley Kubrick, das Buch zum Film stammt von → Arthur C. Clarke. Unvergessen ist die Einstellung direkt zu Beginn des Films, in der ein schwarzer, kristalliner Monolith von einer Rasse unbekannter Herkunft auf die Erde gesandt wird, der die Intelligenz der Menschheit fördern soll, damit sie schneller aus der Steinzeit in das Raumfahrtzeitalter gelangt. Diese »Intelligenz-Förderer« waren von Nöten, damit die hochintelligenten Aliens vom Jupiter möglichst bald mit uns Menschen in Kontakt treten können. Manche Film-Fans behaupten sogar, der Monolith selbst stelle die schlaue, außerirdische Rasse dar.

2001 – Odyssee im Weltraum (Literatur)
Roman (Düsseldorf 1969) von → Arthur C. Clarke, der in vielen Punkten die Vorlage zum Film liefert. In einigen Bereichen folgt das Drehbuch jedoch nicht der literarischen Vorlage: So kommen die Wesen im Buch nicht wie im Film vom Jupiter, sondern vom Saturn.

2010 – Das Jahr, in dem wir Kontakt aufnehmen
Film (USA 1984) von Regisseur Peter Hyams nach dem gleichnamigen Roman (dt.: München 1985) von → Arthur C. Clarke, in dem auf dem Jupitermond Europa Aliens leben, die den Göttern der Griechen verblüffend ähneln. Nachdem Astronauten den Jupitermond erforschen wollen, sehen die »Götter« Ungemach im Anmarsch. Sie raten den Menschen, sich schleunigst zu verduften und geben der Erde, die in einen alles vernichtenden, atomaren 3. Weltkrieg taumelt, eine letzte Chance zum Überleben.

21st Century Boy

Song der britischen SF-Popper → Sigue Sigue Sputnik, die 1986 mit dem gleichnamigen Album den Aliens »all around the world« ihre Lieder widmeten.

Zwerge

Auch Dwarfs genannt. Mehrfach gesichtete Aliens, die sich von den → Greys durch ihre kleine Gestalt, eine runzelige Haut und lange Bärte unterscheiden. Für die Alien-Forschung, sich auf die Thesen der → Prä-Astronautik berufend, haben Zeugenaussagen von Menschen des 20. Jahrhunderts, die über Begegnungen mit Ufo-Besatzungen berichten, große Ähnlichkeit mit überlieferten Zeichnungen von Zwergen vergangener Jahrhunderte.

Zylonen

Böse, roboterhafte Aliens, die arg an George Lucas' → »Star Wars« und die dort agierende Figur des → Darth Vader erinnern. Aufgepaßt: Die Blechkisten der Zylonen machen es den Menschen in der amerikanischen TV-Serie → »Kampfstern Galactica« schwer.

Zylonen

Unfaire, grüne Wesen in der Comic-Reihe → »Starraiders«, die alles Wissen im Universum in sich bündeln wollen und deshalb jede Rasse, die ihnen unter die Fittiche kommt, einverleiben.

Zylyn

Angehöriger der → Grakka in der Fernsehserie → »Space Rangers«. Zylyn ist im Grunde ein humanoides Wesen, das sich, wenn überhaupt, von der menschlichen Rasse durch seinen Irokesenhaarschnitt abhebt, der – ein Unding für jeden anständigen Coiffeur – weit bis auf den Rücken hinabwallt.

Bibliographie

Alien-Literatur: Romane

Adams, Douglas: Per Anhalter durch die Galaxis, München 1999
Adamski, George: Fliegende Untertassen sind gelandet, 1954
Anthony, Piers: Chton oder der Planet der Verdammten, Düsseldorf 1971
Anthony, Piers: Kirlian Querst, München 1978
Applegate, Katherine: Animorphs, Ravensburg 1998 ff
Bates, Harry: Abschied vom Herrn, Köln 1982
Baxter, Stephen: Das Floß, München 1994
Baxter, Stephen: Flux, München 1998
Baxter, Stephen: Ring, München 1996
Baxter, Stephen: Zeitschiffe, München 1995
Bergerac, Cyrano de: Mondstaaten und Sonnenreiche, München 1986
Bigges, Lloyd: Das tödliche Licht, München 1982
Bigges, Lloyd: Invasion der Supermenschen, München 1961
Bigges, Lloyd: Planet des Lichts, Rastatt 1974
Bischoff, David: Star Fall, München 1986
Bradbury, Ray: Die Mars-Chroniken, Hamburg 1972
Bradley, Marion Zimmer: Die blutige Sonne, Rastatt 1967
Bradley, Marion Zimmer: Die Jäger des roten Mondes, Rastatt 1981
Bradley, Marion Zimmer: Die zerbrochene Kette, Rastatt 1985
Bradley, Marion Zimmer: Landung auf Darkover, Rastatt 1984
Brand, Kurt: Der Gral-Mutant, Köln 1959
Brown, Frederic: Der engelhafte Angelwurm, Zürich 1966
Brown, Frederic: Der Unheimliche aus dem All, München 1965
Brown, Frederic: Man of Distinction, 1951
Browns, Frederic: Die grünen Teufel vom Mars, Berlin 1959
Brunner, John: Das Geheimnis der Draconier, Bergisch-Gladbach 1975
Burroughs, E.R.: Venus
Camp, Lyon Sprague, de: Das Orakel der Fremden, München 1978
Campbell Jr, John W.: Der unglaubliche Planet, Düsseldorf 1952
Campbell Jr. John W.: Das Ding aus einer anderen Welt
Campell Jr., John W.: Das Ding aus einer anderen Welt, Berlin 1958
Cherry, C.J.: 40.000 in Gehenna, München 1986
Clark, Arthur C.: 2001: Odyssee im Weltraum, Düsseldorf 1969
Clark, Arthur C.: Die letzte Generation, Berlin 1960
Clark, Arthur C.: Nodus, München 1996
Clark, Arthur C.: Odyssee 2010: Das Jahr, in dem wir Kontakt aufnehmen, Bern 1985

Clark, Arthur C.: Um die Macht auf dem Mond, Berlin 1971
Clement, Hal: Symbiose, Balve 1960
Clement, Hal: Unternehmen Schwerkraft, München 1968
Crichton, Michael: Andromeda, München 1969
Crichton, Michael: Sphere, Reinbeck 1988
Dalton, Clark: Das ewige Gesetz, Rastatt 1957
Dalton, Clark: Planet Lerks III, Rastatt 1957
Derleth, August. The Return of Hastur. In: Weird Tales, New York 1939
Dickson, Gordon R.: Das Planeten-Duell, München 1978
Dickson, Gordon R.: Die Fremden, München 1973
Dickson, Gordon R.: Fremde vom Arcturus, Hannover 1957
Dickson, Gordon R.: Herren von Everon, Rastatt 1981
Disch, Thomas D.: Die Feuerteufel, München 1975
Dozois, Gardner, R.: Fremde, Rastatt 1978
Erler, Rainer: Die Delegation: Wien 1973
Ernsting, Walter: Das Geheimnis im Atlantik, Stuttgart 1976
Ernsting, Walter: Der Tag, an dem die Götter starben, München 1979
Evans, Christopher: Capellas goldene Augen, München 1989
Farmer, Philip, José: Die Liebenden, München 1978
Farmer, Phillip José: Mutter, 1959
Foster, Alan Dean: Alien. Das unheimliche Wesen aus einer fremden Welet, München 1979
Foster, Alan Dean: Dar Tar-Aiym-Krang, München 1979
Foster, Alan Dean: Das Imperium der T'ang Lang, München 1981
Foster, Alan Dean: Die denkenden Wälder, München 1990
Foster, Alan Dean: Die Eissegler von Tran-ky-ky, München 1978
Foster, Alan Dean: Die neuen Abenteuer des Luke Skywalker, München 1978
Foster, Alan Dean: Long Tunnel, München 1990
Foster, Dean A.: Stunde der Klesh, München 1979
Foster, Dean A.: Die Zan-Spieler, München 1977
Foster, Dean A.: Morgenrötes Krieger, München 1976
Frank, Alan: Galaktische Fremdwesen, Stuttgart 1980
Gard, Orson, Scott: Meistersänger, Bergisch-Gladbach
Godwin, Francis: Der Mann im Mond oder eine Abhandlung über eine Reise dorthin. Von Domingo Gonsales, dem schnellen Boten, Berlin 1963
Harness, Charles L., Rastatt, 1984
Harness, Charles, L.: Feuervogel
Harrison, Harry: Die Pest kam von den Sternen, Rastatt 1966
Harrison, Harry: Planeten-Story, 1980
Heinlein, Robert A.: Bewohner der Milchstraße, Berlin 1958
Heinlein, Robert A.: Bürgerin des Mars, München 1964

Heinlein, Robert A.: Das Ultimatum von den Sternen, Rastatt 1969
Heinlein, Robert A.: Ein Mann in einer fremden Welt, München 1970
Heinlein, Robert A.: Starship Troopers, Bergisch Gladbach 1979
Heinlein, Robert A.: Weltraummollusken erobern die Erde, Berlin 1957
Herbert, Frank: Der Gottkaiser des Wüstenplaneten, München 1982
Herbert, Frank: Der Herr des Wüstenplaneten, München 1978
Herbert, Frank: Der Wüstenplanet, München 1978
Herbert, Frank: Die Ketzer des Wüstenplaneten, München 1984
Herbert, Frank: Die Ordensburg des Wüstenplaneten, München 1985
Herbert, Frank: Mann zweier Welten, München 1989
Hohlbein, Wolfgang: Nach dem großen Feuer, Bergisch-Gladbach, 1998
Hohlbein, Wolfgang: Majestic – Die Saat des Todes, Köln 1999
Kasprzak, Andreas: Area 51, Berlin 1998
King, Stephen: Es, München 1986
King, Stephen: Langoliers, München 1990
King, Stephen: Tommyknockers, Hamburg 1988
Kolnberger, Anton. M: Auf unbekanntem Stern, Frankfurt 1948
Kotzwinkle, William: E.T. – Der Außerirdische, München 1982
Lafferty, R.A.: Wir kommen wieder!
Laßwitz, Kurd: Auf zwei Planeten, Leipzig 1897
Le Guin, Ursula K.: Die Gräber von Atuan, München 1979
Le Guin, Ursula K.: Ein Fisch des Binnenmeeres, Bellheim 1998
Le Guin, Ursula K.: Hainish, München 1978
Le Guin, Ursula K.: Planet der Habenichtse, München 1976
Le Guin, Ursula K.: Rocannos Welt, München 1977
Le Guin, Ursula K.: Winterplanet, München 1974
Lem, Stanislaw: Solaris, Düsseldorf 1981
Lovecraft, H.P.: Cthulhus Ruf, Frankfurt 1972
Lovecraft, H.P.: The haunter of the dark. In: Weird Tales, New York 1937
Mann, Phillip: Das Auge des Königs, München 1982
May, Julian: Der Widersacher, München 1987
Niven, Larry: Das Mars-Projekt, Bergisch-Gladbach 1991
Niven, Larry: Der Splitter im Auge Gottes, München 1977
Niven, Larry: Die fliegenden Zauberer, München 1976
Niven, Larry: Die Ringwelt-Ingenieure, Bergisch-Gladbach 1981
Niven, Larry: Fußball, München 1978
Niven, Larry: Kinder der Ringwelt, Bergisch-Gladbach 1988
Niven, Larry: Planet der Verlorenen, Bergisch-Gladbach 1971
Niven, Larry: Ringwelt, Bergisch-Gladbach 1972
Oliver, Chad: Brüder unter fremder Sonne, München 1964
Pangborn, Edgar: Der Beobachter, München 1978

Pohl, Frederik: Invasion vom Sirius, München 1976.
Randall, Martan: Die Flüchtlinge, München 1978
Sagan, Carl: Contact
Saint-Exupéry, Antoine de: Der kleine Prinz, Düsseldorf 1940
Simmons, Dan: Hyperion, München 1997
Simmons, Dan: Hyperions Fall, München 1999
Smith, E.E.: Galaktische Patrouille, München 1968
Smith, E.E.: Wächter des Mahlstroms, München 1977
Smith, E.E.: Das Erbe der Lens, München 1968
Smith, E.E.: Das zweite Imperium, München 1968
Smith, E.E.: Die Abenteuer der Skylark, München 1976
Smith, E.E.: Die ersten Lensmen, München 1968
Smith, E.E.: Die grauen Herrscher, München 1968
Smith, E.E.: Die Skylark und die Schlacht um Osnome, München 1976
Strieber, Whitley: Die Besucher, München 1988
Sturgeon, Theodore: Das Milliardengehirn, München 1965
Sturgeon, Theodore: Die lebenden Steine, München 1974
Tolstoi, Alexej N.: Aelita – Eine Mondreise
Trevis, Walter: Spion aus dem All, Frankfurt 1986
Tuschel, Karl-Heinz, A'hi-nur: Die Terrasse von A'hi-nur, Berlin Ost 1968
Vance, Jack: König der Wasserwelt, München 1967
Vogt, A.E. van: Die Waffenschmiede von Isher, München 1951
Vogt, A.E. van: Die Welt der Null-A, Balve 1958
Vogt, A.E.: Die Veränderlichen, München 1970
Voltz, William: Hotel Galactic, München 1969
Vonnegut, Kurt: Die Sirenen der Titanten, München 1979
Watson, Ian: Die Fliegen der Erinnerung, München, 1991
Weinbaum, Stanley: Mars-Odyssee, München 1970
Weiner, Ellis: Howard, München 1986
Wells, H.G.: Die ersten Menschen auf dem Mond, Minden 1900
Wells, H.G.: Krieg der Welten, Wien 1901
White, James: Der globale Eingriff
Wilder, Cherry: Brins Fünf
Williams, Walter Jon: Die Stimme des Wirbelwindes, München 1989
Wouk, Hermann: Das Land im Mond, München 1983
Wyndham, John: Die Triffids, München 1959
Wyndham, John: Es geschah am Tag X, München 1965
Yermakov, Nicholas: Symbiont, München 1981

Alien-Literatur: Sachbuch

Das Sphinx-Syndom – Von Außer-Irdischen entführt – Die Experimente der Aliens, Düsseldorf 1999

Allen, Tom: Wesen, die noch niemand sah, Bergisch-Gladbach 1966

Appel, Michael: Sie waren nie fort, Mainz 1982

Asimov, Isaac: Der Tausendjahresplan, München 1966

Asimov, Isaac: Die exakten Geheimnisse unserer Welt

Atkins, Thomas R.: Science Fiction Films, New York 1976

Beier, Hans Herbert: Konzeuge Ezechiel, München 1985

Bergier, Jaques: Vorstoß an die Grenzen des Möglichen, Stuttgart 1992

Berlitz, Charles: Das Atlantis-Rätsel, Wien 1976

Berlitz, Charles: Das Bermuda-Dreieck, Wien 1975

Berlitz, Charles: Unglaublich/Die Welt des Unbegreiflichen, München 1992

Blumrich, Josef F.: Da tat sich der Himmel auf, Düsseldorf 1973

Brauer, Reinhard: Kontakt mit den Sternen, Frankfurt 1978

Bürgin, Luc: Götterspuren, München 1993

Buttlar, Johannes von: Das UFO-Phänomen, München 1978

Buttlar, Johannes von: Die Außerirdischen von Roswell, Bergisch-Gladbach 1996

Buttlar, Johannes von: Leben auf dem Mars, München 1987

Buttlar, Johannes von: Sie kommen von fremden Sternen, München 1989

Camp, L. Sprague de: Versunkene Kontinente, München 1975

Clute, John: Die illustrierte Enzyklopädie, München 1996

Clute, John: The Enzyklopedy of Science Fiction, New York 1992

Däniken, Erich von: Erinnerungen an die Zukunft, Düsseldorf 1968

Däniken, Erich von: Erscheinungen, Düsseldorf 1974

Däniken, Erich von: Götterschock, München 1992

Däniken, Erich von: Kosmische Spuren, München 1988

Däniken, Erich von: Zurück zu den Sternen, Düsseldorf 1969

Däniken, Erich von: Der Jüngste Tag hat längst begonnen, München 1995

Donkin, Andrew: Akte Aliens, Wien 1999

Dopatka, Ulrich: Das Spiegelbild der Götter, Bonn 1975

Dopatka, Ulrich: Die große Erich-v.-Däniken-Enzyklopädie, Düsseldorf 1997

Dopatka, Ulrich: Sind wir allein?, Düsseldorf 1997

Dorschner, Johann: Die Suche nach außerirdischem Leben, Leipzig 1977

Dorschner, Johann: Sind wir allein im Weltall?, Berlin 1974

Farkas, Viktor: Jenseits des Vorstellbaren, Wien 1997

Farkas, Viktor: Wer beherrscht die Welt, Wien 1998

Fiebag, Johannes: Kontakt, München 1995

Fiebag, Johannes: Mars – Planet des Lebens, Düsseldorf 1996

Fiebag, Johannes: Sternentore, München 1966
Fiebag, Johannes: Von Aliens entführt, Düsseldorf 1997
Fiebag, Peter: Der Götterplan – Außerirdische Zeugnisse bei Maya und Hopi, München 1995
Good, Timothy: Sie sind da!, Frankfurt 1992
Habeck, Heinrich: UFO, 1998
Hahn, Ronald M./Alpers, Hans Joachim: Lexikon der SF-Literatur, München 1980
Hahn, Ronald M./Jansen, Volker: Lexikon des Science Fiction Films.
Hain, Walter: Wir, vom Mars, Köln 1978
Hasselblatt, Dieter: Die grünen Männer vom Mars, Düsseldorf 1974
Hellmann, Christian: Der Science-Fiction Film, München 1983
Jeschke, Wolfgang: Heyne Science Fiction Magazin, München 1981 ff
Langbein, Walter, Jörg: Astronautengötter, Luxemburg 1979
Langbein, Walter-Jörg: Das Ufo-Syndrom, München 1998
Manthey, Dirk: Die Science Fiction-Filme, Hamburg 1983
Moss, Robert: Der klassische Horror-Film, München 1982
Navia, Luis E.: Unsere Wiege steht im Kosmos, Düsseldorf 1997
Pinotti, Roberto: Besucher aus fremden Welten, Berlin 1998
Puccetti, Roland: Außerirdische Intelligenz, Düsseldorf 1970
Rétyi, Andreas von: Das Alien-Imperium, München 1995
Rétyi, Andreas von: Wir sind nicht allein, München 1994
Sagan, Carl: Unser Kosmos, München 1980
Schneider, Adolf: Besucher aus dem All, Freiburg 1973
Seeßenn, Georg: Der Horror-Film, München 1977
Seeßlen, Georg: Kino des Utopischen, Reinbek 1980
Smith, Donald/Owen, Thomas: Auf der Suche nach Leben im All, Stuttgart 1984
Spencer, John: Geheimnisvolle Phänomene, Rheda-Wiedenbrück 1998
Thompson, Keith: Engel und andere Außerirdische, München 1993
Thompson, Richard: Alien Identities, San Diego 1993
Vallée, Jacques: Enthüllungen – Begegnungen mit Außerirdischen, Frankfurt 1994

SCHWARZKOPF & SCHWARZKOPF VERLAG

HALLO HIER SPRICHT EDGAR WALLACE
DIE GESCHICHTE DER DEUTSCHEN KRIMINALFILMSERIE 1959 1972.
Von Joachim Kramp. 320 Seiten, Großformat 22 x 28 cm, gebunden mit Schutzumschlag. Etwa 400 schwarzweiße und farbige Abbildungen. ISBN 3-89602-140-0. DM 49,80

HORST SCHIMANSKI
»TATORT« MIT GÖTZ GEORGE
DAS GROSSE BUCH FÜR FANS
Von Frank Goyke und Andreas Schmidt
Ca. 250 Abbildungen. 280 Seiten, gebunden mit Schutzumschlag. ISBN 3-89602-131-1. 49,80 DM

DIE OLSENBANDE
DAS GROSSE BUCH FÜR FANS
Von Frank Eberlein und F.-B. Habel
256 Seiten, Großformat 21 x 28 cm, gebunden mit Schutzumschlag. Mit etwa 250 Abbildungen.
ISBN 3-89602-056-0, DM 49,80

COLUMBO DAS GROSSE BUCH FÜR FANS
Von Armin Block & Stefan Fuchs
300 Seiten, Großformat 21 x 28 cm, gebunden mit Schutzumschlag. Mit etwa 250 Abbildungen.
ISBN 3-89602-167-2.
DM 49,80

BILDBÄNDE ZU KINOFILM, FERNSEHEN, THEATER, MODE UND FOTOGRAFIE

GODZILLA, GAMERA, GAPPA.
Die Geschichte der japanischen Monsterfilme.
Von Detlef Claus und Dr. Rolf Giesen
220 Seiten, Hardcover, mit ca. 350 farbigen und schwarzweißen Abbildungen, ISBN 3-89602-165-6.
DM 38,00

FILM AB: HEINZ ERHARDT
Das große Buch für Fans.
Eine Gratulation zum 90. Geburtstag des beliebten Komikers.
Von Manfred Hobsch.
Ca. 25O S., mit vielen Abbildungen, Großformat 22 x 25 cm, gebunden. ISBN 3-896O2-182-6
DM 44,00

VERRÜCKT VOR BEGEHREN
Die Filmdiven aus der Stummfilmzeit
Ein leidenschaftlicher Blick zurück in die Zeit der ersten Stars
von Frank-Burkhard Habel
Ca. 220 Seiten, Großformat 22 x 25 cm, gebunden.
Mit über 200 großformatigen Abbildungen
ISBN 3-896O2-128-1. ca. DM 44,00

AL BUNDY:
»EINE SCHRECKLICH NETTE FAMILIE«
DAS GROSSE BUCH FÜR FANS
200 Seiten, Großformat, gebunden.
Mit ca. 180 großformatigen Abbildungen.
ISBN 3-89602-118-4.
38 DM

SCHWARZKOPF & SCHWARZKOPF VERLAG

SCHATTEN IM PARADIES
VON DEN »LENINGRAD COWBOYS«
BIS »WOLKEN ZIEHEN VORÜBER«
DIE FILME VON AKI KAURISMÄKI
Herausgegeben von Beate Rusch.
220 Seiten, gebunden. 200 großformatige Abbildungen.
ISBN 3-89602-119-2, 38 DM

LIEBE, TANZ UND
1000 SCHLAGERFILME
Ein illustriertes Lexikon mit allen Kinohits des deutschen Schlagerfilms, von 1930 bis heute. Von Manfred Hobsch
Ca. 300 Seiten, etwa 300 Abbildungen,
Gebunden, Großformat 22 x 24 cm,
ISBN 3-89602-166-4,
DM 49,80

»SIBYLLE«
MODEFOTOGRAFIE AUS DREI JAHRZEHNTEN DDR
Herausgegeben von Dorothea Melis.
Mit Fotografien von Arno Fischer, Günter Rössler,
Roger Melis, Sibylle Bergemann, Ute Mahler u.a.
320 Seiten, ca. 300 Abbildungen, gebunden mit Schutzumschlag,
Großformat 22 x 24 cm, ISBN 3-89602-164-8; 49,80 DM

SEEWOLF & CO.
ALLES ÜBER DIE GROSSE TRADITION DER
ABENTEUER-VIERTEILER IM ZDF
Von Ulf Marek und Oliver Kellner
Ca. 300 Seiten, gebunden mit Schutzumschlag.
Mit etwa 250 Abb., DM 49,80
Erscheint im Herbst 1999

BILDBÄNDE ZU KINOFILM, FERNSEHEN, THEATER, MODE UND FOTOGRAFIE

KULTur für alle!
MAD
...vom Leben gezeichnet!
Sergio Aragonés
MAD Taschenbuch Nr. 2
Dino COMICS
MAD
SPION & SPION
Antonio Prohias
MAD Taschenbuch Nr. 1
SCHLUSS MIT LUSTIG!
Die MAD-Taschenbücher sind da!
Dino COMICS
www.dino-verlag.de

DANKSAGUNG

Niemand schreibt ein Buch ganz allein, vor allem nicht, wenn es ein Lexikon ist. Ich möchte daher folgenden Personen danken dafür, daß sie mich bei den Recherchen zu diesem Wissenskompendium nach bestem Wissen und allen ihren Möglichkeiten unterstützten, vor allem, weil die Zeit am Ende fürchterlich knapp bemessen war: Ganz besonderer Dank gilt Michael Wachow aus Brühl, einem vorzüglichen Kenner internationaler SF. Außerdem Kuno Liesegang von der Edition Albedo 0,39, Köln. Weiterhin gilt mein Dank Hardy Kettlitz vom SF-Magazin Alien Contact, Berlin, und Thomas Schmitt vom Comic Magazin Treffer, Köln. Auch, wenn er es wahrscheinlich gar nicht weiß, so hat auch Frank Festa von der Edition Metzengerstein, Kerpen, mit seinen hilfreichen Ratschlägen zu diesem Buch beigetragen.

Danken möchte ich schließlich aber auch folgenden Personen: meinen Eltern Thea und Heinz; meiner Schwester Nicole, meiner Schwiegermutter Karin, Martin Hatton, Heike Sill; natürlich meiner Familie Badiva, Jeremias und – ganz besonders – meiner Frau Rocita für die endlosen Stunden, in denen ich dem Erdboden entrückt war und den Aliens irgendwo dort draußen im All nachspürte. Zum Schluß richtet sich mein Dank auch an den Herausgeber, der in stressigster Minute Zeit für ein aufbauendes Wega-Mail hatte; an Bernhard Kübler für die Zuarbeit.

Marcel Feige, März 1999.

IMPRESSUM

Das Alien-Lexikon. E.T., Gremlins, Alf, Spock & Co.
Das große Buch der Außerirdischen. Von Marcel Feige.
ISBN 3-89602-206-7
Herausgeber: Arno Löb. Lektorat: Dietmar Thom.